工会财务

工作实用技巧360问

360 Tips for Practical Skills of Trade Union Finance

（第二版）

王嘉杰◎编著

中国出版集团 现代出版社

图书在版编目（CIP）数据

工会财务工作实用技巧360问 / 王嘉杰著. -- 2版. -- 北京 : 现代出版社, 2023.12
ISBN 978-7-5231-0657-0

Ⅰ. ①工… Ⅱ. ①王… Ⅲ. ①工会工作—财务管理—中国—问题解答 Ⅳ. ①D412.67-44

中国国家版本馆CIP数据核字(2023)第233114号

著　　者　王嘉杰
责任编辑　袁　涛

出 版 人　乔先彪
出版发行　现代出版社
地　　址　北京市安定门外安华里504号
邮政编码　100011
电　　话　(010) 64267325
传　　真　(010) 64245264
网　　址　www.1980xd.com
印　　刷　北京美图印务有限公司
开　　本　710mm × 1000mm　1/16
印　　张　23.75
字　　数　418千字
版　　次　2023年12月第1版　2023年12月第1次印刷
书　　号　ISBN 978-7-5231-0657-0
定　　价　89.00元

再 版 说 明

为进一步贯彻实施新《工会会计制度》（2022 年 1 月 1 日起施行），助力工会事业的蓬勃发展，持续推进工会财务改革的深度与广度，扎实做好新制度执行的相关工作，我结合了二十多年的工会工作、软件开发、工会财务知识培训等服务经验，经过对新会计制度不断学习，精心研究、探索，实时钻研新要求、新精神，旨在为工会财务工作提供精准有效的指导，用心策划、更新出版了《工会财务工作实用技巧 360 问》第二版。

《工会财务工作实用技巧 360 问》第一版在一定程度上帮助了工会财务人员解决了在工会经费收支、科目列支、会计核算、常见问题解答等相关细节问题。随着新制度的出台，该书第一版已无法继续为工会财务工作提供精准的指导。基于此，在第二版融入了新会计制度内容、最新文件解读，更好地指导新制度的落实，解决基层工会新制度会计科目重难点及众多工会干部热切关心的财务与审计问题。

为了进一步帮助各级工会财会干部充分认识新《工会会计制度》修订实施的重要意义，深刻理解新内容新变化，准确把握新任务新要求，确保新制度落地实施，高水平、高质量地做好工会财务工作，以实用、适用、精准的指导性为原则，我结合了财务工作中不同工会组织、工会干部常遇到的诸多问题，选择了具有代表性的问题，在书中逐一进行解答并补充完善最新制度要求，解决了工会财务常见问题，丰富和增强了广大工会干部的财务理论知识和专业素养，助力工会经费收支工作有序、有效、合理、规范的开展，确保工会经费依法依规使用，让工会经费支出与审计工作有法可依、有法必依。

我积累了多年的工作经验和专业知识编著成此书，为工会发展提供帮助，答谢广大工会干部的厚爱。但限于本人的认知和能力，本书内容难免挂一漏万，若给您带来困扰，深表歉意。热忱欢迎读者批评指正，您可将疑惑或不同见解反馈至 4400785@qq.com，或关注“工会财务管理软件服务号”（见下）反馈意见，提出问题，交流经验，下载书中提到的所有源文件。

您的不吝赐教将是我们做好工会财务服务工作的原动力！

王嘉杰

2023 年 1 月于北京万柳

目　录

I　综合类

Ⅱ 预决算类

Ⅲ　固定资产类

Ⅳ 投资类

V 收入类

Ⅵ 经费拨缴类

Ⅶ 支出类

Ⅷ　审计类

Ⅸ　所得税类

Ⅹ　报表类

XI 工会经费收支科目使用规范

XI 案例分析

XII 电算化类

XIV　全年活动规划类

XV　附录类

I　综合类

1. 工会财务工作的主要任务有哪些

《中华人民共和国工会法》(以下简称《工会法》)和《中国工会章程》规定，工会财务工作的主要内容是：收好、管好和用好工会经费。其中，收好是基础，管好是手段，用好是目的。

一、收好经费，就是要依据《工会法》和《中国工会章程》的规定，积极组织收入，提高工会经费收缴率，并按时、足额地上缴经费。

二、管好经费，就是要按照《工会法》赋予的职权，由中华全国总工会（以下简称全国总工会）确定独立管理经费的财务体制，建立健全各项财务制度，并对各级工会财务工作进行指导和监督。

三、用好经费，就是要根据“统筹兼顾、保证重点”的原则，在资金上为工会开展的各项工作，尤其是为各时期工会的重点工作提供有力的保证。

2. 工会财务工作有何特点

一、独立自主的经费管理体制

（1）全国总工会有依法自行制定工会经费使用办法的权利。《工会法》第四十三条规定：工会经费使用的具体办法由中华全国总工会制定。全国总工会在经费使用方面的管理权是法定的。

（2）工会经费独立。《工会法》第四十五条规定，工会应当根据经费独立原则，建立预算、决算和经费审查监督制度。

（3）财务管理体制独立。根据《工会法》和《中国工会章程》的要求，工会财务工作体制与工会组织体制一致，实行“统一领导、分级管理”的工会财务管理体制。

二、法律明确规定的工会经费来源

《工会法》第四十三条对工会经费的来源做了明确规定，具体包括：

（一）工会会员缴纳的会费；

（二）建立工会组织的用人单位按每月全部职工工资总额的百分之二向工会拨缴的经费；

（三）工会所属的企业、事业单位上缴的收入；

（四）人民政府的补助；

（五）其他收入。

前款第二项规定的企业、事业单位、社会组织拨缴的经费在税前列支。

《工会法》第四十六条规定，各级人民政府和用人单位应当为工会办公和开展活动，提供必要的设施和活动场所等物质条件。

此外，根据《工会法》第四十九条规定，县级以上各级工会的离休、退休人员的待遇与国家机关工作人员同等对待。因此，工会组织中的离退休人员的经费由同级财政负担。

三、法律明确规定的工会经费用途

《工会法》第四十三条关于工会经费主要用于为职工服务和工会活动的规定，明确了工会经费的使用方向。目前，工会经费主要用于为职工服务和工会活动等事项。

此外，工会财务工作区别于企业、事业、行政财务的最大特点就是广泛的群众性，工会经费的筹集、管理、使用都有相应的职工群众的参与。

3. 什么是工会财务管理体制，其原则是什么

工会财务管理体制，是指各级工会组织在财务管理上职责权限的划分和财力分配的制度。了解中国工会财务管理体制的确定原则、特点、层级及其权限划分，是做好工会财务工作最基本的要求。

《中国工会章程》第三十九条规定，工会实行“统一领导、分级管理”的财务体制。统一领导是分级管理的前提，只有坚持统一领导，才能保证各级工会的均衡发展，才能保持工会组织的完整性和统一性；分级管理是统一领导的基础，坚持分级管理也就是坚持实事求是的原则。

具体来说，“统一领导”即全国总工会对全国各级工会的财务工作实行统一领导，制定统一的工会财务工作方针政策、统一的财务制度和纪律，并实行财务监督。全国总工会财务部是工会财务的最高管理机构；各级工会应按照要求设置相应的部门，归口管理与工会经费筹集和使用的相关事务，自觉接受全国总工会的统一领导，保证工会组织的完整性和统一性；各级工会委员会对财务工作实行集体负责，凡是财务工作中的重大问题和重大开支项目，均要经过集体讨论决定。

“分级管理”即在全国总工会统一制定的财会工作政策、制度、纪律的制约下，各地方总工会和按产业系统管理经费的产业工会，确定财务管理层级、经费分成比例以及各层级工会财务管理的职责权限。各级工会应按照规定，履行自己的职能，独立、负责地开展财务管理工作。

提示：全国总工会财务部负责有关工会财务管理规章制度的制定，地方工会在不与全国总工会财务部规定冲突的前提下，可以结合本地的实际情况，制定相应的财务规则。

4. 工会财务管理的层级是怎样的

《中国工会章程》第十一条规定，中国工会实行产业和地方相结合的组织领导原则。根据这一组织领导原则，各产业工会的领导体制，由中华全国总工会确定。具体管理层级为：

一、全国总工会为一级经费管理单位。

二、省、自治区、直辖市总工会和按产业系统独立管理经费的全国产业性工会为二级经费管理单位，全国共35个。其中31个为省级地方工会，3个为按产业系统为主实行垂直管理的全国性产业工会（铁路、民航、金融），1个为中央和国家机关工会联合会。

三、地市（州、盟）级总工会或垂直管理经费的省级产业工会为三级经费管理单位。

四、县（旗、市）级工会或垂直管理经费的地市级产业工会为四级经费管理单位。

五、基层工会为五级经费管理单位。

跨省、组织层次较多的大型企业工会，经总部所在地省级工会同意，报全国总工会批准后，可按企业系统管理工会财务，归为三级经费管理单位。

在一个省区内有二级机构的大型联合企业工会与省级产业工会，可经当地省级工会批准，归为三级经费管理单位。

工会机关及其直属事业单位，以本级工会经费拨款或自身业务收入解决开支问题，不参与经费分成，不单独算作一个财务管理层级。

5. 工会财务管理的内容是什么

一、工会经费管理

工会经费是各级工会组织依法取得的用以保障工会职能实现的经济资源，其重要性主要有三个方面：

（1）工会经费为各级工会组织及其所属企业单位开展经济活动提供资金支持；

（2）工会经费的使用过程反映了工会工作的各项内容，是检验各级工会工作是否有效的重要载体；

（3）工会经费使用的结果是评价工会财务管理绩效的重要标准，也是工会工作接受各类监督的重要内容。

二、工会预算管理

工会预算是各级工会组织及所属事业单位按照一定程序核定的年度收支计划，是对工会预算的编制、审批、执行调整及其结果所进行的组织实施和监督控制，是收好、管好、用好工会经费的重要手段。

三、工会会计核算管理

各级工会发生的业务事项应按照《工会会计制度》的规定进行确认、计量和报告。通过工会会计核算，不仅可以确保财经纪律的严格执行，而且有利于工会财务信息的公开透明，还有利于工会工作的改进和工会决策质量的提升。

四、工会资产管理

《工会会计制度》第二十四条明确规定，资产是工会过去的经济业务或者事项形成的，由工会控制的，预期能够产生服务潜力或者带来经济利益流入的经济资源。按照要求，各级工会资产管理要按照全国总工会的统一部署，建立和完善资产管理制度，确保工会资产的安全、完整和保值增值。

五、自觉接受工会经费审查监督

工会经费审查是工会工作的重要组成部分，是贯彻落实工会经费独立管理、民主管理的重要制度安排，是实现收好、用好和管好工会经费的重要手段。因此，工会财务工作从观念、行动、内容和方法等各个方面，应积极主动接受工会经费审查机构全方位、全过程的监督审查，确保国家财经纪律和工会财务制度得到严格遵守。

6. 工会会计制度的主要特点是什么

一、体现全面预算管理的要求

明确了“政府补助收入”与“代管经费”的核算内容，把原来游离于预算之外的政府补助项目全部纳入预算管理，使工会预算内容更加合规、完整、准确。

二、突出对工会重点工作资金投入情况的反映

通过新增和调整核算科目，使各项支出反映全面、层次分明、结构合理，有利于各级工会财务部门准确把握工会经费的使用方向，保障工会重点工作的资金需要，有利于工会组织的决策者分析、调整并优化支出结构。

7. 工会会计制度收支核算的原则是什么

一、收入以资金来源渠道确定核算科目

从上级工会拨来的资金，除个别奖金、奖励及以上级为主体开展活动等外，一律视作上级补助收入，然后按资金性质进入一般性转移支付补助、专项转移支付补助明细科目；政府补助收入只反映本级财政拨付的资金；单位行政拨入的补助作行政补助收入。

二、支出以资金使用项目（用途）确定核算科目，不以具体开支内容确定核算科目

同为租赁费，用于文体活动的在“文体活动支出”科目中核算；用于业务支出的在“业务支出”科目中核算。同为会议，三方协调会议在“维权支出——劳动关系协调支出”科目中核算；业务方面会议在“业务支出——会议支出”科目中核算。同为授课人员酬金，用于职工教育的在“职工活动支出——职工教育支出”科目中核算；用于工会干部和积极分子培训的在“业务支出——培训支出”科目中核算。

除以上两个原则以外，还需要根据《工会会计制度》要求，需要对所有支出按照经济分类进行明细核算，对财政拨款还要按照功能分类进行明细核算。

8. 工会会计核算基础是采用收付实现制还是权责发生制

《工会会计制度》第八条规定：工会会计处理一般采用收付实现制，部分经济业务或者事项应当按照本制度的规定采用权责发生制。

哪些经济业务或事项采取权责发生制？基层工会主要有两种业务场景：

（一）上级下拨补助，如上级准备下拨的送温暖专项补助，年底未到账。借：应收上级经费；贷：上级补助收入——专项转移支付补助。

（二）行政划拨经费，如行政划拨的补助或工会经费，年底未到账。借：其他应收款；贷：行政补助收入或拨缴经费收入；贷：应付上级经费。

9. 工会经费单独开户、独立核算的依据是什么

《工会法》第十五条规定，中华全国总工会、地方总工会、产业工会具有社会团体法人资格。各企业、行政事业等单位的基层工会应当按照中华全国总工会《基层工会法人登记管理办法》（总工办发〔2020〕20号）文件的要求，核准登记、领取工会法人资格证书后，即取得法人资格，依法独立享有民事权利、承担民事义务。根据财政部、中国人民银行的有关规定，设立工会经费银行账户，实行工会经费独立核算。

根据《工会法》第四十五条关于“工会应当根据经费独立原则，建立预算、决算和经费审查监督制度”和第四十七条关于“工会的财产、经费和国家拨给工会使用的不动产，任何组织和个人不得侵占、挪用和任意调拨”的规定，各级地方工会和基层工会应当根据经费独立原则，单独开立账户，独立进行核算。不允许与本单位行政财务或党、团等其他组织财务合并账户集中核算，也不允许将工会财务纳入当地会计结算中心管理。凡已经合并或纳入的，应当予以纠正。

10. 基层工会的经费收支管理原则是什么

《基层工会经费收支管理办法》（总工办发〔2017〕32号）的规定，基层工会经费收支管理应遵循以下原则：

一、遵纪守法原则。基层工会应依据《中华人民共和国工会法》的有关规定，依法组织各项收入，严格遵守国家法律法规，严格执行全国总工会有关制度规定，严肃财经纪律，严格控制工会经费使用，加强工会经费收支管理。

二、经费独立原则。基层工会应依据全国总工会关于工会法人登记管理的有关规定取得工会法人资格，依法享有民事权利、承担民事义务，并根据财政部、中国人民银行的有关规定，设立工会经费银行账户，实行工会经费独立核算。

三、预算管理原则。基层工会应按照《工会预算管理办法》的要求，将单位各项收支全部纳入预算管理。基层工会经费年度收支预算（含调整预算）需经同级工会委员会和工会经费审查委员会审查同意，并报上级主管工会批准。

四、服务职工原则。基层工会应坚持工会经费正确的使用方向，优化工会经费支出结构，严格控制一般性支出，将更多的工会经费用于为职工服务和开展工会活动，维护职工的合法权益，增强工会组织服务职工的能力。

五、勤俭节约原则。基层工会应按照党中央、国务院关于厉行勤俭节约反对奢侈浪费的有关规定，严格控制工会经费开支范围和开支标准，经费使用要精打细算，少花钱多办事，节约开支，提高工会经费使用效益。

六、民主管理原则。基层工会应依靠会员管好、用好工会经费。年度工会经费收支情况应定期向会员大会或会员代表大会报告，建立经费收支信息公开制度，主动接受会员监督。同时，接受上级工会监督，依法接受国家审计监督。

11. 基层工会经费规范管理的要求有哪些

一、基层工会要严格遵守《基层工会预算管理办法》（总工办发〔2020〕29号）有关规定，应按照上级工会规定的经费开支标准科学测算完成工作计划的资金需求，统筹落实各项收入，准确编制工会经费年度预算，经费支出应严格控制在年度预算范围内，严格执行“八个不准”（中华全国总工会办公厅关于印发《基层工会经费收支管理办法》的通知）。

二、基层工会应依法、及时、足额拨缴工会经费，工会会员要办理入会手续及缴纳会费。

三、基层工会发放各类奖励、补助、慰问等，严格按照上级工会规定的标准执行，在上级工会没有标准的情况下，可以根据相关规定，自行制定发放办法，明确发放标准，形成书面文件，严格执行。制定的办法和标准，要经本级工会委员会和经费审查委员会讨论，必要时还须通过会员代表大会讨论通过，并报主管工会备案。发放时，应附详细清单，审批手续齐全，签收到位。

四、基层工会举办活动项目要有具体方案和通知，购物发票要写明具体品名、数量、单价，同时保留购物清单，用餐要有用餐人员名单，原始票据要有经办人、证明人、审批人签字，方可报销。

提示："活动方案"一般包括活动名称、时间、地点、参加人员、活动内容（具体安排）、经费开支预算明细等要素。

五、基层工会应当单独设立工会账户，工会经费实行独立核算。

六、基层工会收到单位行政给予的经费补助款项，应纳入工会收支预算，在"行政补助收入"账户和相关支出账户按规定核算、列支。单位行政对工会的补助款项列支渠道应符合有关规定，不可将应在行政列支的费用转到工会账户支出上。

提示："行政补助收入"的资金来源要合法合规，开支使用要符合工会经费开支范围，专款专用。在实际操作中切忌行政以经费补助的名义将行政（国有）资金划到工会账上发放津贴、补贴、实物。

12. 工会"一支笔"的制度是什么

《工会财会工作归口管理的新规定》（工厅财字〔1991〕50号）第七条规定，遵照国家财经管理"一支笔"的审批原则，各级工会均应由一名主要负责同志分管工会财务工作，在集体领导和分工负责的原则下，实行"一支笔"审批。

基层工会各项支出实行工会委员会集体领导下的主席负责制，重大收支须集体研究决定。

13. 单位行政负责人可否对工会经费使用进行审批

单位行政负责人不可以对工会经费使用进行审批。

工会经费实行独立管理，单位行政负责人是单位的法定代表人，工会主席是工会组织的法定代表人，也是工会财务工作的负责人。《工会财会工作归口管理的新规定》第七条规定，各级工会的开支均由工会的一名主要负责同志分管财务工作，实行“一支笔”审批。

单位行政负责人审批工会经费，既不合理也不合法。

14. 在行政负责人面前，工会主席如何要回签字权

在我们的实际工作中，尤其是个别的基层工会，行政负责人以单位所有开支必须由他签字为由，要求工会的所有业务也必须由他签字。其实单位行政负责人即便是单位法人，即便其行政职务在工会主席之上，其签字也是无效的，既不合规也不合法。

那么在单位行政负责人面前，工会主席如何要回属于自己的签字权呢？

第一，可以把《工会财会工作归口管理的新规定》第七条规定拿给他看，第七条明确规定了工会均应由一名主要负责同志分管工会财务工作，实行“一支笔”审批，而不是单位行政负责人审批。

第二，也可以将情况上报，请上级工会来单位审计，上级工会提出的第一个问题可能是有没有执行工会主席“一支笔”的审批制度。由上级工会出面跟行政负责人去谈，工会主席就能要回属于自己的签字权。

15. 工会主席可以授权他人签字吗

工会经费是工会财务工作的核心，也是工会职能履行的财力保障。加强工会经费的管理，首先要明确经费的审批权。就现有的制度规定看，预算内的工会经费开支应由分管财务工作的工会主席（或副主席）审批。但在实际工作中，要注意审批责任问题。

总体上看，工会经费审批责任应秉承“谁审批谁负责”的原则。但在具体的工作中，要注意“一支笔”审批的制度。基层工会可以按照内部的管理规定，将审批权委托给相应的人员，但审批权的委托应由工会主席以书面的形式告知，而且不管工会经费审批权形式如何，有关审批的责任最终都应由工会主席承担。因为《中华人民共和国会计法》（以下简称《会计法》）第四条规定，单位负责人对本单位的会计工作和会计资料的真实性、完整性负责。该法把单位负责人界定为单位法定代表人或者法律、行政法规规定代表单位行使职权的主要负责人。工会主席作为基层工会的法定代表人，当然应对包括工会经费审批等在内的会计工作负有法律责任。

16. 工会财务可以委托行政方代管吗

工会财务可以委托行政方代管，但工会经费应单独建账、独立核算，不能把工会经费合并到行政账户。根据许多地方工会委托行政方代管的经验，建议出纳由工会方担任。

17. 工会可以委托专业的会计机构对下级单位进行审计吗

《关于印发〈关于工会财务工作经费开支范围的规定〉〈关于工会经审工作经费开支范围的规定〉的通知》（工财发〔2014〕43号）第二条规定，财务工作经费开支范围包括：聘请会计师事务所、资产评估事务所等中介机构经费。因此，工会可以委托专业的会计机构对下级单位进行审计，其费用列支“业务支出——专项业务支出”账户。

【例】某企业工会聘请会计师事务所对下属8家机构进行财务审计，费用12 000元，用支票支付。

该企业工会的账务处理如下：

借：业务支出——专项业务支出　12 000

贷：银行存款　12 000

18. 什么是工会的资产、负债、净资产

《工会会计制度》中解释：资产是工会过去的经济业务或者事项形成的，由工会控制的，预期能够产生服务潜力或者带来经济利益流入的经济资源，包括流动资产、在建工程、固定资产、无形资产、投资和长期待摊费用等；负债是指工会过去的经济业务或者事项形成的，预期会导致经济资源流出的现时义务，包括应付职工薪酬、应付款项等；净资产是指工会的资产减去负债后的余额，包括资产基金、专用基金、工会资金结转、工会资金结余、财政拨款结转、财政拨款结余和预算稳定调节基金。

一句话解释：资产是指工会拥有或控制的并不全部属于工会的经济资源；负债是指需要偿还给别人的债务；净资产是指工会拥有或控制的并完全属于工会的经济资源。

笔者曾听到某基层工会主席对会计说，查查我们的银行存款还有多少钱，我们照那个做预算开支，更有甚者说我们照银行存款的数目花钱。有时候因为基层主席不懂工会财务，误认为银行中的存款都是工会的钱，如果再遇到一个不懂工会财务的会计，麻烦可就大了。在实际工作中，确实也存在工会主席不懂会计，会计半路出家不懂财务的情况。

其实，银行存款有可能包含了负债，比如应缴上级的工会经费等。这时候，财务应该告诉工会主席能使用的经费不是银行存款的数目而应是工会资金结转和工会资金结余的合计数字，即净资产。因为净资产才是工会拥有并完全属于工会的经济资源。根据“任意组织和个人不得侵占、挪用和任意调拨”的规定，各级地方工会和基层工会应当根据经费独立原则，单独开立账户，独立进行核算。不允许与本单位行政财务或党、团等其他组织财务合并账户集中核算，也不允许将工会财务纳入当地会计结算中心管理。凡已经合并或纳入的，应当予以纠正。

19. 工会会计恒等式是什么

工会会计等式为：资产 = 负债 + 净资产。在不同的会计年度，不管经济活动如何变化，该等式永远成立，因此实务中也把该等式叫作“会计恒等式”。

理论上，导致工会资产变动的路径有：

一是负债的变动，如工会组织在会计年度新增或者减少负债所导致的资产变动；

二是净资产的变动，就工会组织而言，净资产变动主要依赖会计年度收支相抵后的结余大小而定。

20. 工会会计业务处理的基本流程是什么

工会会计核算的日常流程是“证—账—表”，一般情况下，只有当前一个程序完成以后，后一个程序才能开始。

会计凭证作为会计核算流程的起点，按照其记录的内容又分为两个类别：

一是记录经济业务发生的凭证，也叫“原始凭证”或者“单据”；

二是根据原始单据，填制的记账凭证，即实际工作中的“下账”，“下账”的依据是《工会会计制度》。

原始凭证按照来源又可以分为外来原始凭证和自制原始凭证。前者如买东西的发票、银行提供的“授权支付到账通知书”以及上级工会的补助通知书（单）和下级工会经费收缴报告表。后者如本级工会的工资发放表、物料领用表以及入库单、借据等。

和会计凭证不同，会计账簿是在审核无误的会计凭证的基础上，对同一经济业务进行全面、系统、连续登记的簿籍。实务工作中，常见的会计账簿有日记账、分类账和备查簿等；而按照账簿反映的信息详略程度，又可以分为总账和明细账。按照规定，工会的库存现金、银行存款日记账应由出纳根据审核无误的收款或者付款凭证填制，并做到“日清月结”；分类账则可以在结账前一次性处理，但在经济业务发生记录主账户的同时应该在备查簿中进行登记。对工会而言，制度要求已经核销的资产需要建立备查簿，即“账销案存”，以加强对已核销资产的管理。

工会会计报表是反映各级工会财务状况、业务活动和预算执行结果的书面文件，是各级工会负责人，上级工会及其他会计报表使用者了解情况、掌握政策、指导工作的重要资料。工会组织应在规定的时间完成相关报表的编制和报送。

目前，绝大部分工会组织已经开始使用电算化系统。因此，上述程序中有关记账凭证、账簿登记以及报表编制（不含附注）等内容实际上已经在财务人员输入原始凭证后，由电算化系统自动完成。为确保会计核算的准确性、合规性，工会组织应建立和完善与电算化系统相适应的内部控制制度。

实际工作中的“会计造假”一般发生在会计凭证的处理阶段。所以，加强会计凭证管理，尤其是原始凭证的管理，已经成为提高工会会计信息质量的重要环节。

21. 权益保障金如何设立，用途是什么

根据《企业工会主席合法权益保护暂行办法》(总工发〔2007〕32号)的规定：

一、权益保障金的设立

县(区)级以上工会领导机关要设立工会干部权益保障金，省级工会50万元，地(市)级工会30万元，县(区)级工会10万元，年末结余滚存下一年度使用。当年使用不足时可以动用滚存结余，仍不足时可追加。本级工会经费有困难时，可向上级工会提出补助申请。

二、权益保障金的用途

(1)企业工会主席因依法履行职责，被企业降职降级、停职停薪降薪、扣发工资以及其他福利待遇的，或因被诬陷受到错误处理、调动工作岗位的，或遭受打击报复不能恢复原工作，享受原职级待遇的，或未安排合适工作岗位的，上级工会要会同该企业党组织督促企业撤销处理决定，恢复该工会主席原岗位工作，并补足其所受经济损失。

在企业拒不纠正的情况下，上级工会要向企业的上级党组织报告，通过组织渠道促使问题的解决；或会同企业、行业主管部门，或提请劳动行政部门责令该企业改正。

(2)企业工会主席因依法履行职责，被企业无正当理由解除或终止劳动合同的，上级工会要督促企业依法继续履行其劳动合同，恢复原岗位工作补发被解除劳动合同期间应得的报酬，或给予本人年收入二倍的赔偿，并给予解除或终止劳动合同时的经济补偿金。

在企业拒不改正的情况下，上级工会要提请劳动行政部门责令该企业改正，直至支持权益受到侵害的工会主席向人民法院提起诉讼。对于发生劳动争议，工会主席本人申请仲裁或者提起诉讼的，应当为其提供法律援助，支付全部仲裁诉讼费用。

(3)企业工会主席因依法履行职责，被故意伤害导致人身伤残、死亡的，上级工

会要支持该工会主席或者其亲属、代理人依法追究伤害人的刑事责任和民事责任。

对于被故意伤害导致人身伤残的工会主席，上级工会要视其伤残程度给予一次性补助；对于被故意伤害导致死亡的工会主席，要协助其直系亲属做好善后处理事宜，并给予一次性慰问金。

（4）企业工会主席因依法履行职责，遭受企业解除或终止劳动合同，本人不愿意继续在该企业工作、导致失业的，上级工会要为其提供就业帮助；需要就业培训的，要为其免费提供职业技能培训。在该工会主席失业期间，上级工会要按照本人原岗位工资收入给予补助，享受期限最多不超过六个月。

（5）企业非专职工会主席因参加工会会议、学习培训、从事工会工作，被企业扣发或减少工资和其他经济收入的，上级工会要督促企业依法予以足额补发。

22. 工会合并后资产归谁所有

《中国工会章程》第四十一条规定，工会经费、资产和国家及企业、事业单位等拨给工会的不动产和拨付资金形成的资产受法律保护，任何单位和个人不得侵占、挪用和任意调拨；不经批准，不得改变工会所属企业、事业单位的隶属关系和产权关系。

工会组织合并后，其经费资产归合并后的工会所有；工会组织撤销或者解散，其经费资产由上级工会处置。

23. 合并后的工会组织账务应该怎么处理

工会组织合并后，如有剩余现金，须先进行银行缴存，并做现金存入分录，然后对其收入和支出进行结转。把银行存款等资产、负债划转给合并后的工会单位，并对其账务进行封存。

合并后的工会根据划转的资产做相应的会计分录。

【例】2022 年 8 月 10 日，乙公司工会组织被撤销，合并到甲公司工会。经审查乙公司尚有库存现金 100 元，银行存款 4 200 元，固定资产 5 000 元，已累计折旧 1 000

元，会费收入300，拨缴经费收入10 000元，职工活动支出——文体活动支出4 000元，业务支出——专项业务支出3 000元，上年工会资金结余——累计结余1 000元。

乙公司工会的账务处理如下。

一、乙公司缴存现金分录：

借：银行存款　100

贷：库存现金　100

二、乙公司结转分录：

（1）收入结转：

借：会费收入　300

拨缴经费收入　10 000

贷：工会资金结余——本年收支结转　10 300

（2）支出结转：

借：工会资金结余——本年收支结转　7 000

贷：职工活动支出——文体活动支出　4 000

业务支出——专项业务支出　3 000

（3）本年收支结转累计结余：

借：工会资金结余——本年收支结转　3 300

贷：工会资金结余——累计结余　3 300

三、乙公司固定资产划拨分录：

借：资产基金——固定资产　4 000

累计折旧　1 000

贷：固定资产　5 000

四、乙公司银行存款划拨分录：

借：工会资金结余——累计结余　4 300

贷：银行存款　4 300

甲公司在收到乙公司划转的固定资产和银行存款后的账务处理如下：

一、甲公司收到固定资产划拨分录：

借：固定资产　5 000

贷：资产基金——固定资产　5 000

二、甲公司收到银行存款划拨分录：

借：银行存款 4 300

贷：工会资金结余——累计结余 4 300

24. 工会组织能否随意撤销？基层工会所在单位撤销后，工会怎么办

《工会法》第十三条规定，任何组织和个人不得随意撤销、合并工会组织。基层工会所在的用人单位终止或者被撤销，该工会组织相应撤销，并报告上一级工会。

依前款规定被撤销的工会，其会员的会籍可以继续保留，具体管理办法由中华全国总工会制定。

25. 工会会计科目使用错了应该怎样修改

【例】2022 年 8 月 22 日，某基层工会为职工购买生日蛋糕 300 元，用现金支付。该基层工会的账务处理如下：

借：维权支出——送温暖支出 300

贷：库存现金 300

《工会会计制度》规定，会员活动支出科目可核算基层工会用于组织会员观看电影、文艺演出、开展春游秋游，为会员购买当地公园年票等的支出；用于基层工会在重大节日（传统节日）和会员生日、婚丧嫁娶、退休离岗的慰问支出。

因此，用于会员生日的慰问费应在“职工活动支出——会员活动支出”账户中列支。

以下是几种常见的错误：

【例 1】

借：职工活动支出——会员活动支出 300

贷：维权支出——送温暖支出 300

【例 2】

借：库存现金　300

贷：维权支出——送温暖支出　300

借：职工活动支出——会员活动支出　300

贷：库存现金　300

正确的修改方式是先用红字填写一张会计科目与原错误记账凭证完全相同的凭证，再用蓝字填写一张正确的凭证，由于本书为单色印刷，故用负号表示红字。

【例 1】

借：维权支出——送温暖支出　－300

贷：库存现金　－300

【例 2】

借：职工活动支出——会员活动支出　300

贷：库存现金　300

为什么需要这样修改？一是因为财政部要求对会计凭证做错的分录这么修改，二是因为工会有收支两条线的原则。

26. 怎样理解工会会计分录的收支两条线原则

收支两条线，简单说就是指收入类的科目会计记账分录的发生额一定在贷方，支出类的科目会计记账分录的发生额一定在借方（结转凭证除外）。

手工记账和会计电算化记账，在实际工作中都是填制记账凭证，并无不同。会计分录只是为了方便教学而采取的一种简化处理方式。

【支出类业务例】2022 年 1 月 1 日，为庆祝五一国际劳动节，某基层工会为职工购买电影票发生费用 26 000 元，用支票支付。

手工记账账务处理分录如下：

借：职工活动支出——会员活动支出　26 000

贷：银行存款　26 000

会计电算化记账账务处理分录如下：

记 账 凭 证

第0001号 第1—1页

北京工会 2022年01月01日 附单据0张

摘 要	总账及明细科目	金 额	
		借方金额	贷方金额
为职工购头电影票	50102 职工活动支出—文体活动支出	26,000.00	
为职工购头电影票	102 银行存款		26,000.00
合 计	贰万陆仟元整	¥26,000.00	¥26,000.00

财务主管：财务主管 出纳： 记账： 审核： 制单：会计

【收入类业务例】2022 年 1 月 1 日，某基层工会收到会员交来会费 110 元。

手工记账账务处理分录如下：

借：库存现金 110

贷：会费收入 110

会计电算化记账账务处理分录如下：

记 账 凭 证

第0002号 第1—1页

北京工会 2022年01月01日 附单据0张

摘 要	总账及明细科目	金 额	
		借方金额	贷方金额
收到会员交来会费	101 库存现金	110.00	
收到会员交来会费	401 会费收入		110.00
合 计	壹佰壹拾元整	¥110.00	¥110.00

财务主管：财务主管 出纳： 记账： 审核： 制单：会计

27. 新任工会的负责人，怎样管好工会经费，开展好工会工作

一、做好预算管理

经费支出有预算，做到程序上合规。

工会及所属预算单位的全部收入和支出都应当纳入预算，并做到先预算后开支，无预算不开支。

《工会预算管理办法》(总工办发〔2019〕26号)第四章“预算编制与审批”第二十三条规定，根据国家财政预算管理要求和工会预算管理实际，全国总工会及时印发下一年度预算草案编制的通知。省、市、县级工会应根据全国总工会预算编制的有关要求，结合实际情况进行部署，编制本级预算，汇总下一级工会总预算，按规定时限报上一级工会。第四十条规定：上一级工会认为下一级工会预算与法律法规、上级工会预算编制要求不符的，有权提出修订意见，下级工会应予调整。

新来的负责人，首先，要抓好预算管理工作。借助预算程序，发挥集体作用，编制本级工会预（决）算草案和预算调整方案，经本级经费审查委员会审查后，由本级工会委员会审批，报上级工会备案，使其开支从程序上合规。其次，在业务人员来申请签字时，只需要问一句话：“有预算吗？”有预算就签，没预算就不签。

二、抓好协会建设

工会搭台，群众唱戏。负责人需要抓好文体协会的建设工作，发挥群众的力量，搞好工会的文体活动。需要注意的是，组建协会要制定好协会章程，指定专人或专门机构组织日常活动。年初要向工会递交活动计划。

对于工会补助的经费，由本级工会财务统一管理，在经费额度范围内凭正规发票报销。对于协会会员缴纳的会费，不存入工会账户，须指定专人负责，定期公布会费使用情况。

28. 年底行政部门给工会划拨了一笔经费，但工会没有收到，要不要记账

可以记，也可以不记。如果记，记什么科目呢？如果不记，它的依据又是什么呢？

如果记账，不能使用“应收上级经费”科目，也不能使用“应收下级经费”科目。因为行政既不是工会的上级也不是工会的下级。那只能使用“其他应收款”科目，根据《工会会计制度》的规定，其他应收款是工会除应收上下级经费以外的其他应收及暂付款项。

（1）记账的分录：

借：其他应收款

贷：拨缴经费收入

应付上级经费

（2）收到款以后的分录：

借：银行存款

贷：其他应收款

如果不记账，依据是《工会会计制度》总则里的收付实现制原则——收到再记账，没收到就不记账。但不记账有个缺点，就是无法体现一个会计期内的财务收入状况。

29. 往来款项“其他应收款”三年清理的依据是什么

根据《工会会计制度》第三部分“会计科目使用说明”的第135号科目“其他应收款”的规定，逾期三年以上、因债务人原因尚未收回的其他应收款，报经批准认定确实无法收回的应予以核销。

30. 往来款项“其他应收款”三年清理的方法是什么

一、各级工会财务部门对本级经费投资、借款、暂付款等形式的呆账进行清理，列出呆账事项。

二、呆账事项的责任人应将呆账形成过程、形成原因以及鉴定意见、法律文书、证明材料、说明材料、函证材料等，以书面形式提交工会财务部门审核。

三、由工会财务部门将呆账事项汇总，报本级工会主席办公会议研究确定。

四、本级工会主席办公会议作出处理决定前，应征求同级工会经费审查委员会（简称经审会）同意。必要时可由工会经费审查委员会办公室安排审计。

五、工会财务部门依据本级工会主席办公会议决定进行财务处理。

账务处理分录：

转入待处理资产时，按照待核销的其他应收款金额，借记“待处理财产损溢”科目，贷记本科目。

报经批准予以核销时，借记“其他支出”科目，贷记“待处理财产损溢”科目。

31. 往来款项，比如“其他应付款”科目要设置子科目吗

往来款项一般应设置明细科目，否则不利于辨认与清理，如“其他应付款”科目，如果不设置明细科目就不能反映真实款项的来源与用途。“其他应付款”子科目根据实际工作，一般设置劳动竞赛奖励、先进个人奖励、先进集体奖励等。

32. 怎样区分“其他应收款”和“其他应付款”科目的核算内容

实务中有些单位经常将“其他应收款”科目核算的内容与“其他应付款”科目核算的内容相混淆。“其他应收款”科目核算的内容是工会除应收上下级经费以外的其他应收及暂付款项；而“其他应付款”科目核算的内容是工会除应付上下级经费之外的其他应付及暂存款项，包括工会按规定收取的下级工会的建会筹备金、应支付的税金等。

33. 如何区别“其他应付款”和“代管经费”科目

《工会会计制度》规定，“其他应付款”科目核算工会除应付上下级经费之外的其他应付及暂存款项。“代管经费”科目核算其他组织委托工会代管的有指定用途、不属于工会收入的资金，如代管的社团活动费、职工互助保险等。“其他应付款”科目主要指临时性的暂存款项，“代管经费”科目指不属于工会收入，并有指定用途的，具有长期性质的经费。

在实际应用中，基层工会“其他应付款”多指上级给的一些集体、个人奖金等，“代管经费”除社团活动费、职工互助保险等，最常见的还有行政让工会代办或工会发起、行政给予一定补助的互助金等。

34. “应付上级经费”账户年底有余额能转入“拨缴经费收入”账户吗

《工会会计制度》规定，收到工会经费后，按照实际收到的总金额，借记“银行存款”科目，按规定属于本级工会的部分，贷记“拨缴经费收入”科目，按规定应上缴上级工会的部分，贷记“应付上级经费”科目。

这个规定有什么含义呢？意思是，如果上级工会规定的是按比例上缴，年底有余额就不可以转入“拨缴经费收入”账户。因为那是工会的负债，是应缴而未缴的经费，是不可以转入“拨缴经费收入”的。如果上级工会规定的是按定额上缴，那就可以转入“拨缴经费收入”。缴够上级的，剩下的就是自己的，可以理解为在拆分的时候多拆分了。

转入账务处理分录：

借：应付上级经费

贷：拨缴经费收入

35. 工会举办的募捐活动，收到的捐款是放在“其他应付款”还是放在“代管经费”账户列支

工会组织的募捐活动，一般放在“其他应付款”账户列支，但对于某些长期性的捐款，比如超过三年，因往来款项要进行清理，这时一般放在“代管经费”账户列支。

> 提示：捐款时应公布工会账户，不能通过行政转入。

36. 上级给的钱是放在“上级补助收入”账户还是放在“其他应付款”账户

在实际工作中，很多基层工会都有一个困惑：在接到上级工会划拨的资金后，不知道应该在哪个科目核算。此时，依次按照如下顺序进行判断：

一、上级工会划拨资金时，是否在文件里指定记入哪个科目，如果上级工会指定了科目，按上级工会指定的科目记账。

二、如果上级工会没有在文件中明确记入哪个科目，这时可以请示上级，上级让记录在哪个科目就记录在哪个科目。

三、自行判断是否属于工会的收入。如果是，记入“上级补助收入”，如上级工会按照有关规定拨付给下级工会的未指定专门用途的补助、上级工会拨付的指定专门用途的项目补助，包括帮扶困难职工的补助、用于开展向困难职工和家庭送温暖活动的补助、救灾补助等。如果不是上述的补助，记入“其他应付款”，如上级给的一些集体奖金和个人奖金等。

37. 党费、团费能在代管经费中进行核算吗

《工会会计制度》规定，代管经费“核算其他组织委托工会代管的有指定用途的、不属于工会收入的资金，如代管的社团活动费、职工互助保险等”。与旧《工会会计制度》相比，删除了党费、团费、职工互助金等明细科目，因此，代管经费中不再核算党费、团费。

38. 工会经费能为各类经济活动提供担保吗

根据中华全国总工会办公厅《关于严格管理工会机关及企事业为各类经济活动提供担保的通知》（总工办发〔1998〕29号）第二条的规定，各级工会机关不得用工会经费和工会经费账户为工会系统内外的任何单位提供经济担保，以防止工会经费的流失。第五条规定，严格禁止工会兴办的具有职工互助互济性质的各类组织（职工保险互助会办事处、住宅合作社、配货中心等）为经济活动提供担保。又根据中华全国总工会办公厅《工会行政性资产管理暂行办法（试行）》（总工办发〔2011〕55号）第十八条规定：工会行政单位不得用工会行政性资产对外担保，法律另有规定的除外。

因此，不可以用工会经费来担保。

39. 怎样正确理解未来适用法

未来适用法，是指将变更后的会计政策应用于变更当期及以后各期发生的经济业务或者事项，或者在会计估计变更当期和未来期间确认会计估计变更的影响的方法。

《工会会计制度》第二十三条规定，工会在发生会计政策变更、会计估计变更和会计差错更正时，除本制度另有规定外，一般采用未来适用法进行会计处理。

哪些经济业务和事项是“除本制度另有规定外”？

《工会新旧会计制度有关衔接问题的处理规定》第四条规定，工会应当全面核查截至 2021 年 12 月 31 日符合新制度固定资产确认标准的固定资产的预计使用年限、已使用年限、尚可使用年限等，并于 2022 年 1 月 1 日对前期未计提折旧的固定资产补提折旧。工会应当全面核查截至 2021 年 12 月 31 日无形资产的预计使用年限、已使用年限、尚可使用年限等，并于 2022 年 1 月 1 日对前期未计提摊销的无形资产补提摊销。

因此，“除本制度另有规定外”指固定资产补提折旧和无形资产补提摊销，二者采用追溯调整法，其他经济业务和事项均采用未来适用法。

40. 工会必须设有的账簿包括哪些

《工会财务会计管理规范》规定，会计账簿必须要有总账、明细账、日记账，还要有必要的辅助账簿和备查账簿。

41. 行政会计代管工会财务时经常出现的错误有哪些

一、每个月都进行结转；

二、固定资产分录记错；

三、收到工会经费没有进行拆分，上解上级工会经费时用错科目；

四、餐费、招待费一律记入“行政支出——商品和服务支出”科目。

42. 工会财务负责人等工会财务管理相关的人员能担任本级的经审委员吗

《中国工会审计条例》（总工发〔2023〕6 号）第十三条规定，工会主席、分管财务和资产的副主席、工会财务人员和资产管理人员，不得担任同级工会经审会委员。第二十条规定，工会审计人员不得从事可能影响独立、客观履行审计职责的工作，不得参与、干预、插手被审计单位及其相关单位的经济管理活动；在办理审计事项中，与被审计单位或者审计事项有利害关系的应当回避；对在履行职责中知悉的国家秘密、工作秘密、商业秘密、个人隐私和个人信息，应当予以保密，不得泄露或者向他人非法提供。

因此，工会财务负责人等一些与工会财务管理相关的人员不能担任本级的经审委员。此段文字中可以读出两个要点：一是不能担任同级经审委员；二是审计本单位时，应当回避。从这两个要点看，审计条例并没有限制工会财务管理者和从事工会财务的人员担任上一级工会的经审委员。

43. 工会会计、出纳需要有会计证书吗

全国人民代表大会常务委员会关于修改《中华人民共和国会计法》等十一部法律的决定（2017 年 11 月 4 日第十二届全国人民代表大会常务委员会第三十次会议通过）、第十二届全国人民代表大会常务委员会第三十次会议决定：

对《中华人民共和国会计法》作出修改。

（一）将第三十二条第四项修改为：财政部门对各单位的下列情况实施监督：“从事会计工作的人员是否具备专业能力、遵守职业道德。”

（二）将第三十八条修改为：“会计人员应当具备从事会计工作所需要的专业能力。担任单位会计机构负责人（会计主管人员）的，应当具备会计师以上专业技术职务资格或者从事会计工作三年以上经历。本法所称会计人员的范围由国务院财政部门规定。”

因此，只要具备会计专业能力即可从事工会会计或出纳工作。

44. 为什么说各级工会的资产属于中华全国总工会

《中国工会章程》第三十九条规定，工会资产是社会团体资产，中华全国总工会对各级工会的资产拥有终极所有权。各级工会应当依法依规加强对工会资产的监督、管理，保护工会资产不受侵害，促进工会资产保值增值。根据经费独立原则，建立预算、决算、资产监管和经费审查监督制度。实行“统一领导，分级管理”的财务体制、“统一所有、分级监管、单位使用”的资产监管体制和“统一领导、分级管理、分级负责、下审一级”的经费审查监督体制。

45. 基层工会怎样办理工会法人资格证书

《工会法》第十五条规定，中华全国总工会、地方总工会、产业工会具有社会团体法人资格。基层工会组织具备民法典规定的法人条件的，依法取得社会团体法人资格。《最高人民法院关于产业工会、基层工会是否具备社团法人资格和工会经费集中户可否冻结划拨问题的批复》(法复〔1997〕6号)中指出，此条款是根据《工会法》规定而来，关于“产业工会社团法人资格的取得是由工会法直接规定的，依法不需要办理法人登记。基层工会只要符合《工会法》和《中国工会章程》规定的条件，报上一级工会批准成立，即具有社团法人资格”的规定。各企业、行政事业等单位的基层工会应当按照《基层工会法人登记管理办法》(总工发〔2020〕20号)的要求，经审查登记，领取赋有统一社会代码的工会法人资格证书，取得法人资格，依法独立享有民事权利、承担民事义务。并根据财政部、中国人民银行的有关规定，设立工会经费银行账户，实行工会经费独立核算。产业工会办理银行账户开户手续过程中，确需提供工会法人资格证书的，可以向所在地地市级以上工会领取工会法人资格证书。

46. 工会怎样开设银行账户？开设银行账户所需资料有哪些

《中国人民银行关于规范人民币银行结算账户管理有关问题的通知》(银发〔2006〕71号)规定，按照《中华人民共和国工会法》成立的具有社会团体法人资格的工会组织，可以凭社团法人登记证书开立基本存款账户。不具有社会团体法人资格的工会组织，应按照《账户管理办法实施细则》第十九条的规定开立专用存款账户，账户名称可为单位名称加资金性质，即单位名称后加“工会”字样。工会账户资金的存入和使用，应符合《中华人民共和国工会法》及其他有关规定。

开户所需资料（基本结算户）：工会法人资格登记证书（地市级以上工会办理）；工会成立批复（上级工会办理）；工会主席任命文件；工会主席身份证复印件；经办人身份证复印件；工会公章、财务专用章、法人章。

备注：

一、开户前先去银行领一套资料；

二、工会成立批复与工会主席任命文件如在一起，只需提供一份；

三、复印件需加盖单位公章；

四、批文丢了可以到上级工会去复印一份。

> 提示：2016年实施基层工会组织统一社会信用代码登记制度后，实行“两证合一、一证一码”登记模式。基层工会开户不再需要单独办理“组织机构代码证”。

47. 行政财务或其他组织能合并工会的账户并集中核算吗

《工会法》第四十五条规定，工会应当根据经费独立原则，建立预算、决算和经费审查监督制度。第四十七条规定，工会的财产、经费和国家拨给工会使用的不动产，任何组织和个人不得侵占、挪用和任意调拨。各基层工会应当根据经费独立原则，单独开立账户，独立进行核算，不允许与本单位机关财务或党、团等其他组织财务合并账户集中核算，也不允许将工会财务纳入当地会计结算中心管理。凡已经合并或纳入的，应当予以纠正。

48. 工会财务管理和审计工作的主要内容是什么

“收、管、用”是工会财务工作的主要内容，即收好、管好、用好工会经费。“审、帮、促”是工会审计工作的主要内容，即审查、审计，帮助、支持，促进、推动。

开展工会经费审查监督工作要处理好“审、帮、促”与“收、管、用”之间的关系。工会经费审查监督工作与财务工作相互促进和帮助就体现在“审、帮、促”上。

49. 下级单位未成立工会前能计提筹备金全额上缴上级工会安排使用吗？建会筹备金能税前列支吗

《中华全国总工会办公厅关于规范建会筹备金收缴管理的通知》（厅字〔2021〕20号）规定，自上级工会批准筹建工会的次月起，筹建单位每月按全部职工工资总额的2%向上级工会拨缴建会筹备金。……筹建单位凭《工会经费收入专用收据》或合法有效的工会经费代收凭据税前列支。……上级工会批准筹建单位成立工会之前，上级工会收取的建会筹备金不得按比例分成。自批准成立当月起，上级工会应将扣除工会组建相关支出后的建会筹备金余额，按照全国总工会和所在省级工会的规定比例及时进行分成、解缴，其中属于新组建工会的留成经费必须在2个月内返还到位。

50. 基层工会是否可以使用县以上工会会计科目

《工会会计制度》附录1《工会会计科目和财务报表》第二部分“会计科目名称和编号”中“基层工会主要会计科目名称和编号”表所注：对于本表未列出的会计科目，基层工会可以根据实际需要按照县级以上工会的会计科目进行账务处理。

51. 企业职工达到多少人数应该建立工会组织

中华全国总工会《企业工会工作条例（试行）》第七条规定，会员二十五人以上的企业建立工会委员会；不足二十五人的可以单独建立工会委员会，也可以由两个以上企业的会员按地域或行业联合建立基层工会委员会。同时按有关规定建立工会经费审查委员会、工会女职工委员会。企业工会具备法人条件的，依法取得社会团体法人资格，工会主席是法定代表人。

企业工会受法律保护，任何组织和个人不得随意撤销或将工会工作机构合并、归属到其他部门。企业改制须同时建立健全工会组织。

52. 基层工会能使用预算稳定调节基金科目吗

《工会会计制度》第五十五条规定，预算稳定调节基金是县级以上工会为平衡年度预算按规定设置的储备性资金。因此，基层工会不能使用该科目。

53. 为什么要建立和完善工会财务管理制度

一、工会工作大局的需要。维护职工的合法权益是工会的基本职责，也是工会作为联系党和职工群众桥梁和纽带的具体表现。通过财务制度的建设，为维护工人阶级的经济利益和政治权利，切实发挥物质保障作用。

二、遵守国家财经纪律的需要。财经纪律是财务工作的“红线”，包括工会组织在内的所有主体都必须遵守。

三、实现工会财务工作目标的需要。工会财务工作的目标是依法聚财、合理用财、科学管财，没有制度做保障，工会财务工作目标将很难实现。

四、规范工会业务行为的需要。健全和完善的工会财务制度，有助于工会各项业务活动的有序开展，有助于对工会业务活动的合法性、合理性和有效性进行评价。

54. 建立和完善工会财务管理制度的依据有哪些

一、国家的财经法规，包括《工会法》《会计法》《预算法》《财务报告条例》等；

二、部门规章，包括《会计基础工作规范》《工会会计制度》《工会审计条例》等；

三、上级工会有关财务管理工作的规范性文件，如《工会经费收支管理办法》

《工会预算管理办法》等；

四、根据本级工会业务工作的特点完善工会财务管理。

55. 如何建立和完善工会财务管理制度

一、负责人要重视，尤其是对工会工作负有全面领导责任的工会主席，要在观念、行动和具体工作中高度重视财务制度在工会日常业务活动中的地位和作用，并自觉遵守和带头执行；

二、要熟悉国家的财经法规和部门规章对工会财务活动的基本要求和规范；

三、要熟悉本级工会的业务特点、内容和运行方式；

四、要重视对财务制度运行过程的监督和运行结果的评价。

56. 一般内控制度都包括哪些

根据《工会财务会计管理规范》第七条规定，各级工会应当根据财务会计业务的需要，建立健全内部财务会计管理制度。主要包括：收支预算、决算制度，货币资金管理制度，票据管理制度，财务收支管理制度，专项资金管理制度，债权债务管理制度，账务处理程序制度，内部会计控制制度，经费定额管理制度，财产清查制度，财务会计分析制度，岗位责任制度，会计档案管理制度等。

57. 工会会计档案的打印和保管年限是多少

根据 2016 年 1 月 1 日施行的《会计档案管理办法》（中华人民共和国财政部　国家档案局令第 79 号），工会会计档案的打印和保管年限具体见下表：

企业和其他组织会计档案保管期限表

序号	档案名称	保管期限	备注
一	会计凭证		
1	原始凭证	30 年	
2	记账凭证	30 年	
二	会计账簿		
3	总账	30 年	
4	明细账	30 年	
5	日记账	30 年	
6	固定资产卡片		固定资产报废清理后保管 5 年
7	其他辅助性账簿	30 年	
三	财务会计报告		
8	月度、季度、半年度财务会计报告	10 年	
9	年度财务会计报告	永久	
四	其他会计资料		
10	银行存款余额调节表	10 年	
11	银行对账单	10 年	
12	纳税申报表	10 年	
13	会计档案移交清册	30 年	
14	会计档案保管清册	永久	
15	会计档案销毁清册	永久	
16	会计档案鉴定意见书	永久	

58. 工会会计档案能随意外借调阅吗

根据《会计档案管理办法》第十三条规定，单位应当严格按照相关制度利用会计档案，在进行会计档案查阅、复制、借出时履行登记手续，严禁篡改和损坏。

单位保存的会计档案一般不得对外借出。确因工作需要且根据国家有关规定必须借出的，应当严格按照规定办理相关手续。

会计档案借用单位应当妥善保管和利用借入的会计档案，确保所借入会计档案的安全完整，并在规定时间内归还。

59. 工会财务怎样交接

工会财务工作交接要求见下表：

工会财务工作交接表

交接对象	交接要求			监交人
	交接内容	交接过程	交接清册	
出纳之间交接	库存现金、有价证券	根据账面余额时点交	注明交接时点的金额	会计机构负责人或会计主管
	银行存款	账面余额与对账单一致	如有不符，编制银行存款余额调节表	
	现金支票、转账支票和电汇凭证		登记票据种类、号码、份数，逐一点交	
	密码支付器、账号、印章		登记点交	

（续表）

交接对象	交接要求			监交人
	交接内容	交接过程	交接清册	
会计之间交接	应该移交的各项资料	未了事项和遗留问题要写书面说明材料		会计机构负责人或会计主管
	会计凭证、会计账簿、财务会计报告和其他会计资料	必须完整无缺，不得遗漏	如有短缺，必须查明原因，并在移交清册上注明，由移交人负责	
	会计软件及密码、会计软件数据盘、磁带等内容	在电子计算机上对有关数据进行实际操作	确认有关数字正确无误后，方可交接，密码口令要注明	
	票据、印鉴、文件、等资料物品	交接清楚	由移交人员情况注明	
会计主管之间	全部财务会计工作、重大财务收支和会计人员情况等	向接替人员介绍清楚，如有遗留问题，必须书面说明	单位负责人	单位负责人
交接完毕	交接双方和监交人应在移交清册上签名或盖章，并注明交接日期、交接双方和监交人职务、姓名，以及需要说明的问题和意见等。			

Ⅱ 预决算类

60. 工会经费收支为什么要进行预算管理

根据《工会法》第四十五条，工会应当根据经费独立原则，建立预算、决算和经费审查监督制度；根据《中国工会章程（修正案）》第四十条，各级工会委员会按照规定编制和审批预算、决算，定期向会员大会或者会员代表大会和上一级工会委员会报告经费收支和资产管理情况，接受上级和同级工会经费审查委员会审查监督。

所以基层工会的收支应当全部纳入预算管理，并做到先预算后开支，无预算不开支。

61. 工会预算编制原则是什么

《工会预算管理办法》（总工办发〔2019〕26 号）第七条规定，工会预算应当遵循统筹兼顾、勤俭节约、量力而行、讲求绩效和收支平衡的原则。

62. 工会预算管理的编制要求有哪些

《基层工会预算管理办法》第五条规定，基层工会的预算年度自公历的 1 月 1 日起至 12 月 31 日止。

第六条规定，基层工会的预算收入和预算支出以人民币元为计算单位。

第十一条规定，基层工会应根据上级工会的要求，结合本单位实际，制定年度工会工作计划。

第十二条规定，基层工会应按照上级工会规定的经费开支标准，科学测算完成工作计划的资金需求，统筹落实各项收入，准确编制工会经费年度预算。

第十三条规定，基层工会应根据本单位实有会员全年工资收入和全国总工会确定的缴交比例，计算会费收入，编列会费收入预算。

第十四条规定，基层工会应根据本单位全部职工工资总额的 2% 计算拨缴工会经费总额。其中：属于基层工会分成的拨缴经费列入本单位拨缴经费收入预算；属于应上缴上级工会的拨缴经费不纳入基层工会预算管理。

第十五条规定，基层工会应将对外投资收益、所属独立核算的企事业单位上缴的收入、非独立核算的企事业单位的各项收入和其他收入纳入预算管理。其中：对外投资收益和所属独立核算的企事业单位上缴的收入以双方协议约定金额为预算数。

第十六条规定，基层工会应根据上级工会确定的专项工作，参考上年经费补助标准，编列上级工会补助收入预算。

第十七条规定，基层工会在会费收入、拨缴经费收入、上级工会补助收入、附属单位上缴收入、投资收益和其他收入等当年预算收入不能满足完成全年工作任务资金需求的情况下，应优先动用以前年度结余资金进行弥补。结余资金不足的，可向单位申请行政补助，编列基层工会行政补助收入预算。

第十八条规定，基层工会不得编制赤字预算。

63. 预算的审批程序有哪些

《工会预算管理办法》（总工办发〔2019〕26 号）第三十九条规定，省级（含）以下总工会预算必须由党组集体审议决定，同级经费审查委员会履行相应审查职责，其他审查、审议的必要程序由各级工会确定。《基层工会预算管理办法》（总工办发〔2020〕29 号）第十九条规定，基层工会年度收支预算经必要程序审查、批准后报上一级工会备案。第二十条规定，上一级工会认为基层工会预算与法律法规、上级工会预算编制要求不符的，有权提出修订意见，基层工会应予调整。

64. 各级工会上报本级预算时包含的内容有哪些

一、由本级工会供给经费的工会机关支出预算。

二、预算编制依据的详细说明，有预算定额标准的项目，要列出定额标准及计算公式，以便审核。

三、跨年度的项目按当年所需资金，列入当年预算。

四、预算说明书要全面完整，要有数据、有分析。

五、将预算说明书、预算报表及机关的支出预算，加装预算报表封面，整理装订成册。封面和表内各页均应加盖公章及有关人员签章。

六、项目完整、预算项目凡涉及子科目的，要相应填列完整。

七、数字准确，预算收支表金额单位一律用“元”，小数点后保留两位。

65. 工会预算编制的依据有哪些

一、《中华人民共和国预算法》

《中华人民共和国预算法》（以下简称《预算法》）是由全国人大制定，不仅是《工会预算管理办法》的制定依据，也是各级工会编制预算必须遵循的规范。

二、《工会预算管理办法》

《工会预算管理办法》是中华全国总工会依据《预算法》拟定的部门文件，是指导各级工会编制预算的直接依据，在实际工作中，不同位阶的工会可以根据本地的实际情况在该办法的指引下拟制更具体的规定或办法。

三、所在工会预算年度工作计划

表达和维护职工权益时工会的基本职责，但工会基本职责的履行必须以所在工会同级行政工作大局、重点和任务为依据，更好地组织职工、引导职工、教育职工，服务和服从工作大局。

四、上级工会预算年度工作要求

各级工会应将上级工会预算年度工作要求与同级行政预算年度的工作计划进行结合，并根据所在工会的实际情况，制定预算年度的工作方向、重点和内容。

五、本级工会及其所属工会预算年度的工作计划

好的工作计划是在对同级行政工作任务和上级工会的工作要求统筹考虑基础上制订的，它是各级工会预算编制直接的依据，如果没有一个重点突出、内容明确、切实可行的工作计划，工会预算的准确性、可执行性以及严谨性都将打折扣。

66. 工会预算管理的层级有哪些

《工会预算管理办法》（总工办发〔2019〕26 号）第四条规定，工会预算一般分为五级管理层级，即全国总工会、省级工会、市级工会、县级工会和基层工会。省级工会可根据乡镇（街道）工会、开发区（工业园区）工会发展的实际，确定省级以下工会的预算管理级次，并报全国总工会备案。每级工会预算包括本级预算和单位预算。本级预算是指各级工会本级次范围内所有收支预算，包括本级所属单位的单位预算和本级工会的转移支付预算；单位预算是指本级工会机关、所属事业单位的预算。

67. 工会预算编制的基本流程有哪些

一、确定年度工作计划

工会预算的实质是对计划年度财权的配置，没有可行的工作计划，预算工作很难开展。在制订工作计划时，要统筹兼顾、突出重点，并需要综合考虑以下四个因素：

（1）上级工会的工作部署；

（2）本级行政对工会工作的基本要求；

（3）所在单位劳动关系的运行情况；

（4）工会建设和工运事业的发展情况。

二、对计划年度经费收入进行估算

各级工会做年度经费估算的重要目的是确定年度可用的经费总额，以此为基础，为年度工作计划中的经费配置提供依据。具体估算时，各级工会应综合考虑计划年度经费的依据、来源、结构及其可实现程度等因素。

三、财务部门根据年度工作计划和经费估算数编制预算草案

具体编制时，应注意以下两个问题：

（1）预算内容的范围。一般情况下，凡是由本级工会提供经费的所属企事业单位，其年度预算均应纳入本级预算进行编制。

（2）严格控制赤字。按照“量力而行、收支平衡”的预算编制原则，各级工会的年度预算一般不追求结余最大化。如果有重大支出项目，制度规定年度预算可以优先动用以前年度结余资金，结余资金不足的，可以向单位申请行政补助，编列基层工会行政补助收入预算。

四、基层工会负责编制本级工会预算草案和预算调整方案，经本级经费审查委员会审查后，由本级工会委员会审批，报上级工会备案

按照“下管一级”的预算管理原则，上一级工会认为下一级工会预算与法律法规、上级工会预算编制要求不符的，有权提出修订意见，下级工会应予调整。

68. 工会预算的编制内容有哪些

《工会预算管理办法》第十八条规定预算由预算收入和预算支出组成。工会及所属预算单位的全部收入和支出都应当纳入预算。

一、工会预算收入

（一）县级以上工会预算收入有六项，具体有：

（1）拨缴经费收入；（2）上级补助收入；（3）政府补助收入；（4）附属单位上缴收入；（5）投资收益；（6）其他收入。

（二）基层工会预算收入有七项，具体有：

（1）会费收入；（2）拨缴经费收入；（3）上级补助收入；（4）行政补助收入；（5）附属单位上缴收入；（6）投资收益；（7）其他收入。

二、工会预算支出

（一）县级以上工会预算支出有九项，具体包括：

（1）职工活动组织支出；（2）职工服务支出；（3）维权支出；（4）业务支出；（5）行政支出；（6）资本性支出；（7）补助下级支出；（8）对附属单位的支出；（9）其他支出。

（二）基层工会预算支出有七项，具体包括：

（1）职工活动支出；（2）职工服务支出；（3）维权支出；（4）业务支出；（5）资本性支出；（6）对附属单位的支出；（7）其他支出。

为便于预算的执行，上述相关内容尽可能进行细化，如收入中的行政补助收入，如有可能，应细化到补助的科目、金额以及时间等；而支出类的科目，需要尽可能具体到每个项目并按项目详细划分给予说明。

69. 会费收入预算编制应注意哪些问题

会费收入指工会会员依照规定向工会组织缴纳的会费。依法缴纳会费是工会会员的基本义务。工会在编制会费收入预算时，要注意以下两个问题：

一、有关会费收入的要求

根据规定，工会会员每月向工会组织缴纳本人工资收入的0.5%，工资尾数不足

10元的不计会费。需要注意的是，缴纳会费的工资收入不包括奖金、津贴等工资性收入。所以，工会要做好会费收入预算，就需要确定以下三件事情：

（1）工会会员人数。某些时候，可能存在单位职工人数与会员人数不等的情况，因此，工会要清楚现有会员是多少，根据工作计划预算年度将要新增多少会员，然后确定预算年度应缴费会员人数。

（2）所在单位职工的工资结构。需要注意的是，并非职工所有的工资都纳入会费计算基数，包括奖金、津贴、补贴等在内的项目按要求应予以剔除。

（3）职工基础工资增减变化，对工资有增减的要做出相应调整。

二、所在单位会费收缴的具体情况

提示：理论上各级工会应按照制度的要求足额、及时收缴会费。但在实际工作中，一些工会出于管理便利或其他考量因素，对会费的收取采用了包括定额缴纳（比如每月10元）等模式，虽然这种模式有所欠缺，但作为预算编制而言则需要充分考量。

70. 拨缴经费收入预算编制应注意哪些问题

拨缴经费收入是指基层单位行政拨缴、下级工会按规定上缴及上级工会按规定转拨的工会经费中归属本级工会的经费。各级工会在编制拨缴经费收入时，要注意以下四个问题：

一、清楚拨缴经费收入的范围。已建工会的单位按规定拨缴的经费。

二、要清楚拨缴经费收入的缴纳基数和比例。比例是固定的，即工资总额的2%。

拨缴经费预算是否准确，实际上受三个因素的影响：

（1）负有拨缴经费义务单位的工资总额如何计算。就理论的分析而言，一切与所在单位职工工资有关的支付都应该核算成工资总额。

（2）哪些职工的工资总额应纳入拨缴基数。这方面比较复杂，尤其是那些用工性质比较复杂的单位，如劳务派遣人员等，这点需要注意。

（3）预算年度工会经费拨缴职工的工资增减的变化。

三、要清楚本级工会在拨缴经费中所占的比例。这一点尤为重要。也就是说，并不是本级工会收到的所有行政拨缴资金都属于本级的拨缴经费收入，而是在此基础上剔除按规定需要上解或回拨金额的剩余，才能作为本级工会的拨缴经费收入列入预算。

四、上缴经费的部分要在预算说明书和“拨缴经费收入”科目的预算说明栏内加以说明。

71. 税务代收模式下如何编制本级工会的拨缴经费收入

税务代收是党政赋予工会更好履行职能的制度资源，在实务中也得到了较好的执行。一般由上级工会，目前大多数地方是以省一级工会作为委托人来委托税务部门进行经费的收缴。对基层工会而言，在编制属于本级工会的拨缴经费收入时，应按照所在地工会有关经费分解比例来确定，当然，为便于基层工会把拨缴经费收入预算坐实，上级工会应在预算编制前以文件等方式明确经费在不同层次工会间的分解比例。

提示：税务代收模式，一般都有税务代收手续费，根据《中华全国总工会〈关于委托税务部门代收工会经费手续费的补充规定〉》（工财字〔2006〕59号）文件，已实行委托税务部门代收工会经费的地方，地方各级工会在扣除税务部门代收手续费后，再按经费比例分成。因此，拨缴经费在编制预算时还要扣除代收手续费。

72. 上级补助收入预算编制应注意哪些问题

一、要明确补助资金的主体。对于铁路、民航、金融三大产业工会的基层工会而言，上级工会有两个，一个是自身系统的直属上级，一个是地方总工会，因此上级补助收入有两项。

二、要明确补助的项目或者类型。比如上级工会的补助主要包括一般性转移支付补助和专项转移支付补助。

三、要明确补助的可行性。一般情况下，当补助依据明确并且可行性基本没问题时，工会才能将这部分收入纳入预算，当然，这需要在预算编制时，与可能涉及的补助项目的补助主体进行充分沟通和协商。可能的情况下，还可以形成会议纪要，并将类似的沟通记录作为预算编制的依据。

四、要明确补助的具体项目。很多时候，工会所取得的补助收入都具有专项、专门、专用资金的性质，为便于资金的管理和财经纪律的执行，工会在编制上级补助收入时，一般都要明确到具体的项目。

提示：根据中华全国总工会办公厅印发的《关于对下补助实行项目补助管理的通知》（总工办发〔2015〕10号）文件，取消了回拨补助、超收补助、帮扶补助、送温暖补助和救灾补助等，均改为项目补助。上级补助收入分为：一般性转移支付补助和专项转移支付补助。

73. 行政补助收入预算编制应注意哪些问题

《基层工会预算管理办法》（总工办发〔2020〕29号）第十七条规定，基层工会在会费收入、拨缴经费收入、上级工会补助收入、附属单位上缴收入、投资收益和其他收入等当年预算收入不能满足完成全年工作任务资金需求的情况下，应优先动用以前年度结余资金进行弥补。结余资金不足的，可向单位申请行政补助，编列基层工会行政补助收入预算。

工会应积极争取行政的支持，扩大资金来源渠道，可根据与行政部门沟通后的承诺编制。

74. 职工活动支出预算编制应注意哪些问题

职工活动支出是指基层工会开展职工教育活动、文体活动、宣传活动、劳模疗休养活动、会员活动等发生的支出。做好职工活动支出预算，既是工会基本职能履行的财力保障，也是评价工会财力、配置能力的重要标准。工会在编制职工活动支出时，应注意的问题是：

一、职工活动支出的受益者是广大职工，即全体在职职工。

二、明确编列职工活动支出的直接依据。预算年度各级工会用于职工活动支出经费的多少，取决于预算年度的工作计划，因此要做好预算年度工作计划，计划内容包括活动的内容、经费的预算以及开展的时间、参加的人员、租用的场地等。

三、要将职工活动支出预算至少细化到二级科目。按照工会预算管理办法规定，预算编列时除了需要编报预算的总额，还需要进一步明确其所属的，包括职工教育支出、文体活动支出、宣传活动支出等具体科目的预算。

四、要清楚每项具体支出的编制依据和计算过程，以便预算审查。

五、凡是列入职工活动支出预算的项目，其经费保障均应是本级工会的经费收入。预算年度的职工活动虽然是由工会作为责任部门牵头组织开展，但其经费是由同级行政保障的，与这些活动相关的支出不能列入预算。比如工会组织职工培训活动，包括场租、培训资料、笔墨纸张等物品的消耗，授课教师课酬以及对优秀学员的奖励等，如果这些资金由行政承担，则工会无须将相关支出编列在预算中。

六、在编制职工活动支出预算时要结合经费收入的情况来具体安排。一般情况下，无经费收入保障的职工活动项目，尽管有开展的必要，但如果经费保障未沟通到位，也不应列入预算。

75. 维权支出预算编制应注意哪些问题

维权支出是指工会直接用于维护职工权益的支出，在编制维权支出预算时，应注意以下四个问题：

一、明确维权支出的内容有哪些，或者说哪些支出属于维权支出。按照《工会会计制度》的规定，属于维权支出范围的项目有劳动关系协调、劳动保护、法律援助、困难职工帮扶、送温暖和其他维权支出。在预算编制时，要对每个科目的具体内容进行较好描述并编列相应的经费预算。

二、与维权支出相关的经费来源要落实。维权支出的具体内容有六项，内容的性质不同，其经费来源渠道也有所差异。一般情况下，困难职工帮扶支出和送温暖支出这两项维权支出有专项资金予以保障，专项资金的提供者包括同级行政、上级工会乃至地方政府。因此，工会在编列这方面的预算时，要根据以往的经验进行合理测算。

三、为做好维权支出预算的编列，工会应对所在单位的劳动关系状况应有一个基本的判断。总体而言，对经营状况欠佳、劳动力密集以及用工规范性较差的单位，应在维权支出预算编列时充分关注劳动关系状况。

四、对基层工会，尤其是企业工会，维权支出编列的重点应放在劳动关系协调、困难职工帮扶以及送温暖三个方面。要有适当的经费用于劳动关系协调，至于困难职工帮扶和送温暖，应尽可能在预算编列时争取同级行政和上级工会的专项资金支持。

76. 业务支出预算编制应注意哪些问题

业务支出指工会培训工会干部、加强自身建设及开展业务工作发生的各项支出，包括培训支出、会议支出、专项业务支出和其他业务支出。工会在编制业务支出预算时，应明确业务支出的编列范围。

根据《全国总工会财务部印发的〈关于工会财务工作经费开支范围的规定〉和〈关于工会经审工作经费开支范围的规定〉的通知》（工财发〔2014〕43号），业务支出的范围主要包括：

（1）财务制度建设和调研工作经费：主要用于开展工会财务工作专项调研，包括召开有关业务工作会议、座谈会以及调研工作等。

（2）财务检查工作经费：主要用于对本级工会所属单位和下级工会开展的财务检查工作。

（3）财会人员培训经费：主要用于本级和下级工会财会人员培训工作，包括培训费、讲课费、住宿费、伙食费、学杂费、资料印刷费和课件制作费等。

（4）财会软件开发与应用经费：主要用于工会财会软件的开发、维护、升级和财务数据网络传输等。

（5）财会业务经费：包括财务票证购领费、财会业务设备用品购置费和财会业务资料费等。

对基层而言，业务支出预算的重点应放在工会干部素质提升方面，有可能的情况下，可以从上级工会争取补助经费，满足包括组织建设等方面的开支；对非基层工会，在业务支出的预算方面，应把相应的经费用于专项业务活动，以加强对所在地区劳动关系状况的了解和对基层工会的日常工作的调查和指导。

77. 资本性支出预算编制应注意哪些问题

资本性支出是指基层工会从事工会建设工程、建设工具购置、大型修缮和信息网络构建而发生的支出。工会在编制业务支收预算时，应注意以下三个问题：

一、与资本性支出相关的项目是否经过严格审批，未经审批的不允许编制。

二、与此相关的项目所需经费是否有保障，否则也不应列支。

三、在经费保障不足时，资本性支出又属于重大支出项目的，优先动用以前年度结余资金进行弥补。结余资金不足的，可向单位申请行政补助，编列基层工会行政补助收入预算。

78. 在编制房屋建筑物购建、专用设备购置和大型修缮等预算时需要注意什么

在编制房屋建筑物购建、专用设备购置和大型修缮等预算时，须附经有关专业部门论证的可行性工程项目论证报告、立项批复、开工许可等相关文件，按照工程进度及资金状况编制当年预算。

房屋建筑物等购置所涉经费属于资本性支出，据《中华人民共和国工会法》等法律法规的规定，各级工会办公场所和工会活动设施等物质条件应由各级人民政府和行政单位提供。县级以上工会的办公和职工群众的文化、教育、体育活动设施，在政府或行政补助不足的情况下，可以动用经费弥补不足，上级工会也可根据情况给予适当补助。列入地方基本建设或更新改造计划的工程项目，应附地方政府或相关部门文件。

对基层工会而言，一般情况下不安排这类资本性支出预算。

79. 补助下级支出编制应注意哪些问题

补助下级支出指县级以上工会为解决下级工会经费不足或根据有关规定给予下级工会的各类补助款项，工会在编制补助下级支出预算时，应注意以下三个问题：

一、在具体编制时，要重点关注与补助相关的依据是否明确。

二、过往的回拨补助的预算，按照新工会制度进一般性转移支付科目编列；过往的包括对下级的帮扶困难职工的补助、用于开展向困难职工和家庭送温暖活动的补助、救灾补助等按照新工会制度进专项转移支付补助科目编列。

三、没有下级的基层工会，不编列此科目。

80. 编制预算金额是用万元还是元

《工会预算管理办法》第十条规定，预算收入和预算支出以人民币元为计算单位，小数点后保留两位。

81. 工会经费预算如何审批

《工会预算管理办法》第十七条规定，财务部门负责编制本级工会预（决）算草案和预算调整方案，经本级经费审查委员会审查后，由本级工会委员会审批，报上级工会备案。

82. 工会经费预算如何执行

《工会预算管理办法》第四十二条规定，各级工会预算由本级工会组织执行，具体工作由财务管理部门负责。各级工会所属预算单位是本单位预算执行的主体，对本单位预算执行结果负责。

第四十三条规定，各级工会应按照年度预算积极组织收入。按照规定的比例及时、足额拨缴工会经费，不得截留、挪用。

第四十四条规定，预算批准前，上一年结转的项目支出和必要的基本支出可以提前使用。送温暖支出、突发事件支出和本级工会已确定年度重点工作支出等需提前使用的，必须经集体研究决定。预算批准后，按照批准的预算执行。

第四十五条规定，各级工会应根据年度支出预算和用款计划拨款。未经批准，不得办理超预算、超计划的拨款。

第四十六条规定，县级以上工会必须根据国家法律法规和全国总工会的相关规定，及时、足额拨付预算资金，加强对预算支出的管理和监督。各预算单位的支出必须按照预算执行，不得擅自扩大支出范围，提高开支标准，不得擅自改变预算资金用途，不得虚假列支。

第五十一条规定，县级以上工会和具备条件的基层工会应全面实施预算绩效管理。

第六十条规定，各级工会的预（决）算接受同级工会经费审查委员会的审查审计监督。预算执行情况同时接受上一级工会经费审查委员会的审计监督。

第六十一条规定，各级工会预算执行情况、决算依法接受政府审计部门的审计监督。

83. 总支出不变的情况下怎样调整预算

《基层工会预算管理办法》第二十三条规定，基层工会预算一经批准，原则上不得随意调整。确因工作需要调整预算的，需详细说明调整原因、预算资金来源等，经必要程序审查、批准后报上级工会备案。因上级工会增加不需要本工会配套资金的补助而引起的预算收支变化，不需要履行预算调整程序。第二十四条规定，基层工会在预算执行过程中，对原实施方案进行调整优化，导致支出内容调整但不改变原预算总额的，不属于预算调整，不需要履行预算调整程序。

84. 编制好的预算经上级批复后还能调整吗？每年调整几次

《工会预算管理办法》第四十八条规定，各级工会预算一经批准，原则上不调整。下列事项应当进行预算调整：

（一）需要增加或减少预算总支出的；

（二）动用预备费仍不足以安排支出的；

（三）需要调减预算安排的重点支出数额的；

（四）动用预算稳定调节基金的。

预算调整的程序按照预算编制的审批程序执行。

提示：根据《基层工会预算管理办法》，预算调整次数没有具体限制，但是，基层工会预算一经批准，原则上不得随意调整。

85. 基层工会可否编制赤字预算

《基层工会预算管理办法》第十七条规定，基层工会在会费收入、拨缴经费收入、上级工会补助收入、附属单位上缴收入、投资收益和其他收入等当年预算收入不能满足完成全年工作任务资金需求的情况下，应优先动用以前年度结余资金进行弥补。结余资金不足的，可向单位申请行政补助，编列基层工会行政补助收入预算。第十八条规定，基层工会不得编制赤字预算。

提示：此处的“赤字预算”不是当年支出大于当年收入，而是动用以前年度的结余资金弥补且向行政申请补助后，仍不足以满足当年支出的，为“赤字预算”。

86. 工会能否花上年结余的钱

《基层工会预算管理办法》第十七条规定，基层工会在会费收入、拨缴经费收入、上级工会补助收入、附属单位上缴收入、投资收益和其他收入等当年预算收入不能满足完成全年工作任务资金需求的情况下，应优先动用以前年度结余资金进行弥补。结余资金不足的，可向单位申请行政补助，编列基层工会行政补助收入预算。《工会预算管理办法》（总工办发〔2019〕26号）第三十二条规定，各级工会当年预算收入不足以安排当年预算支出的，可以动用以前年度结余资金弥补不足。

87. 基层工会能够超预算支出吗

《基层工会预算管理办法》第二十一条规定，经批准的预算是基层工会预算执行的依据。基层工会不得无预算、超预算列支各项支出。

88. 工会预算在批准前，哪些能开支？哪些不能开支？如遇特殊情况如何处理

《工会预算管理办法》第四十四条规定，预算批准前，上一年结转的项目支出和必要的基本支出可以提前使用。送温暖支出、突发事件支出和本级工会已确定年度重点工作支出等需提前使用的，必须经集体研究决定。预算批准后，按照批准的预算执行。

89. 上级工会能越级进行拨款吗

《工会预算管理办法》第四条规定，工会系统实行一级工会一级预算，预算管理实行下管一级的原则。第四十五条规定，各级工会应根据年度支出预算和用款计划拨款。未经批准，不得办理超预算、超计划的拨款。所以上级工会不能越级拨款。

90. 工会行政财务机构能审查工会预算草案吗

《工会预算管理办法》第六十条规定，各级工会的预（决）算接受同级工会经费审查委员会的审查审计监督。预算执行情况同时接受上一级工会经费审查委员会的审计监督。第六十一条规定，各级工会预算执行情况、决算依法接受政府审计部门的审计监督。

《工会预算管理办法》中明确说明了预算草案的审批程序，因此工会行政财务机构不能审查工会预算草案。

91. 跨年度的支出预算没有执行完，该如何处理

跨年度的支出类预算有两类，一类是在建工程，另一类是职工活动、业务支出等支出项目。

对于在建工程，根据《工会预算管理办法》，跨年度的基本建设工程，决算前按年度拨出数编报，最后年度工程竣工后，经具有相应资质的社会中介机构审核确认，按审核确认数扣除以前年度决算数后的余额，编制年度决算。对于职工活动、业务支出等支出项目，各级工会上一年度未全部执行或未执行、下年须按原用途继续使用的项目资金，作为项目结转资金，纳入下一年度预算管理，用于结转项目的支出。

92. 经费预算管理中的主要问题有哪些

一、不编制预算，支出多少算多少。

二、有预算，不经本级工会经费审查委员会审查通过，也不向上级工会报批，即没有履行预算程序。

三、预算编制不准确、不严谨，有的预算与实际开支差距大。

四、超支不按规定办理调整追加手续，即没有走预算调整追加程序。

93. 工会经费呆账处理办法是什么

《工会经费呆账的处理办法》（总工发〔2002〕20号）规定，为加强工会经费的管理，及时准确反映工会资产状况，妥善解决工会经费呆账问题，参照财政部印发的《财政周转金呆账处理规定》和《企业会计准则》制定本办法。

一、呆账的确认

本办法仅适用于工会经费形成的由工会财务部门管理的呆账。凡下列情况之一，可确认为呆账。

（1）投资损失：以工会经费对外投资，由于接受投资的单位撤销、破产，经履行清算后确认不能收回的投资；遭受严重自然灾害导致经济活动停止，投资本金不能收回的部分。

（2）借出款：以工会经费借出的款项，借款合同期满后，逾期三年以上不能归还的欠款。

（3）暂付款：暂付三年以上的，由于债务人的原因尚未收回并按管理权限确认无法收回的暂付款。

二、呆账处理的原则

（1）根据“统一领导，分级管理”的财务管理体制，各级工会的呆账处理由本级工会决定，报上级工会财务部门备案。

（2）处理呆账要按照“分清责任，账销债留”的原则办理，保留备查账簿，对投资失误者要追查责任。

（3）对造成借款呆账损失的单位，一般应停止借款。

（4）对有弄虚作假、伪造呆账等行为，应责令纠正。对负有直接责任的主管人员和直接责任人要追究责任，对触犯法律的要依法追究其法律责任。

三、呆账处理审批程序

（1）各级工会财务部门对本级经费投资、借款、暂付款等形成的呆账进行处理，列出呆账事项。

（2）呆账事项的责任人应将呆账形成过程、形成原因以及鉴定意见、法律文书、证明材料、说明材料、函证材料等，以书面形式提交工会财务部门审核。

（3）由工会财务部门将呆账事项汇总，报本级工会主席办公会议研究确定。

（4）本级工会主席办公会议做出处理决定前，应征求同级经审会同意，必要时可由经审会办公室安排审计。

（5）工会财务部门依据本级工会主席办公会议决定进行账务处理。

四、呆账的账务处理

（1）工会财务部门根据本级工会主席办公会议做出的决定，进行账务调整。

（2）工会其他应收款核销的账务处理：

（投资）借：其他支出，贷：投资

（借款或暂付款）借：其他支出，贷：借出款暂付款

（3）核销的呆账，以后又重新收回的，按照实际收回的金额入账。其账务处理为：

（收回现金）借：银行存款，贷：其他收入

（收回固定资产）借：固定资产，贷：资产基金——固定资产

94. 做好经费预算对工会财务人员的好处有哪些

一、减轻财务工作人员的压力

工会有了预算，可分清责权，万一出现问题，就不是工会财务人员个人的问题，这是预算程序所决定的。那么工会的预算程序是怎样的呢?

《工会预算管理办法》第二十三条规定，根据国家财政预算管理要求和工会预算管理实际，全国总工会及时印发下一年度预算草案编制的通知。省、市、县级工会应根据全国总工会预算编制的有关要求，结合实际情况进行部署，编制本级预算，汇总下一级工会总预算，按规定时限报上一级工会。第四十条规定，上一级工会认为下一级工会预算与法律法规、上级工会预算编制要求不符的，有权提出修订意见，下级工会应予调整。由此可见，如果预算有问题，那也是程序和集体的问题。

另外，对于个别开支比较随意的负责人，也有了约束。如果没有预算，负责人让财务人员开支办事，财务人员不办，就会得罪负责人；办吧，又违背财经纪律。如果按预算管理工会财务，财务人员就可以告诉负责人，这笔开支没有预算，如果必须开支，需要履行预算追加程序。预算的追加程序与预算程序相同。履行了追加程序再开支，如果有问题就不是财务人员的个人问题了。

二、降低用错会计科目的可能性

工会有了预算，并按预算执行，业务发生后，会计人员在核算时对照预算项目和科目，按预算科目列支，就会非常明确开支应列支的科目。

95. 经费预算请示报告怎么写

关于上报20××年度工会经费收支预算的请示

××工会（指上级工会）:

根据《工会预算管理办法》，××工会预算管理委员会办公室研究制定了《20××年度工会经费收支预算草案》……（预算情况大致说明）……经××工会经费审查委员会审核，××工会常委会、全委会表决通过，现呈报，请予以审批。

××工会委员会

20××年×月×日

96. 什么是工会经费决算

工会经费决算是工会经费年度收支预算的执行结果和各项收支的综合反映。各级工会应按上级工会的要求编制年度决算。决算未经批准前，称为“决算草案”。

97. 工会经费决算的要求是什么

《工会预算管理办法》第五十二条规定，各级工会应在每一预算年度终了后，按照全国总工会的有关规定编制本级工会收支决算草案和汇总下一级工会收支决算。

第五十三条规定，编制决算草案，必须符合法律法规和相关制度规定，做到收支真实、数据准确、内容完整、报送及时。

第五十四条规定，全国总工会和省、市、县级工会决算编制的职权按照本办法有关规定执行。基层工会决算草案经本级经费审查委员会审查后，由本级工会委员会审批，并报上级工会备案。

第五十五条规定，各级工会所属预算单位的决算草案，应在规定的期限内报本级财务管理部门审核汇总。本级财务管理部门审核决算草案发现有不符合法律法规和工会规定的，有权责令其纠正。

第五十六条规定，各级工会应当将经批准的本级决算及下一级工会的决算汇总，在规定时间内报上一级工会备案。

第五十七条规定，上一级工会认为下一级工会决算与法律法规、上级工会决算编制要求不符的，有权提出修订意见，下级工会应予调整。

第五十八条规定，各级工会本级决算批准后，应当在十五个工作日内批复所属预算单位。

在工会财务工作中，常遇跨年度的基础建设工程，需要特别注意。跨年度的基本建设工程主要指的是职工建家、为职工服务的体育设施等。决算前按年度拨出数编报，最后年度工程竣工后，经具有相应资质的社会中介机构审核确认，按审核确认数扣除以前年度决算后的余额，编制年度决算。

98. 工会经费决算草案的审批程序有哪些

《工会预算管理办法》第五十四条规定，基层工会决算草案经本级经费审查委员会审查后，由本级工会委员会审批，并报上级工会备案。

99. 工会经费决算报告怎么写

20×× 年度 ×× 工会经费收支决算方案

一、收入情况：

（1）本年度收入总额 ×× 元，比上年度增加 ××%，完成计划数的 ××%，为工会开展工作提供了经费保障。

（2）会费收入：会费收入 ×× 元，比上年度增加 ××%，占收入总额的比例为 ××%。完成计划数的 ××%，与预算相比增加了 ×× 元。增加原因。

（3）拨缴经费收入：拨缴经费收入是工会经费的主要来源之一，拨缴经费收入 ×× 元，比上年度增加 ××%，占收入总额的比例为 ××%。完成计划数的 ××%，与预算相比增加了 ×× 元。增加原因。

（4）上级补助收入：上级补助收入 ×× 元，比上年度增加 ××%，占收入总额的比例为 ××%。完成计划数的 ××%，与预算相比增加了 ×× 元。增加原因。

（5）政府补助收入：政府补助收入 ×× 元，比上年度增加 ××%，占收入总额的比例为 ××%。完成计划数的 ××%，与预算相比增加了 ×× 元。增加原因。

（6）行政补助收入：行政补助收入 ×× 元，比上年度增加 ××%，占收入总额的比例为 ××%。完成计划数的 ××%，与预算相比增加了 ×× 元。增加原因。

（7）附属单位上缴收入：附属单位上缴收入 ×× 元，比上年度增加 ××%，占收入总额的比例为 ××%。完成计划数的 ××%，与预算相比增加了 ×× 元。增加原因。

（8）投资收益：投资收益 ×× 元，比上年度增加 ××%，占收入总额的比例为 ××%。完成计划数的 ××%，与预算相比增加了 ×× 元。增加原因。

（9）其他收入：其他收入 ×× 元，比上年度增加 ××%，占收入总额的比例为 ××%。完成计划数的 ××%，与预算相比增加了 ×× 元。增加原因。

（10）动用预算稳定调节基金：动用预算稳定调节基金 ×× 元，比上年度增加 ××%，占收入总额的比例为 ××%。完成计划数的 ××%，与预算相比增加了 ×× 元。增加原因。

二、支出情况：

（1）本年度支出总额 ×× 元，比上年度增加 ××%，比计划数减少 ××%。职工活动支出和维权支出是工会经费开支的重点，两项合计 ×× 元，占支出总额的比例为 ××%。

（2）职工活动支出 ×× 元，比上年度减少了 ××%，占支出总额的 ××%，比计划数减少 ××%。其中，职工教育支出 ×× 元，比上年度减少了 ××%，占支出总额的 ××%；文体活动支出 ×× 元，比上年度减少了 ××%，占支出总额的 ××%；宣传活动支出 ×× 元，比上年度减少了 ××%，占支出总额的 ××%；劳模职工疗休养支出 ×× 元，比上年度减少了 ××%，占支出总额的 ××%；会员活动支出 ×× 元，比上年度减少了 ××%，占支出总额的 ××%；其他活动支出 ×× 元，比上年度减少了 ××%，占支出总额的 ××%。通过组织开展各项文体活动、宣传活动、女工活动以及会费管理竞赛活动等，陶冶了职工情操，提高了职工素质，增强了企业活力和企业凝聚力。

（3）职工服务支出 ×× 元，比上年度减少了 ××%，占支出总额的 ××%，比计划数减少 ××%。其中，劳动和技能竞赛活动支出 ×× 元，比上年度减少了 ××%，占支出总额的 ××%；建家活动支出 ×× 元，比上年度减少了 ××%，占支出总额的 ××%；职工创新活动支出 ×× 元，比上年度减少了 ××%，占支出总额的 ××%；职工书屋活动支出 ×× 元，比上年度减少了 ××%，占支出总额的 ××%；其他服务支出 ×× 元，比上年度减少了 ××%，占支出总额的 ××%。

（4）维权支出 ×× 元，占支出总额的 ××%，比计划数减少 ××%。

①劳动关系协调支出 ×× 元，占支出总额的 ××%。其中，×× 支出 ×× 元，×× 支出 ×× 元，对 ×× 进行了帮扶。

②劳动保护支出 ×× 元，占支出总额的 ××%。其中，×× 支出 ×× 元，×× 支出 ×× 元，对 ×× 进行了帮扶。

③法律援助支出 ×× 元，占支出总额的 ××%。其中，×× 支出 ×× 元，×× 支出 ×× 元，对 ×× 进行了帮扶。

④困难职工帮扶支出 ×× 元，占支出总额的 ××%。其中，×× 支出 ×× 元，×× 支出 ×× 元，对 ×× 进行了帮扶。

⑤送温暖支出 ×× 元，占支出总额的 ××%，比计划数减少 ××%。其中，元旦春节支出 ×× 元，端午节支出 ×× 元，中秋、国庆支出 ×× 元。

⑥其他维权支出 ×× 元，占支出总额的 ××%。其中，×× 支出 ×× 元，×× 支出 ×× 元，对 ×× 进行了帮扶。

通过坚持开展低保等基本生活救助工作、金秋助学活动和节日送温暖活动，多举措服务职工，提升工会的维权帮扶质效，实现了工会工作方法的转变，体现了党和国家对弱势群体的关怀，激发了困难职工对生活的信心和勇气，增强了工会的凝聚力。

（5）业务支出 ×× 元，比上年度增加了 ××%，比计划数减少 ××%，占支出总额的 ××%。其中，培训支出 ×× 元（×× 培训 ×× 元，全国总工会社保法培训 ×× 元），占支出总额的 ××%；会议支出 ×× 元，占支出总额的 ××%；专项业务支出 ×× 元，占支出总额的 ××%；其他业务支出 ×× 元，占支出总额的 ××%。

本年度加大了工会自身建设的投入，通过对职代会代表的培训，提高职工代表的民主管理水平和参政议政能力。通过对工会干部和工会骨干的继续教育、建家活动和争先创优的开展，提高了工会工作的质量，增强了工会的活力。

三、工会资金结转和工会资金结余情况：

本期累计结转 ×× 元，比预算增加了 ×× 元，比上年度增加了 ××%。年末工会资金结转 ×× 元，比上年度增加了 ××%。

本期累计结余 ×× 元，比预算增加了 ×× 元，比上年度增加了 ××%。年末工会资金结余 ×× 元，比上年度增加了 ××%。

四、其他说明。

Ⅲ　固定资产类

100. 什么是工会固定资产

《工会会计制度》第三十二条规定，固定资产是指工会使用年限超过 1 年（不含 1 年），单位价值在规定标准以上，并在使用过程中基本保持原有物质形态的资产，一般包括：房屋及构筑物；专用设备；通用设备；文物和陈列品；图书、档案；家具、用具、装具及动植物。

通用设备单位价值在 1 000 元以上，专用设备单位价值在 1 500 元以上的，应当确认为固定资产。单位价值虽未达到规定标准，但是使用时间超过 1 年（不含 1 年）的大批同类物资，应当按照固定资产进行核算和管理。

提示：固定资产的定义要点有三个：一是使用年限；二是单位价值标准；三是不足标准的大批同类物质，比如职工建家购买的大批图书，需要按固定资产管理。

101. 工会固定资产如何分类

《工会会计制度》第三十二条规定，固定资产分六类：房屋及构筑物；专用设备；通用设备；文物和陈列品；图书、档案；家具、用具、装具及动植物。

一、房屋及构筑物：指房屋、建筑物及其附属设施。房屋包括办公用房、仓库、食堂等建筑物；附属设施包括电梯、通信线路、电缆、水气管道等。

二、专用设备：指各种具有专门性能和专门用途的设备，包括各种仪器和机械设备、医疗器械、文体事业单位的文体设备等。

三、通用设备：指办公家具和办公设备等。

四、文物和陈列品：是指博物馆、展览馆等文化事业单位的各种文物和陈列品。例如，古玩、字画、纪念物品等。

五、图书、档案：指图书馆（室）、阅览室等的图书和资料。

六、家具、用具、装具及动植物：家具指办公桌、板凳、屏风等；用具指服装、道具、特殊工具等；装具指盛物的器具、陈列架、货架等；动植物指绿化、特种用途动物、特种用途植物等。

102. 工会资产管理原则是什么

《工会行政事业性资产管理办法》（总工办发〔2017〕5号）第四条规定，工会行政事业性资产按照“统一所有、分级管理、单位使用”的原则，建立权利、义务和责任相统一的监督管理体制。

提示：工会固定资产的管理和使用实行统一领导、分级管理、责任到人、物尽其用的原则。

103. 固定资产管理目标是什么

维护工会资产的安全与完整，提高固定资产的使用效益，明确工会固定资产的保管责任，确保工会固定资产的保值增值。

104. 固定资产管理的主要任务是什么

建立健全各项管理制度；明晰产权关系，实施产权管理；合理配备并节约、有效使用固定资产，提高固定资产使用效益，保障固定资产的安全和完整。

105. 固定资产如何计价

《工会会计制度》第三十三条规定，固定资产在取得时应当按照其实际成本入账。

一、工会购入、有偿调入的固定资产，按实际支付的买价、运输费、保险费、安装费、装卸费及相关税费等记账；

二、工会自行建造的固定资产，按建造过程中实际发生的全部支出记账；

三、工会接受捐赠、无偿调入的固定资产，应当按照实际收到的金额入账；

四、工会在原有固定资产基础上改建、扩建、大型修缮后的固定资产，其成本按照原固定资产账面价值加上改建、扩建、大型修缮发生的支出，再扣除固定资产被替换部分的账面价值后的金额确定记账；

五、已交付使用但尚未办理竣工决算手续的固定资产，工会应当按照估计价值入账，待办理竣工决算后再按照实际成本调整原来的暂估价值入账。

106. 固定资产计价标准是什么

《工会会计制度》第三十二条规定，固定资产是指工会使用年限超过 1 年（不含 1 年），单位价值在规定标准以上，并在使用过程中基本保持原有物质形态的资产，一般包括：房屋及构筑物；专用设备；通用设备；文物和陈列品；图书、档案；家具、用具、装具及动植物。

通用设备单位价值在 1 000 元以上，专用设备单位价值在 1 500 元以上的，应当确认为固定资产。单位价值虽未达到规定标准，但是使用时间超过 1 年（不含 1 年）的大批同类物资，应当按照固定资产进行核算和管理。

提示：类似于图书，单位价值虽未达到计价标准，但是使用时间一年以上，并且是大批同类物资，也要按固定资产管理。

107. 工会的固定资产需要计提折旧吗？有何依据

《工会会计制度》第三十五条规定，工会应当对固定资产计提折旧，但文物和陈列品，动植物，图书、档案，单独计价入账的土地和以名义金额计量的固定资产除外。工会应当按月对固定资产计提折旧。当月增加的固定资产，当月计提折旧；当月减少的固定资产，当月不再计提折旧。固定资产提足折旧后，无论是否继续使用，均不再计提折旧；提前报废的固定资产，也不再补提折旧。

108. 工会的固定资产能进行对外担保吗

根据全国总工会办公厅印发的《工会行政性资产管理暂行办法（试行）》（总工办发〔2011〕55号）第十八条规定，工会行政单位不得用工会行政性资产对外担保，法律另有规定的除外。

109. 工会行政性资产能对外出租、出借吗

《工会行政事业性资产管理办法》（总工办发〔2017〕5号）第四章“资源使用和清查”第十九条规定，出租、出借是指工会行政事业单位对其占有、使用的资产向工会系统以外提供使用权的行为。各单位出租工会行政事业性资产，原则上应采取公开招租的形式确定出租的价格，必要时可采取评审或者资产评估的办法确定出租的价格。各单位出租、出借工会行政事业性资产，期限不得超过5年。

各单位申请出租、出借工会行政事业性资产，应提供如下材料（全部材料加盖主管工会公章）：

（一）出租、出借事项的申请报告；

（二）拟同意出租、出借事项的会议决议或会议纪要复印件；

（三）出租、出借事项合同草案复印件；

（四）合作方法人证书复印件、企业营业执照复印件、企业法人代表个人身份证复印件等；

（五）其他材料。

110. 工会的固定资产日常怎么管理

《工会会计制度》第三十二条规定，使用年限在1年以上，通用设备单位价值在1 000元以上，专用设备单位价值在1 500元以上的，并在使用过程中基本保持原来物质形态的资产都应计入固定资产，单位价值虽未达到规定标准，但是使用时间超过1年（不含1年）的大批同类物资，应当按照固定资产进行核算和管理。

工会固定资产应建立固定资产登记、入库、领用、清查盘点、处置、监管等方面的管理制度，保障固定资产安全和完整，固定资产要每年盘点清理；固定资产的调出、变卖、投资、损失、报废和盘亏等减少固定资产的处置，由单位资产使用部门提出申请，单位资产管理部门审核鉴定、提出意见并报单位财务部同意，经单位主管负责人（或工会主席办公会）审批，并报主管工会或上一级工会核准或备案。

固定资产日常管理要做到以下三点：

一、做好固定资产的总账、卡片账登记，及时记录资产变动内容，做到账、卡、物相符。

工会固定资产卡片

类别：　　　　　　　　　卡片号：

<table>
<tr><td>资产名称</td><td>规格型号</td><td>单位</td><td>数量</td><td>单价（元）</td><td>金额（元）</td><td colspan="2">资产来源</td></tr>
<tr><td>入账时间</td><td>启用时间</td><td colspan="2">建卡时间</td><td>报废时间</td><td>存放地点</td><td>使用单位</td><td>使用保管人</td></tr>
<tr><td>年　月　日</td><td>年　月　日</td><td colspan="2">年　月　日</td><td>年　月　日</td><td></td><td></td><td></td></tr>
</table>

附件名称	规格型号	单位	数量	单价（元）	金额（元）	资产来源

资产负责人：　　　　　　　　　填卡人：

二、做好固定资产的辅助账管理。

工会固定资产辅助账

（年 月 日）

卡片号	名称	计量单位	原值(万元)	购入时间	入账日期	预计使用年限
1	房屋及构筑物					
2	通用设备					
3	专用设备					
4	家具、用具及装具					
5	图书、档案					
6	文物和陈列品					
	合 计					

三、固定资产报废要经单位主管负责人（或工会主席办公会）审批，并报主管工会或上一级工会核准或备案。

提示：固定资产按照实物记账，一般不可打包批量入账管理。

111. 固定资产的日常管理细则是什么

根据全国总工会办公厅于 2002 年印发的《工会固定资产管理办法》（总工办发〔2002〕30 号）文件，有如下相关管理条款：

第二十四条 固定资产的日常管理是指在日常工作或业务活动中对所需及占用的工会固定资产实施不间断的管理及核算，包括从编制固定资产预算、计划采购、验收入库、登记入账、领用发出到维修保养、处置等各个环节的实物管理和财务核算。

第二十五条 各单位资产部门应对本单位占有使用的由不同资金渠道形成的固定资产进行统一管理。由政府和行政拨给工会的固定资产，产权已界定为工会的，按工会资产管理；由工会使用保管的国有资产和非工会资产一律登记固定资产备查簿。

第二十六条　在固定资产的日常管理中，各资产部门、财务部门、技术部门和使用部门既要分工，又要合作，共同努力管好资产。财务部门和资产部门合署办公的，应指定不同人员分别代表财务部门和资产部门行使职能。

财务部门负责按固定资产的价值分类核算，审核固定资产预算，并对固定资产管理进行监督检查。

资产部门负责对固定资产的预算编制、计划采购、验收入库、登记保管、领用发出、维修保养、调拨处置等进行具体管理，并负责分类进行实物量核算。根据各单位的实际情况，某些日常管理工作也可委托资产使用单位承担。技术部门参与专用设备的维修保养和技术鉴定。使用部门负责固定资产的合理、有效使用和日常维修管理。

第二十七条　固定资产预算及购置计划既要根据实际需要又要注意节约，要根据各类资产的配备情况及使用标准合理配置，充分利用现有固定资产，防止闲置浪费。

第二十八条　各单位资产部门必须完善固定资产登记、入库、领用、处置、清查盘点等日常管理制度。使用部门必须指定专人负责办理本部门固定资产和其他物品的领用、保管、清点等工作。

第二十九条　各单位资产部门对验收入库及投入使用的固定资产，须建立《工会固定资产卡片》，并记入《工会固定资产明细账》，按物登卡、凭卡记账。对库存的固定资产，要按照各类资产的使用说明和存放要求进行保管，填写保管单并定期检查。库存固定资产未经管理人员同意，任何人不准领用或调换。处置固定资产须填写有关工会固定资产处置报批单，据单入账。使用部门领用固定资产须填写《工会固定资产领用（出库）单》，经主管资产的负责人同意后，固定资产管理人员凭单填写固定资产使用记录，并记入《工会固定资产卡片》。未经批准，任何个人不得以任何理由占用固定资产。如需借用固定资产，须经主管资产的负责人同意后，办理借用手续。

第三十条　各单位资产管理部门对配备给个人使用的固定资产或物品，要建立领用、交还制度，并督促使用人爱护所用资产。工作人员离职时，应在其办理所用资产交还手续后，方可办理离职手续。

第三十一条　各单位资产管理部门、财务部门和使用部门应每半年对账一次，使账实、账卡、账账保持一致。每年年终对本单位的固定资产进行一次全面清查盘点，查明固定资产的实有数与账面结存数是否相符，固定资产的保管、使用、维修等情况是否正常。对清查盘点中发现的问题，应查明原因，说明情况，编制有关工会固定资产盘盈盘亏报批单，按管理权限核准后，调整固定资产账目。年终编制《工会固定资产年度增减变动统计表》，报主管工会和上一级工会。

第三十二条　各单位发生资产产权变动、财务和账务异常、资产损失和资金挂账严重或挂靠单位脱钩等情况，必须进行清产核资的，应由本单位资产管理部门报主管工会或上一级工会确定。

112. 固定资产的增减变动管理包括什么

根据全国总工会办公厅于2002年印发的《工会固定资产管理办法》（总工办发〔2002〕30号）文件，固定资产的增减变动按以下步骤执行：

1. 购置固定资产应根据批准的年度预算执行。分清资金支出渠道，分别在相关科目中列支。

2. 购入、有偿调入和自制、自建完工交付使用增加的固定资产，应由单位资产管理部门及时组织验收，属于技术设备的还应会同技术部门验收，并建立技术档案。验收合格后，由单位资产管理部门根据发票、固定资产调拨单或基建、自制项目交付使用验收单据等凭证，填制固定资产增加通知单，办理有关入库、财务报销和使用单位领用等手续。

3. 接受捐赠、赞助、奖励或无偿调入或盘盈等增加的固定资产，应由单位资产管理部门办理接收和交接，并根据固定资产交接清单、发票或固定资产盘盈盘亏报批单等凭证，填制固定资产增加通知单，办理有关入库、财务报销和使用单位领用等手续。

4. 调出、变卖、投资、损失、报废、盘亏等减少固定资产的处置，由单位资产使用部门提出申请，单位资产管理部门审核鉴定、提出意见并报单位财务部门同意，经单位主管负责人（或负责人办公会议）审批，并报主管工会或上一级工会核准或备案，单位资产管理部门根据批件和有关资料办理调出或注销等固定资产减少手续。

5. 正常报废的固定资产，由单位资产管理部门按照国家规定的年限确定，对专用的仪器、器械等，应会同技术部门进行技术鉴定，根据鉴定意见及相关批件等，办理有关注销手续。

6. 非正常损失减少的固定资产，由单位资产管理部门会同技术部门进行技术鉴

定后，要查明原因，明确责任。根据鉴定意见，对责任人的处理意见及相关批件等，办理有关注销手续。

7. 土地、房屋、建筑物、汽车等特殊资产的处置及非经营性资产转经营性资产时，均需单位资产管理部门提出申请，经单位负责人办公会议（或常委会或委员会）决定，报主管工会或上一级工会核准或备案。

8. 工会组织或事业单位撤销时，经清理后的全部价款和未处置的资产要全部移交到上一级工会或主管工会；工会组织或事业单位合并到其他单位时，其资产要并入新的单位；工会组织分立时，其资产原则上按照职工人数分配。以上资产的处置，均由上一级工会核准；相关工会和事业单位根据批件和有关资料办理入账和注销手续。

9. 申投资产处置的手续，应根据不同情况提交下列有关文件、证件和资料：

（1）单位资产管理部门资产处置的申请函；

（2）单位分立、撤销、合并、改制、隶属关系改变等的批准文件；

（3）资产原始价值凭证的复印件；

（4）技术部门的鉴定意见；

（5）资产评估机构出具的有关资产评估报告；

（6）非正常损失情况说明及对责任人、有关负责人的处理情况；

（7）申报单位的《中国工会资产产权登记证》复印件；

（8）工会固定资产处置的相关报批单。

10. 资产处置的变价收入和残值收入，除按规定上缴主管工会外，一律缴本单位财务，按照会计制度有关规定进行账务处理。

113. 如何做好工会固定资产会计核算

一、固定资产的计价

《工会会计制度》第三十三条规定，固定资产在取得时应当按照其实际成本入账。

工会购入、有偿调入的固定资产，按实际支付的买价、运输费、保险费、安装费、装卸费及相关税费等。

工会自行建造的固定资产，按建造过程中实际发生的全部支出记账。

工会接受捐赠、无偿调入的固定资产，应当按照实际收到的金额入账。

工会在原有固定资产基础上改建、扩建、大型修缮后的固定资产，其成本按照原固定资产账面价值加上改建、扩建、大型修缮发生的支出，再扣除固定资产被替换部分的账面价值后的金额确定记账。

已交付使用但尚未办理竣工决算手续的固定资产，工会应当按照估计价值入账，待办理竣工决算后再按照实际成本调整原来的暂估价值入账。

《工会会计制度》同时要求，对固定资产的价值变动，由单位资产管理部门负责办理相关事项。需要评估的工会固定资产，按照国家有关规定，聘请相应资质的中介机构进行评估。各单位不得干预中介机构的独立执业。要规范程序，及时申办有关核准或备案手续，通知单位财务部门，对固定资产有关账目做相应调整。

二、科目设置

为全面记录和反映工会固定资产的增减变动，制度规定应设置“在建工程”和“固定资产”两个科目，核算固定资产的增减变动。

“固定资产”科目用于核算工会拥有或控制的各项固定资产原值。借方表示固定资产的增加，贷方表示固定资产的减少，期末借方余额，反映固定资产的原值。

为便于管理和核算，制度要求，各级工会在对在建工程进行核算时，应按具体工程项目设置明细科目，进行明细核算；对固定资产项目进行核算时，应按类别、品名进行明细核算。

三、固定资产基本业务的处理

（1）固定资产增加业务的处理

实际工作中，固定资产增加的原因有购买、自建、盘盈、接受捐赠或划拨等。按照《工会会计制度》的要求，这些渠道取得的固定资产，要在确认“固定资产”增加的同时，确认“资产基金——固定资产”。以购买为例，固定资产基本会计分录为：

借：资本性支出——办公设备购置

贷：银行存款

同时，

借：固定资产

贷：资产基金——固定资产

（2）固定资产减少业务的处理

一般情况下，导致工会固定资产减少的业务包括报废、出售、盘亏、对外投资、对外划拨等。原因不同，具体的账务处理也有所差异，但基本要求是在确认“固定资产”减少的同时，要确认冲减“资产基金——固定资产”金额。以固定资产出售为例，基本的会计分录为：

借：资产基金——固定资产

累计折旧

贷：固定资产

同时，

借：银行存款

贷：其他收入

114. 工会是否可以将其固定资产无偿调拨或划拨给同级行政使用

《中国工会章程》第三十九条规定，工会资产是社会团体资产，中华全国总工会对各级工会的资产拥有终极所有权。因此，按现有的《工会会计制度》规定来看，工会不可以将其固定资产无偿调拨或者划拨给同级行政使用。

需要说明的是，现实中出现工会与同级行政进行资产的等价置换的问题，按现有规定，即使是相关资产直接所有的工会也无权处置，除非经过相应程序进行审批，否则，这样的业务行为也是无效的。

当然，在经过审批后，具体实施资产置换行为的工会要按照要求完善相应的资产权属证书的变更、登记、保管，以明确资产的所有权。

115. 工会是否可以接受同级行政无偿调拨或划拨的固定资产

《工会法》第四十六条规定，各级人民政府和用人单位应当为工会办公和开展活动，提供必要的设施和活动场所等物质条件。但需要明确同级行政给予工会的资产是否涉及产权问题，换句话说，工会是拥有该资产的使用权还是所有权的问题。

就工会而言，最好能取得产权，但现实可能并非如此。因此，对于同级行政无偿调拨或者划拨给工会的固定资产，在实务处理时要区分以下两种情况。

一、使用权的处理

如果同级行政划拨或者调拨给工会使用的固定资产仅有使用权，从财务管理的角度看，工会有责任按照同级行政的有关要求，对所使用资产的安全、完整负责；如果因工会责任而导致的损失，应承担相应的赔偿责任。

实际工作中，经常遇到同级行政将相应资产的使用权给了工会，但资产日常使用的成本（比如水电费、物业费等），包括为保持资产服务性能而发生的维修、改建等成本需要工会自己承担。

很显然，工会应将与资产日常运行相关的使用成本纳入预算，并严格按照预算执行。具体开支时，根据相关原始单据，借记“行政支出——商品和服务支出”，贷记“银行存款”；对于基层工会不能使用行政支出科目，可以借记“业务支出——其他业务支出”，贷记“银行存款”等。如果涉及资产的维修或者改扩建等成本，究竟该如何处理更恰当呢？

如果按照《工会会计制度》的要求，在维修或改扩建时，应借记“在建工程”，贷记“资产基金——在建工程”；同时，借记“资本性支出——大型修缮”，贷记“银行存款”等。工程完工后，应借记“固定资产”，贷记“在建工程”；同时，借记“资产基金——在建工程”，贷记“资产基金——固定资产”。

但问题是，与维修或改扩建密切相关的固定资产只有使用权（或者说没有产权），如果严格按照《工会会计制度》的要求进行处理，理论上的逻辑难以成立。因为，在资产没有产权的情况下，与之相关的维修或者改扩建成本所发生的支出如何能获得相应的产权？更重要的是，如果非要确认为“固定资产”，产权又该如何登记呢？

当然，按照《工会会计制度》对资产定义的描述，貌似可以将这类资产确认为固定资产，但这也仅仅是会计处理而已，要上升到法律意义上的产权内涵，显然还有差距，即使会计上按此处理，未来也会给管理带来问题。这类固定资产清查该如何进行？对其发生的维修或者改扩建支出，是否应列入“资本性支出——其他资本性支出”呢？在制度未明确之前，我们的意见是，对这类资产的处理可按照现有的规定进行，以避免不必要的纷扰。

其实，对各级行政提供给工会的仅有使用权的资产还可以从另一个层面来理解。我们假定行政单位（比如企业）因经营不善等原因导致破产清算，那么该部分资产算不算行政的破产资产呢？如果算，工会承担的维修或者改扩建支出是否也包括在内呢？如果不算在内，其价值该如何剥离呢？

所以，为避免上述不必要的纷扰，实务当中同级行政提供给工会的资产，尤其是房屋等固定资产，最好是取得产权而非仅仅取得使用权。

二、产权的处理

和同级行政提供的仅有使用权的资产相比，将其有产权的资产提供给工会使用对产权处理来说就简单很多，具体处理时要注意三点：

（1）要按照法律的规定，办理产权证明文件。这点是极为重要的，也是工会资产管理的基本要求，当然也是各级工会的基本职责。

（2）根据相关文件，比如划拨文件等，按照该资产的账目价值进行固定资产的确认，会计分录为：

借：固定资产

贷：资产基金——固定资产

（3）与该资产使用相关的日常费用或者维修、改扩建支出，按照《工会会计制度》的要求进行处理。日常的使用开支，根据相关单据，编制会计分录为：

借：行政支出——商品和服务支出

贷：银行存款等

而不能使用行政支出的基层工会会计分录为：

借：业务支出——其他业务支出

贷：银行存款等

修缮或者改扩建支出，其处理则为：

借：在建工程

贷：资产基金——在建工程

同时，

借：资本性支出——大型修缮

贷：银行存款等

工程完工时，会计分录应为：

借：固定资产

贷：在建工程

同时，

借：资产基金——在建工程

贷：资产基金——固定资产

116. 本级工会接受上级工会划拨或者调拨的固定资产，该如何处理

为支持下级工会职责的履行，上级工会可能会在制度允许的范围内，以划拨或者调拨等方式将其固定资产交给下级工会使用。

按照《工会会计制度》的规定，对类似业务的处理，要分两个主体进行：

一、就上级工会而言，在履行相应的调拨或者划拨程序后，根据相关单据，编制会计分录：

借：资产基金——固定资产

贷：固定资产

二、对接受这些资产的工会，应根据相关单据（主要是资产调拨或划拨的相关文件等），编制会计分录：

借：固定资产

贷：资产基金——固定资产

【例】上级工会给基层工会购置10台电脑，总价值50 000元。电脑分批调拨给基层工会。

该上级工会的账务处理如下：

（1）购置时

借：资本性支出——办公设备购置　50 000

贷：银行存款　50 000

同时，

借：固定资产 50 000

贷：资产基金——固定资产 50 000

（2）下拨时

借：资产基金——固定资产 50 000

贷：固定资产 50 000

【例】某基层工会收到上级工会调拨的电脑一台，价值 5 000 元。

借：固定资产 5 000

贷：资产基金——固定资产 5 000

117. 工会购买符合固定资产认定标准的物品，将其用于个人奖励时该如何处理

工会的基本职责是维护职工的合法权益，在基本职责之外，还包括职工活动、工会组建、职工教育、技能培训等在内的职责。在这些活动中，不超过上级工会规定的奖励标准，工会可能会购置诸如 U 盘、充电宝、电子书等单位价值比较大并且具有实物形态的资产等用于职工活动的奖励，而且很多时候，这些奖励是给个人的。

按照《工会会计制度》和全国总工会财务部《关于确定工会行政性固定资产单位价值标准的复函》（工财函〔2016〕12 号）文件的规定，这些资产符合固定资产确认标准，按理说应纳入工会固定资产核算。但这些资产从购买时就已经明确其用途为职工个人奖励，对此业务，工会在会计核算时只须做购买的处理就可以，相关的固定资产不需要进行核算，理由是这些资产已经不属于工会，无论是产权还是使用权，工会都不再持有这些资产。

购买时的会计分录：

借：职工活动支出等

贷：银行存款

需要说明的是，虽然这些资产不纳入固定资产核算，但从管理的角度看，工会仍应建立和完善相应的实物收发制度，也就是说，相关资产应建立备查账簿登记，全面记录资产的购买和使用情况。

在实际工作中，可能存在购买的资产多于实际需要的情况，对剩余的资产，工会

应按照其购买价格，编制会计分录：

借：固定资产

贷：资产基金——固定资产

当然，如果工会认为多余的资产可用作以后的奖励，则不需要将这些资产确认为固定资产，只需加强实物管理，以确保资产的安全和完整。

【例】某基层工会举办羽毛球比赛，所花费用包括租用场地费用 4 000 元，裁判费用 2 000 元，购买充电宝、U 盘等奖品费用 3 000 元。其中剩余价值 1 000 元奖品，（注：已达到固定资产的计价标准）没有发放完，作内部办公使用。

该基层工会的账务处理分录如下：

借：职工活动支出——职工活动支出 9 000

贷：银行存款 9 000

同时，

借：固定资产 1 000

贷：资产基金——固定资产 1 000

118. 产权归属同级行政的固定资产，但受托由工会经营管理，与之相关的维修费用等该如何处理

对工会受托经营管理的产权归属同级行政的固定资产，营运中发生的维修费用等，原则上应按照委托合同的约定处理。如果在合同约定不清晰，且工会有富余财力的情况下，可以支付小额的维修费用。当然工会如果能争取到行政经费来维修，那是更好。工会维修时的会计核算，应根据相关单据，做如下会计分录：

借：其他支出

贷：银行存款等

需要说明的是，行政委托工会经营管理的资产，工会用来职工建家，比如羽毛球馆、职工书屋等。如果发生维修费用，会计核算应根据相关单据做如下会计分录：

借：业务支出——专项业务支出

贷：银行存款等

提示：工会支付的与这些资产相关的，包括小额维修、改扩建等支出，原则上不形成固定资产。

【例】某基层工会受行政委托代管职工阅览室，工会经改造后作为职工书屋，其间发生维修费用 3 000 元。用支票支付费用。

该基层工会的账务处理分录如下：

借：业务支出——专项业务支出　3 000

贷：银行存款　3 000

提示：职工建家的装修款一般是行政开支，这里只是举例在行政不能开支的情况下，工会做了开支应如何进行会计核算。

119. 工会是否可以将其固定资产用于出租等经营活动？如果可以，需要履行哪些手续？如何进行会计核算？是否需要纳税

虽然现有制度并未对工会是否可以将其固定资产用于出租等经营活动做出明确规定，但是按照工会经费的性质可以类推出一个基本的结论：各级工会以工会经费形成的各类资产（也包括固定资产），在不影响工会职能履行的前提下，基于工会资产保值增值需要，是可以用于出租等经营活动的。

但事实是，如果各级工会将固定资产用于出租等经营活动，最基本的程序是要经过工会主席办公会集体同意，并经过经费审查委员会讨论通过，同时应遵守属地工会有关资产管理的例外性规定，报所在工会的上级工会备案或者审批。

在实际工作中，工会固定资产用于出租等经营活动常见的方式有工会直接经营，或工会委托相关单位或者个人经营（所谓的承包经营）。如果是工会自己经营，与经营活动相关的收入或者支出（成本，包括人工费用等），除了应纳入预算管理外，还应按照《工会会计制度》的要求，进行会计核算。具体的会计处理为：

一、收到经营收入，应根据相关原始单据，借记“银行存款”，贷记“其他收入——经营收入”等。

二、支付相关成本或费用，也应根据相应的原始单据，借记“其他支出”，贷记“银行存款”等。

根据税法的规定，工会固定资产用于经营活动所取得的收入应照章纳税，相关税费的会计分录为：借记“其他支出”，贷记“银行存款”等。

如果是承包租赁经营，各级工会要与租赁人签订租赁经营合同，并聘请有相应资质的机构或者人员对租赁经营合同的合法性、合理性等进行确认。在具体核算时，也要分情况处理。如果租赁合同规定的是“收入包干”，那么工会除了要将承包收入纳入预算管理外，还应在承包合同签订后，根据合同复印件，编制会计分录如下：

借：其他应收款——租赁单位或个人

贷：其他收入

实际收到租赁经营款时，应根据相关单据（比如银行进账单等）编制会计分录：

借：银行存款

贷：其他应收款——租赁单位或个人

需要特别强调的是，租赁方最终兑现的收入可能与租赁合同有出入，尤其是在租赁方因为经营不善导致承包任务无法完成时。各级工会应在合同中约定相应的保障性条款，如果双方合同中涉及承包收入减免问题的，工会应进行集体决策。

从财务管理的角度看，工会应加强资产经营收入的相关管理。实务经验表明，如果类似的管理缺位或者缺失，极易出现“小金库”等违反财经法纪的行为，因此，经费审查委员会应加强对此类经营活动的审查和监督，确保工会资产运作的合法和有效。

对于由于出租等造成工会资产出现毁损等情况时，工会应严格按照相关合同执行，并比照资产的盘亏等事项处理。

120. 工会购买或开发的软件属于固定资产还是无形资产？怎样进行会计核算

《工会会计制度》规定，无形资产是指工会控制的没有实物形态的可辨认非货币性资产，包括专利权、商标权、著作权、土地使用权、非专利技术等。工会购入的不构成相关硬件不可缺少组成部分的应用软件，应当确认为无形资产。

《财政部、国家税务总局、海关总署关于鼓励软件产业和集成电路产业发展有关税收政策问题的通知》(财税〔2000〕25号)规定，企事业单位购进软件，凡购置成本达到固定资产标准或构成无形资产，可以按固定资产或无形资产进行核算。《财政部国家税务总局关于促进企业技术进步有关财务税收问题的通知》(财工字〔1996〕41号文)明确规定，企业购入的计算机应用软件随同计算机一起购入的，计入固定资产价值；单独购入的，作为无形资产管理。

根据上述两份文件，软件应计入固定资产还是无形资产，分两种情况确定：第一种情况，如果只是单独的一个软件，记入“无形资产”；第二种情况，如果随同计算机购买的软件，记入“固定资产”。

《工会会计制度》中设置了“无形资产”科目，所以根据实际情况使用对应科目。

《工会会计制度》中规定，信息网络购建科目是核算工会用于信息网络方面的支出，如计算机硬件、软件购置、开发、应用支出等。购建的计算机硬件、软件等不符合固定资产、无形资产确认标准的，不在此科目核算。由此可见，支出科目使用“资本性支出——信息网络购建”。

无形资产在取得后，应当按照成本进行初始计量。

1. 外购无形资产，按照确定的成本，借记“资本性支出”科目，贷记“银行存款”科目，同时借记“无形资产”科目，贷记“资产基金——无形资产”科目。

2. 委托软件公司开发视同外购无形资产处理进行处理。支付软件开发费时，借记“资本性支出”科目，贷记“银行存款”科目。软件开发完成交付使用时，借记“无形资产”，贷记“资产基金——无形资产”。

3. 接受捐赠、无偿调入的无形资产，按照确定的成本，借记“无形资产”，贷记“资产基金——无形资产”科目；按照发生的相关税费等，借记“其他支出”科目，贷记“银行存款”。

无形资产按月摊销的，按应摊销的金额，借记“资产基金——无形资产”科目，贷记“累计摊销”。

提示：无形资产应每年至少盘点一次，对盘盈、盘亏的无形资产，参照“固定资产”科目的相关规定进行账务处理。

【例1】某基层工会购买财务软件，商家开具发票，软件费3 000元。用支票支付费用。该基层工会的账务处理分录如下：

借：资本性支出——信息网络购建 3 000

贷：银行存款 3 000

同时，

借：固定资产 3 000

贷：资产基金——固定资产 3 000

【例2】某基层工会购买财务软件，商家开具发票，软件开发费3 000元。用支票支付费用。

该基层工会的账务处理分录如下：

借：业务支出——专项业务支出 3 000

贷：银行存款 3 000

同时，

借：固定资产 3 000

贷：资产基金——固定资产 3 000

【例3】某基层工会购买财务软件，商家开具发票，软件费900元。用现金支付费用。该基层工会的账务处理分录如下：

借：业务支出——专项业务支出 900

贷：库存现金 900

提示：注意预算的列入。

121. 工会购买固定资产发生的运杂费、安装费是否要计入固定资产价值

《工会会计制度》第三十三条规定，工会购入、有偿调入的固定资产，其成本包括实际支付的买价、运输费、保险费、安装费、装卸费及相关税费等。因此，工会购买固定资产发生的运杂费、安装费要计入固定资产价值。

122. 购买固定资产发生的差旅费是否要计入固定资产价值

全国总工会办公厅印发的《工会固定资产管理办法》(总工办发〔2002〕30号)第十条规定，购置固定资产过程中发生的差旅费，不计入固定资产价值。

123. 图书需要计提折旧吗

《工会会计制度》第三十五条规定，工会应当对固定资产计提折旧，但文物和陈列品，动植物，图书、档案，单独计价入账的土地和以名义金额计量的固定资产除外。因此，符合固定资产管理的图书，需要按固定资产管理，但不需要计提折旧。

124. 工会固定资产调出、变卖、损失、报废、盘亏的程序有哪些？盘盈、盘亏的会计分类有哪些

全国总工会办公厅印发的《工会固定资产管理办法》(总工办发〔2002〕30号)规定，调出、变卖、损失、报废、盘亏等减少固定资产的程序是，由单位资产使用部门提出申请，单位资产管理部门审查鉴定、提出意见并报单位财务部门同意，经单位主管负责人（或负责人办公会议）审批，并报主管工会或上一级工会核准或备案，单位资产管理部门根据批件和有关资料办理调出或注销等固定资产减少手续。

固定资产应当每年至少盘点一次，对盘盈、盘亏、毁损或报废的，应当查明原因，写出书面报告，按规定报经批准认定后及时进行账务处理，同时将有关情况在会计报表附注中予以披露。

1. 盘盈的固定资产：

借：固定资产（按照确定的入账成本）

贷：待处理财产损溢

盘盈报经批准后处理时：

借：待处理财产损溢

贷：资产基金——固定资产

2. 盘亏或者毁损、报废的固定资产：

借：待处理财产损溢（按照账面价值）

累计折旧（按照已计提折旧）

贷：固定资产（按照固定资产的账面余额）

盘亏报经批准后处理时：

借：资产基金——固定资产

贷：待处理财产损溢

125. 如何区别企业购买固定资产和工会购买固定资产会计分录

企业购买固定资产是单分录：

借：固定资产

贷：银行存款

工会购买固定资产是双分录：

借：资本性支出

贷：银行存款

借：固定资产

贷：资产基金——固定资产

企业固定资产报废分录：

借：银行存款

贷：固定资产

工会固定资产报废时会计分录：

借：待处理财产损溢

累计折旧

贷：固定资产

126. 工会资产清查制度应注意哪些问题

工会资产清查制度是确保工会资产安全、完整的有效手段。实务工作中，建立和完善工会资产清查制度应注意的问题有四个。

一、明确需要清查资产的内容。就实务而言，一般需要清查的资产主要有四类：货币资金、库存物品、往来款债权和固定资产。

二、要结合不同的资产类型建立和完善相应的清查制度，包括清查的时间、参与的人员、清查单据的设计以及清查的方式等。需要强调的是，对货币资金，包括库存现金和银行存款，突击清查是比较有效的清查方式。

三、对于库存物品和固定资产，则可以明确清查时间，一年至少应有一次。《工会行政事业性资产管理办法》（总工办发〔2017〕5号）第十七条规定，工会行政事业单位应按照“实物管理和价值管理并重”的原则，建立健全自用资产的验收、领用、使用、保管和维护等内部管理制度与流程，加强工会行政事业性资产的使用管理。对实物资产进行定期清查，完善资产管理账表及有关资料，做到账账、账卡、账实相符。

四、明确清查结果的处理办法，尤其是盘亏的资产，要明确资产保管者的责任。

127. 如何处理固定资产清查

固定资产清查是工会基于确保其安全、完整以及价值保全等，根据规定于会计期末对所管理或使用的固定资产进行盘点的一种方法，目的是保证账实相符，如果出现账实不符，则要按规定进行处理。

一般情况下，固定资产清查的程序为：

一、成立固定资产清查小组，小组成员一般包括会计人员、固定资产实物管理或使用部门人员以及工会财务工作负责人。

二、根据工作需要，通过实地对账上记录的固定资产进行盘点，至于盘点之前是否需要通知相关人员，由盘点小组根据工作需要确定。

三、会计核算部门或人员要结算出固定资产的期末余额，包括数量和金额。

四、盘点过程中，要重点关注固定资产的类别、数量、形态、保管或使用部门以及外观状态等，做好盘点记录，并对固定资产管理所涉的安全性、完整性和价值性

等进行判断。

五、编制固定资产盘点表。

固定资产盘点表

年 月 日

序 号	资产名称	原有数量	使用部门/责任部门	账面数量	盘点数量	差额	备注

盘点人： 保管人： 会计：

六、根据固定资产盘点表并结合盘点过程中的记录，对存在盘盈、盘亏的固定资产提出处理意见或建议，经工会负责人（必要时可以通过工会主席办公会或常委会决策）签批同意后由财务人员按制度规定进行处理。

七、根据《工会会计制度》和《工会固定资产管理办法》的要求，固定资产每年必须盘点一次，对盘盈、盘亏、报废或毁损的，资产监督管理部门应当查明原因，写出书面报告，按规定报经批准认定后及时进行账务处理，同时将有关情况在会计报表说明中加以披露。

（1）固定资产盘盈的处理，借记“固定资产”科目，贷记“资产基金——固定资产”科目。

【例】2022 年 12 月 31 日，某基层工会进行财产盘点，盘盈电脑 1 台，市场价值为 3 000 元。

该基层工会的账务处理如下：

固定资产盘盈时：

借：固定资产 3 000

贷：待处理财产损溢——待处理财产价值 3 000

盘盈报经批准后处理时：

借：待处理财产损溢——待处理财产价值 3 000

贷：资产基金——固定资产 3 000

（2）固定资产盘亏的处理，按照账面价值，借记“待处理财产损溢”科目，按照已计提折旧，借记“累计折旧”科目，按照固定资产的账面余额，贷记“固定资产”科目。

【例】2022 年 12 月 31 日，某基层工会进行财产盘点，发现盘亏电脑 1 台，账面价值为 4 000 元，经批准予以核销。

该基层工会的账务处理如下：

借：待处理财产损溢　　4 000

　　累计折旧

贷：固定资产　　4 000

盘盈报经批准处理时：

借：资产基金——固定资产　4 000

贷：待处理财产损溢　　4 000

（3）固定资产毁损、报废的处理，按照账面价值，借记“待处理财产损溢”科目，按照已计提折旧，借记“累计折旧”科目，按照固定资产的账面余额，贷记“固定资产”科目。同时，按清理过程中取得的收入，借记“库存现金”“银行存款”等科目，按清理过程中发生的支出，贷记“库存现金”“银行存款”等科目，按清理净收入（或净支出），贷记“其他收入”科目或借记“其他支出”科目。

【例】2022 年 12 月 31 日，某基层工会经批准报废一批办公设备，原值 20 000 元，已经计提折旧 15 000 元，残值取得变价收入（现金）200 元。

该基层工会的账务处理如下：

（1）报废固定资产转入待处理：

借：待处理财产损溢　5 000

　　累计折旧　　15 000

贷：固定资产　　20 000

收到残值收入：

借：银行存款　　200

贷：待处理财产损溢　200

报经批准处理时：

借：资产基金——固定资产　5 000

贷：待处理财产损溢　5 000

借：待处理财产损溢 200

贷：其他收入 200

128. 基层工会固定资产的折旧年限是多少

根据《工会会计制度》附录 2，基层工会固定资产折旧年限如下表。

工会固定资产折旧年限表

固定资产类别	内容		折旧年限（年）
房屋及构筑物	业务及管理用房	钢结构	不低于 50
		钢筋混凝土结构	不低于 50
		砖混结构	不低于 30
		砖木结构	不低于 30
	简易房		不低于 8
	房屋附属设施		不低于 8
	构筑物		不低于 8
通用设备	计算机设备		不低于 6
	办公设备		不低于 6
	车辆		不低于 8
	图书档案设备		不低于 5
	机械设备		不低于 10
	电气设备		不低于 5
	雷达、无线电和卫星导航设备		不低于 10
	通信设备		不低于 5
	广播、电视、电影设备		不低于 5
	仪器仪表		不低于 5
	电子和通信测量设备		不低于 5
	计量标准器具及量具、衡器		不低于 5

（续表）

固定资产类别	内容	折旧年限（年）
专用设备	食品加工专用设备	10 ～ 15
	纺织设备	10 ～ 15
	缝纫、服饰、制革和毛皮加工设备	10 ～ 15
	医疗设备	5 ～ 10
	安全生产设备	10 ～ 20
	环境污染防治设备	10 ～ 20

提示：折旧年限标准一般采用下限标准，折旧年限不等于报废年限。固定资产折旧计提后并不意味着该固定资产就允许报废，固定资产的报废必须严格按照固定资产的报废程序，从严把关。

129. 固定资产盘盈、盘亏会计处理方法是什么

《工会会计制度》第三十一条规定，工会应当定期对库存物品进行清查盘点，每年至少全面盘点一次。对于盘盈、盘亏或报废、毁损的库存物品，应当及时查明原因，报经批准认定后及时进行会计处理。

工会盘盈的库存物品应当按照确定的成本入账，报经批准后相应增加资产基金；盘亏的库存物品，应当冲减其账面余额，报经批准后相应减少资产基金。对于报废、毁损的库存物品，工会应当冲减其账面余额，报经批准后相应减少资产基金，清理中取得的变价收入扣除清理费用后的净收入（或损失）计入当期收入（或支出），按规定应当上缴财政的计入其他应付款。

【例 1】2022 年 12 月 31 日，某基层工会进行财产盘点，盘盈打印机 1 台，市场价值为 2 000 元。

该基层工会的账务处理如下：

固定资产盘盈时：

借：固定资产 2 000

贷：待处理财产损溢——待处理财产价值 2 000

盘盈报经批准后处理时：

借：待处理财产损溢——待处理财产价值 2 000

贷：资产基金——固定资产 2 000

【例 2】某企业工会在 2022 年年终清查盘点时，发现 1 台电脑已损毁，无法继续使用。账面余额 20 000 元，已计提折旧 10 000 元。该清查事项已报负责人批准变卖，变卖收入 3 000 元；已现金支付清理费用 500 元。则该企业工会财务处理为：

（1）盘点发现损毁时：

借：待处理财产损溢 10 000

累计折旧 10 000

贷：固定资产 20 000

（2）经批准处理时：

借：资产基金——固定资产 10 000

贷：待处理财产损溢 10 000

（3）收到变卖收入时：

借：库存现金 3 000

贷：待处理财产损溢 3 000

（4）支付清理费用：

借：待处理财产损溢 500

贷：库存现金 500

（5）处理收入结清时：

借：待处理财产损溢 2 500

贷：其他收入 2 500

Ⅳ 投资类

130. 什么叫投资

《工会会计制度》规定，投资是指工会按照国家有关法律、行政法规和工会的相关规定，以货币资金、实物资产等方式向其他单位的投资。投资按其流动性分为短期投资和长期投资；按其性质分为股权投资、债权投资等。投资具有收益和风险双重性。

131. 工会投资业务的特点是什么

一、投资的主体

投资的主体是各级工会，一旦投资行为付诸实施，工会在被投资企业中的出资人地位就得以确立，就有权按照章程的约定享有出资人所具有的决策权、经营权、管理权和收益分配权。

二、投资的目的

投资是以投入资本保值增值为目的。工会的持续运作依赖于财力的可持续获得，投资作为工会经费应用的渠道之一，理所应当需要获取相应的回报，确保投入资本的安全、完整和保值增值。

三、投资的风险性

投资品的选择以风险相对较低的项目或产品为主。工会作为非营利的群团组织，其基本职责是表达和维护职工的合法权益，而基本职能的履行必然需要相应的经费予以保障。工会的投资行为尽管具有市场逻辑所需的必要商业回报，但并不妨碍工会基本职能的履行，换言之，各级工会只有在基本职能履行所需经费得到有效保障的前提下才能开展投资活动，并且所开展的投资活动不能影响工会基本职能的履行，这就要求工会在投资时要控制好风险，在具体投资对象的选择上，主要是以流动性强、风险相对可控的项目或者产品为主。而这个特点也明确禁止工会将资金用于投资理财等高风险产品。

四、建立严格的决策程序

对各级工会而言，投资所涉资金数额一般比较大，再加上风险等因素，是一项重大的经费使用行为，必须建立和完善相应的决策程序。

五、投资时以经费结余为前提，不允许借贷投资

前述分析已经表明，投资业务并非各级工会的主要业务，必须要“风险可控、量力而为”，尤其是不得以举债的方式开展投资业务，以防范工会的财务风险。

132. 工会投资的类型有哪些

一、短期投资与长期投资

短期投资是指能够在不超过 1 年期限内变现的投资。为提高闲置资金的收益，单位一般会将其投入回报率较高、风险可控、变现能力强的有价证券中。

长期投资是短期投资以外的其他投资，如长期股权投资、长期债券投资等。长期投资的目的有两个：一是基于可持续的投资收益而进行资产利用行为；二是基于某种需要，对被投资对象实施控制或者施加重大影响。

二、股权投资

股权投资（一般长期）是指通过投资拥有被投资单位的股权，投资者成为被投资单位的股东，按所持股份比例享有权益并承担责任。按照期限，股权投资可以分为短期和长期两种。股权投资的基本特征是“按笔分红、按份担责”。因此，股权投资具有风险较大、收益较高和不确定性较强等特点。若被投资单位出现问题，只有当其关闭、清算或破产后，在清偿完债权后的剩余中按比例收回投资款。当然，投资者享有决策权、管理权、收益权和分配权等相关权利。

三、债券投资

债券投资是投资者通过购买被投资单位发行的债券或其他债务凭证（按发债主体可以分为国债、地方政府债券和企业债券）并按约定收取本息的一种投资方式。和股权投资比较，债券投资风险较小、收益较为稳定，但收益率也较低，是保守型投资者选择的投资方式。和股权投资不同，债券投资的投资者一般不参与被投资对象的管理和经营，也不对被投资对象的经营风险承担责任。

四、混合型投资

混合型投资是兼具股权性和债权性两种特征的投资方式。在某一特定时间内，该项投资表现为债权性特征，而在约定的另一段时间内，可能具有股权性特征，如上市公司发行的可转换债券等。

五、控股性投资和非控股性投资

在股权投资中，按照投资者是否对被投资对象具有控制权可以将投资分为控股性投资和非控股性投资。

控股性投资是指投资者对被投资对象具有控制权。理论上，只要投资者持有被投资对象 50% 以上的股权就具有控制权。

非控股性投资是指控股性投资以外的股权性投资。一般情况下，投资者持有被投资对象 50% 以下股权的投资属于非控股性投资。

提示：实际工作中，一项投资是否具有控制权，除了将 50% 的股权比例作为参考标准外，还需要考虑一些其他因素，如某些情况下，投资者虽然持有被投资对象的比例低于 50%，但能够对被投资对象施加重大影响，也可以认为是控股性投资。

133. 工会投资需要注意的问题有哪些

一、各级工会对外投资必须在本级工会经费有结余的情况下才予以考虑。

二、工会对外投资必须遵循国家法律、法规的规定；必须符合工会事业发展的需要；必须规模适度，量力而行，不能影响工会正常业务的发展；必须坚持效益优先的原则。

三、工会对外投资必须严格执行有关规定，对投资的必要性、可行性和收益率进行切实认真的论证研究。

四、对确信可以投资的，应专题按规定程序进行审批后才能投资。一要经本级工会经审会审查，二要经工会主席办公会讨论通过，三要报上级主管部门审批（或备案）。

五、工会对外投资应与被投资方签订投资合同或协议，投入实物必须办理实物交接手续。在签订投资合同或协议之前，不得支付投资款或办理投资资产的移交；投资完成后，应取得被投资方出具的投资证明或其他有效凭据。

134. 投资如何计价

投资在取得时应当按照其实际成本入账。

一、工会以货币资金方式对外投资的，以实际支付的款项（包括购买价款以及税金、手续费等相关税费）作为投资成本记账。

二、工会以实物资产和无形资产方式对外投资的，以评估确认或合同、协议确定的价值记账。

（1）投资期内取得的利息、利润、红利等各项投资收益，应当计入当期投资收益。

（2）工会处置（出售）投资时，实际取得价款与投资账面余额的差额，应当计入当期投资收益。

对于因被投资单位破产、被撤销、注销、吊销营业执照或者被政府责令关闭等情况造成难以收回的未处置不良投资，工会应当在报经批准后及时核销。

135. 工会投资时如何进行会计核算

工会用于投资的固定资产所涉及的会计核算一般有四个问题。

一、投资的计量问题。按照规定，工会以实物资产方式对外投资的，应以评估确认或合同、协议确定的价值记账。也就是说，投资的成本可能与用于投资的资产的账面价值不一致，两者的差额直接调整投资的账面价值。

二、进行对外投资的会计核算。进行对外投资时，工会应根据投资合同等相关文件或单据，借记“投资”科目（评估价、合同价或协议价），贷记“资产基金——投资”科目。

三、投资期间实际收入利息、股利等投资收益时，借记“银行存款”等科目，贷记“投资收益”科目。

四、投资收回时，按照收回投资的账面余额，借记“资产基金——投资”科目，贷记本科目；同时，按照实际收到的金额，借记“银行存款”科目，按照收回投资的账面余额，贷记“工会资金结余——累计结余”科目，按照其差额，贷记或借记“投资收益”科目。（如果收回的投资大于账面价值，则贷记“投资收益”科目；如果收回的投资小于账面价值，则借记“投资收益”科目）与此同时，还应冲减“资产基金——投资”，会计分录为：借记“资产基金——投资”科目，贷记“投资”科目。需要说明的是，如果工会的投资出现损失。报经批准认定确实无法收回的，应借记“资产基金——投资”科目，贷记“待处理财产损溢”科目。

为加强对投资的管理，对已经核销的投资呆账，要保留备查账簿，并对投资失误者追查责任。当然，如果已经核销的投资呆账又重新收回的，应借记“银行存款”等科目，贷记“其他收入”科目；如果收回的是实物资产，则需要重新进行评估，并按评估价值入账。

136. 投资核算如何进行

一、进行对外投资

（1）购入国债等债券，借记“投资”科目，贷记“资产基金——投资”科目；同时，借记“工会资金结余——累计结余”科目，贷记“银行存款”科目。

【例】某年某月某日，某基层工会用银行存款 10 000 元购买一年期国债，假设利率为 1.5%。

该基层工会的账务处理如下：

借：投资——国债　10 000

贷：资产基金——投资　10 000

同时，

借：工会资金结余——累计结余　10 000

贷：银行存款　10 000

（2）以货币资金对外进行股权投资，借记“投资”科目，贷记“资产基金——投资”科目；同时，借记“工会资金结余——累计结余”科目，贷记“银行存款”科目。

【例】某基层工会某年某月某日与另一单位共同投资兴办一家公司，资本金 100 000 元，其中该基层工会投资 40 000 元，银行存款已转出。

该基层工会的账务处理如下：

借：投资　　40 000

贷：资产基金——投资　　40 000

同时，

借：工会资金结余——累计结余　　40 000

贷：银行存款　　40 000

（3）以固定资产对外进行股权投资，按固定资产的评估价等，借记“投资”科目，贷记“资产基金——投资”科目；同时，按投出固定资产的账面原值，借记“资产基金——固定资产”科目，贷记“固定资产”科目。

【例】某年某月某日，某基层工会以一处房屋作为投资，与某企业合资开办公司。该房屋原值为40 000元，评估价值为60 000元。

该基层工会的账务处理如下：

借：投资　　60 000

贷：资产基金——投资　　60 000

同时，

借：资产基金——固定资产　　40 000

贷：固定资产　　40 000

二、收到投资收益

实际收到利息、股利等投资收益时，借记“银行存款”等科目，贷记“投资收益”科目。

【例】某年某月某日，某基层工会从投资的公司取得投资收益10 000元。

该基层工会的账务处理如下：

借：银行存款　10 000

贷：投资收益　10 000

三、收回投资

投资收回时，按照实际收到的价款，借记“银行存款”科目，按照“投资”科目的账面价值，贷记“投资”科目，按照其差额，贷记或借记“投资收益”科目。同时，借记“资产基金——投资”科目，贷记“工会资金结余——累计结余”科目。

【例1】某年某月某日，某基层工会的国债到期兑付本金10 000元，利息150元。该基层工会的账务处理如下：

借：银行存款　　10 150

贷：投资　　10 000

投资收益　　150

同时，

借：资产基金——投资　　10 000

贷：工会资金结余——累计结余　　10 000

【例 2】某年某月某日，某基层工会决定抽回原使用货币资金 40 000 元进行的投资，所有权转让给对方。清产时，合资公司共有资产 120 000 元，对方支付该基层工会资产转让费 48 000 元。

该基层工会的账务处理如下：

借：银行存款　　48 000

贷：投资　　40 000

投资收益　　8 000

同时，

借：资产基金——投资　　40 000

贷：工会资金结余——累计结余　　40 000

【例 3】某年某月某日，某基层工会用评估价为 60 000 元，原价值为 40 000 元房屋合资的公司撤销，该基层工会收回房屋。

该基层工会的账务处理如下：

借：固定资产　　40 000

贷：资产基金——固定资产　　40 000

同时，

借：资产基金——投资　　60 000

贷：投资　　60 000

四、投资损失及投资的核销

（1）投资出现损失，转入待处理，借记“待处理财产损溢”科目，贷记“投资”科目；报经批准予以核销时，借：资金基金——投资，贷：待处理财产损溢。

【例】某年某月某日，某基层工会原使用货币资金 40 000 元进行的投资出现亏损，40 000 元投资仅收回 15 000 元。先转入待处理，经批准予以核销。

转入待处理的账务处理如下：

借：待处理财产损溢　　25 000

贷：投资　　25 000

经批准予以核销时，

借：资产基金——投资　　25 000

贷：待处理财产损溢　　25 000

（2）已经核销的投资呆账又重新收回的，借记“银行存款”等科目，贷记“其他收入”科目。收回实物的，须重新进行评估，按照评估价值入账。

【例】某年某月某日，某基层工会原使用货币资金40 000元进行的投资出现亏损，40 000元投资仅收回15 000元。已经批准核销后又收回现金1 500元。

该基层工会的账务处理如下：

借：银行存款　1 500

贷：其他收入　1 500

137. 定期的银行存款算投资吗？如何核算

定期的银行存款不能算作投资，有收益时也不能使用“投资收益”科目核算。可以在“银行存款”下设“活期存款”“定期存款”科目核算。

将活期银行存款转成定期银行存款后，应做会计处理：

借：银行存款——定期存款

贷：银行存款——活期存款

期满转为活期时：

借：银行存款——活期存款

贷：银行存款——定期存款

138. 基层工会规范的对外投资有何要求

基层工会按照国家有关法律、行政法规和工会的相关规定，以货币资金、实物资产等方式向其他单位进行投资，投资具有收益和风险双重性。

基层工会对外投资，其主体是基层工会，作为出资人的地位得以确立，理所应当需要获得相应的回报，投资作为工会经费应用的渠道之一，以保值增值为目标，要确保投入资本的安全、完整和收益。

基层工会规范的对外投资有三点要求：

一是建立严格的决策程序，必须建立和完善相应程序，对外投资必须有可行性研究报告，必须履行必要的民主程序，必须全部纳入预算管理。

二是要以经费结余为前提。投资业务并不是基层工会的主要业务，必须在确保工会各项活动得到足够的预算保障，开展的投资活动不能影响工会基本职能的履行，并且有经费结余的前提下，才可以对外投资，决不允许以举债的方式开展投资业务。

三是要严控投资的风险，基层工会预算不能出现赤字，这就决定了在具体投资对象的选择上，主要以流动性强、风险可控的项目或者产品为主，明确禁止基层工会经费用于投资理财等高风险产品。

V 收入类

139. 什么叫工会经费收入？它有哪些特点

经费收入是指工会根据《工会法》以及有关政策规定开展业务活动所取得的非偿还性资金。收入按照来源分为会费收入、拨缴经费收入、上级补助收入、政府补助收入、行政补助收入、附属单位上缴收入、投资收益、其他收入。

收入是工会组织开展活动的经济来源，各级工会组织应按照相关法律和制度的规定，广开财源，做到应收尽收，最大限度保障工会活动的财力需要。

工会收入有四个基本特点：（1）依法取得；（2）非偿还性；（3）主要以货币资金为主；（4）它会带来工会资产的增加或者负债减少，当然，并非所有引起工会资产增加或者负债减少的行为都属于收入。

140. 经费收入总体要把握哪些内容

一、收入的内部控制各环节有无失控；

二、是否依法、及时、足额地组织收入，是否有漏收、隐匿、转移收入的问题；

三、有无超范围、超标准的多收乱收现象；

四、各项收入是否都出具合法收据，入账是否及时，会计处理是否正确；

五、各项收入年终是否按规定结转，是否有挂账。

141. 经费收入具体要检查哪些内容

一、会员会费是否按规定标准缴纳，人员有无遗漏；

二、行政是否按 2% 拨入工会经费，是否有少拨、漏拨、拖欠等行为，经费到账后是否及时按比例分割留存、上解；

三、“工会经费专用收据”的使用管理是否符合有关规定，是否有代开、虚开、擅自扩大使用范围的现象；

四、是否有将行政补助收入与行政委托工会代管的经费混淆；

五、投资回报是否按合同、协议履行，投资收益是否有挂账、转移资金、设置小金库现象；

六、废旧固定资产变价收入、存款利息收入等是否入账。

142. 企业工会会员缴纳会费的标准是什么

根据《全国总工会财务部、组织部关于会员缴纳会费问题的答复》(工财字〔1996〕58号)第一条规定，企业工会会员缴纳会费的标准，目前仍应按照全国总工会《关于收缴工会会费通知》(工发〔1978〕101号)规定实行，即会员每月按本人工资收入的0.5%计算缴纳会费，工资尾数不足10元部分以及各种奖金、津贴、稿费收入等，均不计算缴纳会费。至于企业工会会员的工资收入和奖金津贴收入如何区分，可按各企业的支付办法掌握处理：凡是企业作为工资发给的，应计算缴纳会费；凡是作为津贴奖金发给的，不计算缴纳会费。

提示：会员所得的各种奖金、津贴、稿费收入以及根据《劳动保险条例》或其他法令规定多领取的各种补助费、救济费、退休金、退职金，均不缴纳会费。

143. 工会会员如何缴纳会费

按月缴纳会费是工会会员应履行的义务。《中国工会章程》第六条规定，会员没有正当理由连续六个月不缴纳会费、不参加工会组织生活，经教育拒不改正，应当视为自动退会。

一、会员的范围

《中国工会章程》第一条规定，凡在中国境内的企业、事业单位、机关、社会组织中，以工资收入为主要生活来源或者与用人单位建立劳动关系的劳动者，不分民族、种族、性别、职业、宗教信仰、教育程度，承认工会章程，都可以加入工会为会员。第四条和第六条对会员履行缴纳会费的义务及其重要性做出了明确的表述。

二、会员缴纳会费的比例

工会会员按月应向工会组织缴纳本人每月工资收入的0.5%作为会费，工资尾数不足10元的不计入缴纳会费的基数；无固定收入的会员，可按本人上月所得工资计算缴纳会费；会员所得的各种奖金、津贴、稿费收入、补助费、救济费和退休金、退职金，均不计入缴纳会费的基数。

基层工会所收的会员缴纳的会费，按照全国总工会的规定，全部留用于基层，不需上缴。

三、会费缴纳办法

（1）工会小组长在每月收缴会费前，要统计每个会员的工资额及应缴会费，填列《工会小组会费收缴清单》。

（2）会员应在工资发放后 3 日内自觉向工会小组长缴纳会费；工会小组长也应主动向会员收缴会费。收到会费时，应将实收会费按姓名分别填入《工会小组会费收缴清单》。

（3）工会小组长应于发放工资后 5 日内，将结算好的《工会小组会费收缴清单》连同所收的款项，一式三份，一并分交工会财务委员。

（4）基层工会应于发放工资后 10 日内，将各分工会的会费收齐，并根据各《分会会费收缴汇总表》填制《基层工会会费收缴汇总表》，一式两份：一份用于向会员公布会费收支情况；一份作为原始凭证，据以编制记账凭证，登记账簿。

144. 机关和事业单位计拨工会经费，工会会员缴纳会费含奖金、津贴和补贴吗

根据全国总工会财务部《关于机关和事业单位工会会员缴纳会费问题的答复》（工财字〔2006〕58 号）文件规定：应计拨的工会经费和工会会员缴纳会费，不包括各种奖金、津贴和补贴等。

国家机关单位会员“工资收入”具体包括职务工资、级别工资和基础工资、工龄工资等；事业单位的工会会员“工资收入”具体包括职务工资、等级工资；机关和事业单位工作人员的各项津贴、补贴、奖金等收入不是“工资收入”，仍暂不计算缴纳会费。至于企业工会会员的工资收入和奖金、津贴收入如何区分，可按各企业的支付办法掌握处理，凡是企业作为工资发给的，应计算缴纳会费，凡是作为津贴奖金发给的，不计算缴纳会费。

根据《关于工资总额组成的规定》文件规定：事业单位、各级国家机关、政党机关等都有关工资总额单位的计算，均应遵守本规定：工资总额的计算应以直接支付给职工的全部劳动报酬为根据。工资总额组成部分包含（三）奖金；（四）津贴和补贴。因此机关和事业单位计拨工会经费含奖金、津贴补贴。

145. 无固定收入的会员要缴纳会费吗

《中华全国总工会关于收缴工会会费的通知》(工发〔1978〕101号)第三条规定,无固定收入的会员,可按本人上月所得额工资计算缴纳会费。

146. 奖金、津贴不计提会费的依据是什么

《中华全国总工会关于收缴工会会费的通知》(工发〔1978〕101号)第四条规定,会员所得各种奖金、津贴、稿费收入以及按劳动保险条例或其他法令规定所领取的各种补助费、救济金、退休费和退职金等,均不缴纳会费。

147. 提前离岗或下岗的职工是否需要缴纳会费

根据《全国总工会财务部、组织部关于会员缴纳会费问题的答复》(工财字〔1996〕58号)第二条规定,机关提前离岗休息的会员和企业下岗待岗的会员,是否应缴纳会费的问题,因这一情况比较复杂,尚待进一步了解研究,目前可暂按以下精神掌握处理。上述人员如已不属于本单位职工,所得收入已不列入本单位的工资总额组成范围,可以保留会籍,免交会费。如仍属于本单位职工,所得收入仍是本单位工资总额的组成部分,则仍应按照本人的实际工资收入计算缴纳会费。

148. 实务工作中,会费收入可以用于哪些方面

《基层工会经费收支管理办法》(总工办发〔2017〕32号)第八条规定,基层工会可以用会员会费组织会员观看电影、文艺演出和体育比赛等,开展春游秋游,为会员购买当地公园年票。会费不足部分可以用工会经费弥补,弥补部分不超过基层工会当年会费收入的三倍。

149. 工会是否可以将所得的会费收入返还给会员

《工会法》第四十三条规定，工会经费的来源：

（一）工会会员缴纳的会费；

（二）建立工会组织的用人单位按每月全部职工工资总额的百分之二向工会拨缴的经费；

（三）工会所属的企业、事业单位上缴的收入；

（四）人民政府的补助；

（五）其他收入。

《最高人民法院关于产业工会、基层工会是否具备社团法人资格和工会经费集中户可否冻结划拨问题的批复》（法复〔1997〕6号）第三条规定，工会的经费一经拨缴，所有权随之转移。

因此，工会依法收取的会费收入是工会经费的来源之一。一经收取，所有权属于工会，不得转移，只能用于会员的集体活动，不得以现金等方式返还给会员。

150. 基层工会收到的上级工会补助的款项主要有哪些

根据《工会会计制度》的规定，基层工会收到上级工会补助的款项有一般性转移支付补助和专项转移支付补助（包括帮扶困难职工的补助、用于开展向困难职工和家庭送温暖活动的补助、救灾补助等）。

151. 行政补助主要有哪些？不包括哪些

行政补助是指单位行政按照《中华人民共和国工会法》《中国工会章程》和国家的有关规定给予工会组织的补助款项。其中包括工会收到行政拨付的劳动竞赛经费、工会开展活动的费用补助等，不包括行政方面按照《工会法》的规定向工会拨缴的经费。工会入账时，此项记入“行政补助收入”，同样出具《工会经费收入专用收据》。根据税务部门有关规定，此部分补助经费应在税后利润中列支。

152. 企业工会如何合规地接受行政经费补助

国务院1993年发布的《中华人民共和国企业所得税暂行条例》(2008年废止)规定：纳税人的职工工会经费、职工福利费和职工教育经费，分别按照计税工资总额的2%、14%和1.5%计算扣除。

2019年新的《中华人民共和国企业所得税法实施条例》第四十条规定，企业发生的职工福利费支出，不超过工资薪金总额14%的部分，准予扣除。第四十二条规定，除国务院财政、税务主管部门另有规定外，企业发生的职工教育经费支出，不超过工资薪金总额2.5%的部分，准予扣除；超过部分，准予在以后纳税年度结转扣除。

从新旧规定比较来看，职工福利费、工会经费和职工教育经费的扣除政策有了由"计算扣除"到"支出扣除"的改变，也就是由过去的"先提后用"到现在的"额度控制"的变化，所以如今行政不再像以前那么痛快地给工会拨经费了，因为有了上述税务规定，特别是企业经过公司制改造后，财务支出要更加符合税法规定的要求。

《工会会计制度》第二部分中的"行政补助收入"写道：本科目核算基层工会取得的所在单位行政方面按照工会法和国家有关规定给予工会的补助款项，包括工会收到行政拨付的劳动竞赛经费、工会开展活动的费用补助等。

那么职工福利费和职工教育经费，怎么操作既能使工会得到补助又不违反税法有关规定呢？从实际情况看，工会组织可以根据欲开展的活动计划，向行政部门提交一份内容详细的预算报告，包括活动组织者、时间、地点、内容、参加人员、开支项目和预计金额等。活动结束后再将工会垫付款项的发票复印件交行政部门作为支出附件，证明是实实在在的支出，而不是简单的以拨代支，从而征得税务部门的认可。这样既实现了行政部门对会经费的补助，又不违反有关政策法规。

其实，企业工会组织职工开展群众性的合理化建议、技术革新活动，进行业余文化技术学习和职工培训，组织职工开展文娱、体育活动以及送温暖活动、帮扶助困活动等活动，一般都是靠工会组织的运行，由行政方面在"职工福利费"等项下出资。如果行政部门、工会之间加强沟通、密切配合，由工会具体实施，支出费用到行政部门办理报销，也是一种可行的方式。只要工会从行政部门获得的补助符合"职工薪酬"项下的各项支出规定，是可以在企业所得税前扣除的。

153. 怎样定义工会的小金库

《工会法》第四十三条规定，工会经费的来源包括：

（一）工会会员缴纳的会费；

（二）建立工会组织的用人单位按每月全部职工工资总额的百分之二向工会拨缴的经费；

（三）工会所属的企业、事业单位上缴的收入；

（四）人民政府的补助；

（五）其他收入。

《工会法》规定来源以外的、在工会经费里核算的资金，用于发放或以活动名义变相发放福利、奖金、津贴、补贴及工会活动以外用途的，公家钱未入公家账等的资金，都属于“小金库”范畴。

154. 工会财产出租收入是否属于工会经费范畴？是否需要上缴财政？是否需要缴税

利用工会资产取得的出租收入理应属于工会经费的收入范畴，而不属于财政非税收入。因为按照《中华人民共和国宪法》《中华人民共和国物权法》等相关法律的规定，只有资产所有者才依法享有资产收益权，工会资产出租、出借收入，作为工会组织的资产性收益，也是受法律保护的。

一些地方工会组织未将工会资产从法律上进行确权，未依法进行资产的产权登记，而很多地方财政部门往往把工会当成了党政机关的一个工作部门，把工会资产误当成了国有资产的一部分，其产生的出租收入自然也被列为财政非税收入的范畴。建议这些地方的工会组织尽快依法办理工会社团法人登记，依法取得社团法人资格，依法办理相关资产的产权登记手续，只有从法律程序上对工会资产进行产权界定，才能从根本上维护资产的所有权和收益权。

目前，确有部分地方工会组织享有和使用的固定资产，尤其是不动产，是由地方政府无偿提供的，严格意义上讲，工会组织对这些资产只有使用权，而不具有法定意义上的产权。鉴于这些资产的产权本来就属于国有性质，那么在未履行法定产权转移手续的情况下，其出租出借产生的收入自然会被认定为财政非税收入范畴。所以，各级工会在资产管理工作中，应及时界定好产权，办理好相关资产的产权转移或登记手续。

新形势下，部分工会干部和财政干部未能正确区分财政非税收入和工会经费收入的概念。非税收入是指由各级政府国家机关、事业单位、代行政府职能的社会团体及其组织，依据法律法规，利用政府权力、政府信誉、国家资源、国有资产或提供特定公共服务、准公共服务取得并用于满足社会公共需要或准公共需要的财政资金，主要包括行政事业性收费、政府性基金、国有资产（资源）使用收益及罚没收入等。

非税收入按规定要纳入财政预算内管理，执行收支两条线管理办法。而工会经费的五项来源虽然从取得形式上看似乎也具有财政非税收入的属性，但它本质上不属于非税收入范畴。因为《工会法》早已确立了工会经费独立管理原则，并规定任何组织和个人无权随意调拨工会的经费和资产，工会经费是受法律保护的。

财政部下发的《关于清理整合中央财政票据的通知》（财综〔2011〕46号）和《中华全国总工会办公厅关于转发财政部〈关于清理整合中央财政票据的通知〉的通知》（总工办发〔2011〕34号）文件进一步明确了财政非税收入的范围，并把财政票据由6类整合为非税收入票据和其他财政票据2类，其中政府非税收入票据整合为27种，其他财政票据整合为8种，而《工会经费收入专用收据》被明确界定为其他财政票据，这充分说明了政府对工会经费属性的定位。此前，全国总工会财务部还发文规定了"工会经费收入专用票据"使用范围和管理办法，明确规定了工会经费的5项收入全部使用《工会经费收入专用收据》，那么作为工会经费一部分的工会资产出租出借收入，自然属于工会经费范畴，这一点还需要各地方工会干部向同级财政部门进行必要的宣讲和说明。当然，出租收入作为一种经营性收益，是要按税法规定依法向税务部门申报缴纳相关税费的。

155. 基层工会组织如何加强收入管理

工会收入是基层工会开展各项活动的物质保证，必须把收入管理作为工会财务工作的首要任务。根据全国总工会办公厅关于印发《基层工会经费收支管理办法》（总工办发〔2017〕32号）文件的规定，基层工会组织一是要按照会员工资收入和规定的比例，按时收取全部会员应缴的会费。二是要严格按照国家统计局公布的职工工资总额口径和所在省级工会规定的分成比例，及时足额拨缴工会经费；实行财政划拨或委托税务代收部分工会经费的基层工会，应加强与本单位党政部门的沟通，依法足额落实基层工会按照省级工会确定的留成比例应当留成的经费。三是要统筹安排行政补助收入，按照预算确定的用途开支，不得将与工会无关的经费以行政补助名义纳入账户管理。

基层工会组织的各项收入必须全部纳入预算，必须依法、及时、足额地组织收入，不得漏收、隐匿、转移收入，不得超范围、超标准收取，各项收入要出具合法依据，及时入账，规范会计处理。

156. 基层工会组织哪些情况可以免缴工会会费

《中国工会章程》第八条规定，会员离休、退休和失业，可保留会籍，保留会籍期间，免缴会费。

工会会员有特殊生活困难时，可由本人申请，工会小组讨论，基层或车间工会批准，在一定时期内免缴会费。

《全国总工会财务部、组织部关于会员缴纳会费问题的答复》（工财字〔1996〕58号）机关提前离岗休息的会员和企业下岗待岗的会员，如果其取得收入已不列入本单位的工资总额组成范围，可以保留会籍，免缴会费。

157. 基层工会能否取得捐赠收入

基层工会可以取得各项支持工会工作和职工活动的捐赠收入，基层工会取得的捐赠收入要开具合规的捐赠收据，作为基层工会的其他收入。

如果基层工会组织只是组织捐赠，捐赠款物最终将要转出，此为代付性质，不作为工会经费收入处理，按照工会会计制度，纳入“其他应付款”科目核算。

158. “其他收入”科目主要包含哪些

根据《工会会计制度》，其他收入指工会除会费收入、拨缴经费收入、上级补助收入、政府补助收入、行政补助收入、附属单位上缴收入、投资收益之外的各项收入，如资产盘盈、固定资产处置净收入、接受捐赠收入和银行存款利息收入等。

虽然《工会会计制度》给出了其他收入的定义，核算除会费收入、拨缴经费收入、上级补助收入、政府补助收入、行政补助收入、附属单位上缴收入和投资收益以外的工会收入，但也不是所有的收入都能记入其他收入。除上述资产盘盈、固定资产处置净收入、接受捐赠收入和银行存款利息收入等，常见的还有资产租赁收入、因下级工会撤销收回的资金、其他应付款长期挂账后经负责人批准转入工会的收入。

【例】2016 年 8 月 10 日，某公司工会其他应付款长期挂账 4 000 元，经会计检查，此 4 000 元是 5 年前上级给的集体奖金，一直未发，经负责人批准，此项应付款转入工会的收入。

该公司工会的账务处理如下：

借：其他应付款　4 000

贷：其他收入　4 000

Ⅵ　经费拨缴类

159. 拨缴工会经费比例如何定义

《中华全国总工会、财政部关于新〈工会法〉中有关工会经费问题的具体规定》（工总财字〔1992〕19 号）第一条规定：

一、凡建立工会组织的全民所有制和集体所有制企业、事业单位和机关，应于每月 15 日以前按照发工资全部职工工资总额的 2%，向工会拨缴当月的工会经费。具体拨缴手续，按照全国总工会和中国人民银行工总财字（〔1989〕16 号）通知的规定办理。

二、拨缴工会经费的"全部职工工资总额"，按照全国总工会财务部转发国家统计局有关工资总额规定文件的通知《关于工资总额组成的规定》（工财字〔1990〕29 号）计算。工资总额组成范围内的各种津贴、补贴和奖金，均应计算在内。

提示：拨缴工会经费是指全部工资总额的 2%，每个月由行政划拨给工会，工会开具工会经费收入专用收据由行政作为税前抵扣的依据。

160. 全体职工的含义是什么

根据劳动统计报表制度"劳动情况统计指标"，各基层单位的"全部职工"人数，原则上应按"谁发的工资谁统计"的办法进行统计。不论是编制内的还是编制外的人员；不论是出勤的还是因故未出勤的人员；不论是在国内工作的还是在国外工作的人员；不论是正式的人员还是试用期间的人员；不论是在本单位工作的还是临时借调到外单位工作的人员。只要是由本单位支付工资均应统计为职工。因此，全体职工是指本单位支付工资的全部职工。

161. 企业发放的交通补贴和通信补贴是否计入工会拨缴经费？是否纳入职工的工资总额

财政部目前下发的《财政部关于企业加强职工福利费财务管理的通知》（财企〔2009〕242 号）第二条规定，企业为职工提供的交通、住房、通信待遇，已经实行货币化改革的，按每月标准发放或支付的住房补贴、交通补贴或者车改补贴、通信补贴，应当纳入职工工资总额，不再纳入职工福利费管理；尚未实行货币化改革的，企业发生的相关支出作为职工福利费管理，但根据国家有关企业住房制度改革政策的统一规定，不得再为职工购建住房。企业给职工发放的节日补助、未统一供餐而按月发放的午餐费补贴，应当纳入工资总额管理。

162. 企业发放的奖金、津贴和补贴是否列入工会拨缴经费计提基数

全国总工会、国家税务总局发布的《关于进一步加强工会经费税前扣除管理的通知》(总工发〔2005〕9号)第一条规定，凡依法建立工会组织的企业、事业单位以及其他组织，每月按照全部职工工资总额的2%向工会拨缴工会经费，并凭工会组织开具的《工会经费拨缴专用收据》在税前扣除。工资总额按照国家统计局《关于工资总额组成的规定》(1990年第1号令)颁布的标准执行，工资总额组成范围内的各种奖金、津贴和补贴等，均应计算在内。

163. 工资总额不包括的项目有哪些

根据《全国总工会、财务部转发国家统计局〈劳动就业统计指标解释〉中有关"职工"和"职工工资总额及构成"的规定的通知》(工财字〔1995〕11号)，其附录中的"从业人员劳动报酬和职工个人收入统计"文件中明确规定，工资总额不包括的项目有：

(一)根据国务院发布的有关规定颁发的创造发明奖、国家星火奖、自然科学奖、科学技术进步奖和支付的合理化建议、技术改进奖等以及支付给运动员在重大体育比赛中的奖金；

(二)有关劳动保险和职工福利方面的各项费用；

(三)有关离休、退休、退职人员的待遇的各项支出；

(四)支付给聘用或留用的离休、退休人员的各项补贴；

（五）劳动保护的各项支出；

（六）出差伙食补助费、误餐补助、调动工作的差旅费和安家费；

（七）劳动合同制职工解除劳动合同时由企业支付的医疗补助费、生活补助费等；

（八）稿费、讲课费及其他专门工作报酬；

（九）对自带工具、牲畜来企业工作职工所支付的工具、牲畜等的补偿费用；

（十）实行租赁经营单位的承租人的风险性补偿收入；

（十一）对购买本企业股票和债券的职工所支付的股息（包括股金分红）和利息；

（十二）因录用临时工而在工资以外向提供劳动力单位支付的手续费或管理费；

（十三）支付给家庭工人的加工费和按加工订货办法支付给承包单位的发包费用；

（十四）支付给参加企业劳动的在校学生的补贴；

（十五）计划生育独生子女补贴。

提示：拨缴工会经费要全面准确掌握应计入工资总额的有关费用，足额拨缴工会经费。

164. 建立工会组织的企业、事业单位、机关等如何缴纳经费

一、缴纳的比例

建立工会组织的企业、事业单位、机关和其他社会组织按每月全部职工工资总额的 2% 向工会拨缴经费。这项经费是我国各级工会组织最主要的经费来源。

全部职工是指由建立工会组织的单位支付劳动报酬的各种人员，包括正式职工、合同制职工、临时工和计划外用工等。

工资总额是指在一定时期内直接支付给本单位全部职工的劳动报酬总额。按照国家统计局《关于工资总额组成的规定》（1990 年第 1 号令），不论是计入成本的《中华全国总工会办公厅关于基层工会组织筹建期间拨缴工会经费（筹备金）事项的通知》（总工办发〔2004〕29 号）要求基层工会所在单位在工会组织筹建期间拨缴还是不计入成本的；不论是按国家规定列入计征奖金税项目的，还是未列入计征奖金

税项目的；不论是以货币形式支付的还是以实物形式支付的，均应列入工资总额计算范围。

拨缴工会经费，即筹备金。具体做法是按该单位职工工资总额 2% 全额拨缴到筹建基层工会的上级工会，并凭《工会经费拨缴专用收据》在税前列支。上级工会收到 2% 全额经费后，按规定分成解缴，并单独核算，专款专用，主要用于该基层工会筹建期间所发生的有关费用。

二、工会经费拨缴形式

（1）基本形式

由各基层工会所在单位的行政方面每月按照上个月本单位职工工资总额的 2%，向本级工会拨缴工会经费，并按照全国总工会、国家税务总局《关于进一步加强工会经费税前扣除管理的通知》（总工发〔2005〕9 号）文件的规定，凭工会组织开具的《工会经费收入专用收据》，在税前扣除。基层工会收到 2% 全额经费后，按照规定的比例数额向上一级工会上缴经费。上一级工会按规定比例留成经费后，继续上缴，直至全国总工会。

（2）其他形式

工会委托国家税务机关代收工会经费；行政事业单位在财政拨付行政经费同时一并将工会经费划拨到当地工会。

（3）工会经费拨缴办法

各基层单位行政方面应于每月 15 日前，按照上月全部职工工资总额的 2%，向本单位工会拨缴当月的工会经费。

工会在收到工会经费后，应向缴款单位行政开具《工会经费收入专用收据》，税务部门据此在企业所得税前扣除。企事业单位只能凭财政部、全国总工会统一监制和印刷的《工会经费收入专用收据》在税前列支工会经费，不能出具《工会经费收入专用收据》的，税务部门按照现行税收规定予以处理。

提示：《工会法》第四十三条规定，企业、事业单位、社会组织拨缴的经费在税前列支。

165. 新组建基层工会经费拨缴和隶属关系如何

《全国总工会财务部关于对新组建基层工会经费拨缴和使用问题的答复》（工财字〔2007〕8 号）第二条规定，新组建的基层工会一律按照属地管理原则，并执行所在地省级工会确定的上缴比例，向所在地总工会按时足额上缴工会经费。独立核算经费的铁路、民航、金融比例下属新组建基层工会，仍按全国总工会确定的其产业工会经费分成体制执行。

166. 省级以下基层工会比例由谁来确定

《全国总工会财务部关于省级以下各级工会经费分成比例有关事项的通知》（工财字〔2009〕19 号）第一条规定，省以下各级工会（含基层工会）的经费分成比例，由各省级工会（含铁路、民航、金融产业工会）根据本地区（产业）实际情况自行确定。

167. 没有组建工会的单位是否不用缴纳工会经费

根据《工会法》和《中国工会章程》的规定，未成立工会的企业、事业单位、机关、社会组织，按工资总额的百分之二向上级工会拨缴工会建会筹备金。企业、事业单位、社会组织无正当理由拖延或者拒不拨缴工会经费，基层工会或者上级工会可以向当地人民法院申请支付令；拒不执行支付令的，工会可以依法申请人民法院强制执行。《中华全国总工会办公厅关于规范建会筹备金收缴管理的通知》（厅字〔2021〕20 号）自上级工会批准筹建工会的次月起，筹建单位每月按全部职工工资总额的 2% 向上级工会拨缴建会筹备金。

因此，自上级工会批准筹建工会的次月起向上级工会拨缴建会筹备金。

168. 筹建工会期间需要计提工会经费吗

根据《中华全国总工会办公厅关于基层工会组织筹建期间拨缴工会经费（筹备金）事项的通知》（总工办发〔2004〕29号）第一条的规定：根据《中华人民共和国工会法》第十一条和第四十二条的规定，上级工会派员帮助和指导尚未组建工会组织的企业、事业单位、机关和其他组织（以下简称为“有关单位”）的职工筹建工会组织，自筹建工作开始的下个月起，由有关单位按每月全部职工工资总额的2%向上级工会全额拨缴工会经费（筹备金）。上级工会收到工会经费（筹备金）后向有关单位开具《工会经费收入专用收据》，有关单位凭专用收据在税前列支。第三条规定：筹建工作结束，并经上级工会批准正式建立工会组织后，有关单位自批准之日起，不再直接向上级工会拨缴工会经费（筹备金），改为按每月全部职工工资总额的2%向本单位工会拨缴工会经费，再由本单位工会按照全国总工会和省级工会有关经费分成办法规定的比例留成并向上级工会上缴工会经费。

因此，筹建工会期间需要计提工会经费并把计提的全部工会经费上缴给上级工会，在本单位工会成立后，上级工会按比例下拨本级工会筹备期间上缴的工会经费，本级工会不再全额上缴工会经费，改为按比例上缴工会经费。

169. 外方工作人员在计算拨缴工会经费时要不要计入其工资总额

《全国总工会财务部转发国家统计局〈劳动统计指标解释〉中有关“职工”和“职工工资总额及构成”的规定的通知》（工财字〔1995〕11号）第一条规定，在各单位工作的外方人员和港、澳、台方人员，《劳动统计指标解释》未列入“职工”范围（列入从业人员范围），但在计算拨交工会经费时，仍应按照全国总工会、对外经济贸易部、财政部、劳动人事部工发总字〔1984〕45号通知和财政部〔1992〕财工字和第294号通知的有关规定，将这部分人员的工资总额计算在内拨缴工会经费。

因此，外方工作人员的工资在计算拨缴经费时也要计入其工资总额。

170. 税务代征的法律依据是什么

地方税务部门代征工会经费和工会筹备金是把工会经费收缴纳入法制化轨道的需要，有明确的法律政策依据。

《工会法》第四十三条明确规定，建立工会组织的用人单位按每月全部职工工资总额的百分之二向工会拨缴的经费；其中企业、事业单位、社会组织拨缴的经费在税前列支。地方人大根据《工会法》，结合当地实际颁布实施的相关《办法》都对工会经费拨缴做出了具体要求。

《中华人民共和国民法典》第一百六十一条规定，民事主体可以通过代理人实施民事法律行为。第一百六十二条规定，代理人在代理权限内，以被代理人名义实施的民事法律行为，对被代理人发生效力。税务代征工会经费和工会筹备金，符合民事主体之间行使代理权的规定。

国家税务总局下发的《关于工会经费税前扣除问题的通知》（工财字〔2000〕56号）和2005年与全国总工会联合下发的《关于进一步加强工会经费税前扣除管理的通知》中要求各级税务部门和工会组织要密切配合，切实做好税前扣除和工会经费拨缴款专用收据管理工作。当前，税务代征工会经费和工会筹备金是加强税前扣除管理的一项有效措施。国家税务总局2005年下发的《国家税务总局关于加强税务机关代收费用项目管理的通知》（国税发〔2005〕160号）规定税务机关只能代收法律法规设定、国务院及有关部门和省级政府依照有关规定和批准权限设定的收费项目。工会经费是国家法律设定的收费项目，而且是经省人民政府依照有关规定批准由地税机关代征的，即税务机关代征工会经费于法于规，都是符合要求的。

171. 工会经费为什么要委托税务机关代征

工会经费由地税部门代征，一是为了更好地贯彻《工会法》，强化社会依法缴纳工会经费的意识，加强工会组织建设和维权工作；二是把工会经费收缴纳入法制化轨道，有利于工会经费收缴的规范化，提高工会经费收缴的透明度，接受社会监督；三是方便各缴费单位在向地税部门申报缴纳税款时一并缴纳工会经费，简化程序，提高效率；四是有利于各级工会组织活动的开展，较好地发挥工会在建设和谐社会中的重要作用；五是加强工会经费税前扣除管理，有利于防止工会经费和国家税收流失。

172. 劳务派遣工的经费计提和组织关系如何

根据《中华全国总工会关于组织劳务派遣工加入工会的规定》（总工发〔2009〕21号）的规定：

一、劳务派遣单位和用工单位都应当依法建立工会组织，吸收劳务派遣工加入工会，任何组织和个人不得阻挠和限制。

二、在劳务派遣工会员接受派遣期间，劳务派遣单位工会可以委托用工单位工会代管。

三、劳务派遣工的工会经费应由用工单位按劳务派遣工工资总额的2%提取并拨付劳务派遣单位工会，属于应上缴上级工会的经费，由劳务派遣单位工会按规定比例上缴。用工单位工会接受委托管理劳务派遣工会会员的，工会经费留用部分由用工单位工会使用或由劳务派遣单位工会和用工单位工会协商确定。

173. 存在劳务工用工形式的单位是否应将劳务工的工资纳入拨缴经费收入的计算基数

劳务工相关的工资总额是否需要纳入拨缴经费收入的计算基数，需要具体情况具体分析。实务中的总体原则是：如果劳务工的工资总额是由本单位行政直接发放，一般情况应将其纳入拨缴经费收入计算基数；反之，可以不纳入。

实际工作中，也会存在一些例外情况，比如劳务工的工资是由本单位与劳务公司结算，但劳务工本身又参加本单位所在的工会活动，如果属于这种情况，建议应将与劳务工相关的工资纳入本级工会的拨缴经费收入计算基数予以管理。需要说明的是，存在一个特殊情况，即单位行政在跟劳务公司签订合同的时候并没有包含工会经费，这使得无论本单位工会还是劳务工公司单位工会都没办法取得这部分工会经费，这需要本单位工会与行政沟通，在合同中明确工会经费的来源。

174. 工会经费地税代征后，基层工会部分如何拨付

工会经费改由税务部门代征，这不是工会经费性质的改变，只是基层工会经费收缴渠道的调整。缴费单位财务部门按季或按月将全部职工工资总额的 2% 提取的工会经费总额填入所在地地方个税（费、基金）缴纳申报表，经税务部门审核并打印工会经费专用缴款书后，由缴费单位到所在开户行下账，缴费单位开户账户直接把基层工会留成部分划拨到缴费单位工会账户。

175. 企业效益较好是否可以多拨缴工会经费

根据《工会法》和《中国工会章程》等的规定，工会经费按照全部职工工资总额的 2% 拨缴，不管企业效益好坏，也不管企业是否将工资发放到职工手中，拨缴经费的工资基数都是应发工资而非实发工资。因此，即便企业效益好也不能多缴工会经费。

176. 单位行政可否以其持有的非货币资产冲抵其应拨缴的工会经费

依法拨缴工会经费是单位的义务，经费拨缴的方式只能是货币资金。

177. 特困企业可以减免上缴工会经费吗

《全国总工会财务部关于重庆市特困企业工会经费可否减、免、缓问题的答复》（工财字〔2007〕39 号）规定，根据《工会法》的规定，建立工会组织的企业、事业单位、机关按每月全部职工工资总额的 2% 拨缴工会经费，因此，只要特困企业形成了工资总额，就应当上缴工会经费，不宜在征收中实行减、免、缓。对于企业遇到的暂时困难，在工会经费上，可采取收支两条线的做法，即特困企业在按照规定上缴工会经费后，上级工会可根据企业困难情况，在本级留成经费中，适当加大对其返还补助力度。因此，特困企业也要上缴工会经费，但可以向上级申请加大返还额度。

178. 买断工龄工资是否计提工会经费

《全国总工会财务部关于“买断工龄工资”应计提工会经费的复函》(工财字〔1997〕161号)第一条规定：按工龄一次性发给职工的生活费，即称“买断工龄工资”，其实质是工资的一部分，属工资总额范畴，应按2%的比例计提工会经费。因此，买断工龄工资也要计提工会经费。

179. 铁路系统工会经费上缴比例是多少

《中华全国总工会关于铁路工会经费上交和留用比例的批复》(工发财字〔1983〕3号)第一条规定，铁路局工会上交全国总工会和省、市、自治区总工会经费各5%不变。第三条规定，铁路工厂、院校工会自留70%。上缴所在直辖市或省、自治区所属市(县)总工会10%，省、自治区所属市(县)总工会自留5%，上缴省、自治区工会5%(直辖市总工会的10%如何分成，由市总工会决定)，上缴全国铁路总工会20%，由铁路总工会上缴全国总工会5%。

180. 金融系统经费比例分成是多少

《中华全国总工会关于对〈中国金融工会经费管理办法〉的批复》(工函字〔2000〕57号)第一条规定，中国金融工会全国委员会系统内留成80%。其中，基层工会留用比例为60%。在上缴的经费中，地市级行(会、公司)工会留成5%，省行(会、公司)留成10%，各总行(会、公司)留成2%，中国金融工会留成3%。

第二条规定，全国总工会及各级地方总工会留成20%。在上缴经费中，由中国金融工会全国委员会上缴全国总工会5%；由各省、自治区、直辖市行(会、公司)工会上缴所在的省、自治区、直辖市总工会5%；中国金融工会全国委员会管辖的基层工会上缴所在地方总工会10%；具体手续由省、自治区、直辖市行(会、公司)工会与所在省级地方工会商定。

181. 在京中央企业怎样拨缴工会经费

根据《中华全国总工会关于在京中央企业工会经费拨缴、管理和监督的暂行规定》（总工发〔2009〕45 号）文件规定，已经向全国总工会或北京市总工会拨缴工会经费的，原拨缴渠道和方法不变。在京外的中央企业和在京中央企业驻京外的所属单位，工会经费和原拨缴渠道和方法不变；在京外的中央企业所属单位驻京的，工会经费向北京市总工会拨缴；没有缴纳工会经费的直接向全国总工会财务部拨缴。工会经费按工资总额的 2% 提取，企业留存 70%，上缴全国总工会 30%。工会经费每半年拨缴一次（每年 7 月 10 日和次年 1 月 10 日前）；其预算、决算报全国总工会财务部。

提示：全国总工会三大产业工会，铁路、民航、金融原拨缴渠道不变，垂直拨缴，垂直管理。中央企业及其下属机构省属地拨缴，垂直和属地管理并行。

182. 央企集团或总公司工会可以向下属企业工会收缴经费吗？经费比例如何界定

根据全国总工会财务部《关于对广西区总请求明确中国联通公司工会经费管理渠道的请示的复函》（工财字〔2006〕82 号）文件和全国总工会财务部《关于对云南省总工会请求明确中国联通云南分公司工会经费收缴渠道的请示的复函》（工财字〔2007〕76 号）文件，上缴集团公司（总公司）工会的工会经费一律从子公司、分公司上缴所在地总工会后的留成经费中列支。中央企业集团、总公司（不含独立管理经费的产业工会所属企业）在各地的子公司、分公司。除全国总工会财务部有特殊规定的均按此办理。也就是说集团公司（总公司）可以向下属企业收缴工会经费，但下属企业上缴的经费是从上缴地方总工会的留成中列支的。上缴的比例可以参照全国总工会财务部《关于对中远集团工会 2004 年经费问题的请示的批复》（工财字〔2004〕59 号）文件，从企业工会留成经费中拿出不超过 5% 的工会经费上缴。

提示：中央企业可以向下属单位收缴工会经费用于集团公司（总公司）统一组织的全集团工会活动，上缴比例一般不超过5%。

183. 工会组织开具的工会经费收入专用收据，企业能作为税前扣除凭证吗

《国家税务总局关于工会经费企业所得税税前扣除凭据问题的公告》（国家税务总局公告2010年第24号）第一条规定，自2010年7月1日起，企业拨缴的职工工会经费，不超过工资薪金总额2%的部分，凭工会组织开具的《工会经费收入专用收据》在企业所得税税前扣除。

提示：税前扣除的工会经费，不能超过工资总额的2%。

184. 工会收到行政划拨的工会经费后怎样记账

基层工会在收到行政划拨的工会经费时，按规定属于本级工会的部分，贷记“拨缴经费收入”科目，按规定应上缴上级工会的部分，贷记“应付上级经费”科目，借记“银行存款”科目。

这里的规定指上级工会的规定，上级工会规定的是按比例上缴，那么在拆分属于自己的工会经费和上级的工会经费时，须按规定的比例拆分。如果上级工会规定定额上缴，那需要摊分到每个月。对于规定定额上缴的，实务中因上级工会的定额迟迟下不来或难以做到恰好每个月分摊，可以在每个月适当分摊，在年底即最后一个月时补齐。

【例1】某基层工会收到本月行政拨缴工会经费70 000元，按比例30%上缴上级工会，70%为本级留成。

该基层工会的账务处理如下：

借：银行存款　　　70 000

贷：拨缴经费收入　49 000

　　应付上级经费　21 000

【例 2】某基层工会收到本月行政拨缴工会经费 70 000 元，上级工会规定该基层工会年度上缴经费为 240 000 元，分摊到每个月为 20 000 元。

该基层工会的账务处理如下：

借：银行存款　　　70 000

贷：拨缴经费收入　50 000

　　应付上级经费　20 000

185. 工会经费税务代征后，基层工会该如何记账

工会经费由税务代征后，基层工会想要记好账，就必须了解目前税务代征的模式，明确自身工会属于哪种代收模式。目前税务代征常用两种模式：一是全额代收，按比例拨付；二是差额代收，仅代收属于地方总工会部分经费。

186. 需要考核下级上缴的工会经费时，怎样查看下级工会经费上缴情况

根据《工会会计制度》的规定，工会在收到下级工会上缴的工会经费时，按规定属于本级工会的部分，贷记“拨缴经费收入”科目；按规定应上缴上级工会的部分，贷记“应付上级经费”科目。因此，收到的下级工会上缴的工会经费已经做了拆分，仅看拨缴经费收入的贷方累计发生额是不行的，这只反映了工会本级即自己的收入，也就是下级上缴的一部分，还需要加上拆分的应付上级经费科目的贷方累计发生额。两者相加才是下级工会上缴的经费数额。

已经使用电算化的单位，在工会财务软件中，如果建立工会经费台账，可以用全选的方式，查看下属单位上缴的工会经费情况，那样更一目了然。

如图：

科目代码	科目名称	余额方向
221	应付上级经费	贷方
402	拨缴经费收入	贷方

全选

提交工会经费收入统计台账

2016年1月至2月

账套号：0000000012　账套单位：中国银行股份有限公司江苏分行工会

代码	单位名称	应收经费	1月发生额	2月发生额	合计
0001	徐州分行	0.00	8 000.00	9 000.00	17 000.00
0002	南通分行	0.00	10 000.00	0.00	10 000.00
合计		0.00	18 000.00	9 000.00	27 000.00

187. 工会上缴属于上级工会经费后怎样记账

上缴时，借记“应付上级经费”科目，贷记“银行存款”等科目。

188. 年底基层工会没有收到行政划拨的工会经费，但为了完成上级工会的考核，基层工会能上缴上级的工会经费吗

可以上缴属于上级的工会经费。按《工会会计制度》，“应付上级经费”科目期末贷方余额，反映工会应缴上级但尚未上缴的经费。借方余额（贷方负数）反映工会未收到经费但已上缴的经费。上缴时，借记“应付上级经费”科目，贷记“银行存款”等科目。

【例】某基层工会收到行政计提工会经费数目，但工会还没收到行政划拨的工会经费。按上级规定，年底还有应付上级经费 15 000 元没有完成上缴。

该基层工会的账务处理如下：

借：应付上级经费　15 000

贷：银行存款　　　15 000

189. “应付上级经费”账户年底可以有余额吗

无论是《工会会计制度》还是其他相关规定，均没有指明“应付上级经费”科目不能有余额。在《工会会计制度讲解》中也仅提到，应付上级经费不得长期挂账。因此，对于定额上缴的工会单位，除非上级工会有明文规定，没有明文规定应付上级经费必须清零的，可以应付上级经费不清零，作为下一年度的上缴经费额度使用。（按比例上缴工会经费的不存在清零的情况）。但对于有些个别单位没有明确上级工会组织的，只能先行挂账，待明确上级工会组织后再划拨补缴工会经费。这种未明确所在地地方总工会缴纳工会经费的情况比较少见，一般存在于金融、铁路、民航三大产业工会的基层工会组织。

190. “应付上级经费”账户年底有余额，可以将余额转入“拨缴经费收入”账户吗

根据《工会会计制度》，收到工会经费，借记“应收下级经费”“银行存款”科目，按规定属于本级工会的部分，贷记“拨缴经费收入”科目；按规定应上缴上级工会的部分，贷记“应付上级经费”科目。

上段文字中有两个关键字“规定”，规定是什么意思呢？规定即上级的规定，因为在 2004 年全国总工会“一改三策”中，《中华全国总工会关于调整工会经费上缴办法的通知》（总工办发〔2004〕9 号），把全国总工会对下考核由过去省级工会上缴 5% 比例，改为按指标上缴工会经费。各省级工会对下要求有的实行按过去的比例上缴工会经费，有的实行按定额上缴工会经费。规定的意思就是上级工会规定按比例上缴工会经费或规定按定额上缴工会经费，各地区实行既按比例又按定额上缴工会经费。

因此，如果上级工会按比例要求上缴工会经费，年底“应付上级经费”账户如

有余额，则视为应缴未缴经费，是负债，不能将其余额转入本级的“拨缴经费收入”账户。如果上级工会按定额要求上缴工会经费，则年底“应付上级经费”账户如有余额，可视为在拆分时多拆的工会经费。可将其余额转入本级的“拨缴经费收入”账户。

191. 工会经费收入仅指拨缴经费收入吗

根据《工会法》第四十三条的规定，可知工会经费的来源有：

（一）工会交纳缴纳的会费；

（二）建立工会组织的用人单位按每月全部职工工资总额的百分之二向工会拨缴的经费；

（三）工会所属的企业、事业单位上缴的收入；

（四）人民政府的补助；

（五）其他收入。

又根据《中国工会章程》第三十六条，可知工会经费的来源有：

（一）会员缴纳的会费；

（二）企业、事业单位、机关和其他社会组织按全部职工工资总额的 2% 向工会拨缴的经费或者建会筹备金；

（三）工会所属的企业、事业单位上缴的收入；

（四）人民政府和企业、事业单位、机关、社会组织的补助；

（五）其他收入。

根据《中华全国总工会、国家国有资产管理局关于工会资产界定与管理有关问题的通知》（工总财字〔1993〕66 号）文件的规定，工会经费包括会员缴纳的会费、行政按国家规定拨缴的工会经费、政府及行政方面的补助、工会所属企事业收入、社会捐赠和外国援助等其他收入。

因此，工会经费不仅仅指拨缴经费收入。

192. 工会经费计提的基数是应发工资还是实发工资

根据国家统计局办公室《关于印发 1999 年劳动统计年报新增指标解释及问题解答的通知》（国统办字〔1999〕106 号）的规定，单位从个人工资中直接为其代扣代缴的社会保险费、所得税、住房公积金以及其他各类扣款都应计入工资统计。因此，企业应按照上述规定，即按应发工资总额，作为拨缴工会经费计提基数。

193. 行政部门拨付工会经费后，行政财务如何记账

对于建立工会组织的企业，按工资总额的 2% 拨缴工会经费；会计核算执行会计制度的企业，企业按工资总额的 2% 计提工会经费。在计提时借记“管理费用——工会经费”科目，贷记“其他应付款——工会经费”科目；按比例划拨工会经费时，借记“其他应付款——工会经费”科目，贷记“银行存款”科目。

执行会计准则的企业，遵循《企业会计准则第 9 号——职工薪酬》的规定，企业会计准则取消了“应付工资、应付福利费”等会计科目，使用新会计科目“应付职工薪酬”，通过“应付职工薪酬”核算的工会经费，按照受益对象分摊计入成本费用。企业支付工会经费，借记“应付职工薪酬”科目，贷记“银行存款”等科目。计提工会经费时（工资总额的 2%），借记“管理费用——应付职工薪酬”科目，贷记“其他应付款——工会经费”科目。拨缴时，借记“其他应付款——工会经费”科目，贷记“银行存款”科目。

194. 工资总额在行政会计账务上的核算科目是什么

根据财政部 2014 版的《企业会计准则第 9 号——职工薪酬》，从广义的角度上将职工薪酬定义为企业为获得职工提供的服务或解除劳动关系而给予各种形式的报酬或补偿。也就是说，从性质上看，凡是企业为获得职工提供服务给予或付出的各种形式的对价都属于职工薪酬，从而构成企业对职工的一项“负债——应付职工薪酬”。

“应付职工薪酬”下按二级科目进行明细核算，包括“工资”“职工福利费”“社

保险费”“住房公积金”“工会经费”和“职工教育经费”，等等。其中“应付职工薪酬——工资”科目核算职工工资、奖金和津贴等，这个科目（或“应付工资”）在工资发放、分配的核算中，起到了归集和分配工资总额的作用。该科目每月贷方发生额一般作为企业提取工会经费的依据。

在要求企业行政依法计提工会经费时，要注意“应付职工薪酬——工资”科目核算的内容并不全面，根据国家统计局关于工资总额的定义，有一部分工资性质的支出没有通过该科目核算。财政部下发的《关于企业加强职工福利费财务管理的通知》（财企〔2009〕242号）中规定原职工福利费中发放给职工的各种货币性补贴，纳入“工资”核算内容。

原来在“职工福利费”中列支的属于工资性质的支出项目，调整到“工资”科目，会计核算的调整加大了计提工会经费的工资总额基数；税务部门和工会财务人员在进行工会经费拨缴检查时，要注意以下三个会计科目中是否有属于工资性质的内容：

（一）企业以实物（自产品）代替应给职工发放的工资，在“非货币性福利”科目核算，这是实物形式的劳动报酬，应纳入工资总额。如果企业以自产品（或外购商品）作为福利提供给职工，不属于工资总额内容。

（二）企业尚未分离的内设集团福利部门，如职工食堂、职工浴室、理发师、医务所、托儿所、疗养院和集体宿舍等部门工作人员的工资，在“应付职工薪酬——职工福利”科目核算，这些部门的工作人员同样是企业的职工，按照《劳动合同法》和国家统计局有关规定，其工资应纳入工资总额。

（三）还要注意有的企业通过“盈余公积”“利润分配”提取奖励后，直接支付给职工，而不通过“应付职工薪酬”账户。将管理部和销售人员的奖金通过“管理部门”或“销售费用”等科目，直接以现金形式发放，这些属于工资报酬性质，都要纳入计提工会经费的工资总额。

另外值得注意的是，计提工会经费的工资总额，是按照国家统计局规定计算的，而不是所得税条例中所说的工资薪金所得。税前扣除是指工会经费拨付到工会，并取得“工会经费专用收据”（一些地方实行税务代征的，以税票为扣除依据）为依据，这是与职工福利费、职工教育经费按实际发生额为税前扣除不同的地方。

Ⅶ 支出类

195. 基层工会有哪几项支出？按用途如何划分

基层工会支出科目按经济性质分为六项支出，即职工活动支出、职工服务支出、维权支出、业务支出、资本性支出、其他支出。

按用途划分为用于职工的、用于本级的及其他支出。用于职工的，有职工活动支出、职工服务支出、维权支出；用于本级的，有业务支出、资本性支出。

工会会计常讲的一句话：收入看来源，支出看用途。

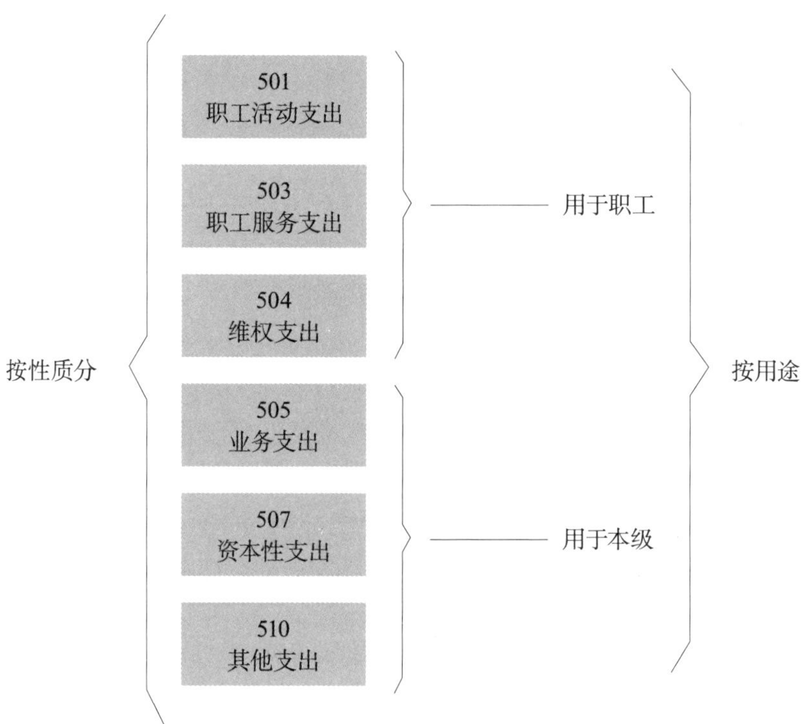

196. 如何规范操作，加强工会经费支出管理

一、经费支出有预算，做到程序上合规

《基层工会预算管理办法》第七条规定，基层工会预算由预算收入和预算支出组成。基层工会的全部收入和支出都应当纳入预算。

《工会预算管理办法》第十七条规定，基层工会负责编制本级工会预（决）算草案和预算调整方案，经本级经费审查委员会审查后，由本级工会委员会审批，报上级工会备案。

因此，基层工会应该把所有收入和支出纳入预算，并按照规定程序先经过经费审查委员会审查，本级工会委员会审批，再报上级工会备案，完成预算程序。

二、经费支出有制度，做到形式上合规

《工会财务会计管理规范》（总工办发〔2013〕20号）第七条规定，各级工会应当根据财务会计业务的需要，建立健全内部财务会计管理制度。主要包括：收支预算，决算制度，货币资金管理制度，票据管理制度，财务收支管理制度，专项资金管理制度，债权债务管理制度，账务处理程序制度，内部会计控制制度，经费定额管理制度，财产清查制度，财务会计分析制度，岗位责任制度，会计档案管理制度等。

三、经费支出有重点，做到内容上合规

《中华人民共和国工会法》第四十三条规定，工会经费主要用于为职工服务和工会活动。

四、经费支出有界限，做到实质上合规

（1）《中华全国总工会办公厅关于加强工会经费财务管理和审计监督切实管好用好工会经费的通知》（总工发〔2013〕51号）规定的“六项要求”。

①充分认识管好、用好工会经费的重要意义；

②始终坚持工会经费正确使用方向；

③严格工会经费预算管理；

④严格控制“三公”经费支出；

⑤切实强化工会经费审查审计监督；

⑥加大工会经费使用管理责任追究。

（2）《中华全国总工会办公厅关于印发〈基层工会经费收支管理办法〉的通知》（总工办发〔2017〕32号）规定的基层工会经费收支管理“六个原则”和经费支出范围“六个支出”与“八个不准”。

①六个原则：

A. 遵纪守法原则。基层工会应依据《中华人民共和国工会法》的有关规定，依法组织各项收入，严格遵守国家法律法规，严格执行全国总工会有关制度规定，严肃财经纪律，严格工会经费使用，加强工会经费收支管理。

B. 经费独立原则。基层工会应依据全国总工会关于工会法人登记管理的有关规定取得工会法人资格，依法享有民事权利、承担民事义务，并根据财政部、中国人民银行的有关规定，设立工会经费银行账户，实行工会经费独立核算。

C. 预算管理原则。基层工会应按照《工会预算管理办法》的要求，将单位各项收支全部纳入预算管理。基层工会经费年度收支预算（含调整预算）需经同级工会委员会和工会经费审查委员会审查同意，并报上级主管工会批准。

D. 服务职工原则。基层工会应坚持工会经费正确的使用方向，优化工会经费支出结构，严格控制一般性支出，将更多的工会经费用于为职工服务和开展工会活动，维护职工的合法权益，增强工会组织服务职工的能力。

E. 勤俭节约原则。基层工会应按照党中央、国务院关于厉行勤俭节约反对奢侈浪费的有关规定，严格控制工会经费开支范围和开支标准，经费使用要精打细算，少花钱多办事，节约开支，提高工会经费使用效益。

F. 民主管理原则。基层工会应依靠会员管好用好工会经费。年度工会经费收支情况应定期向会员大会或会员代表大会报告，建立经费收支信息公开制度，主动接受会员监督。同时，接受上级工会监督，依法接受国家审计监督。

②六个支出：

A. 职工活动支出是指基层工会开展职工教育活动、文体活动、宣传活动、劳模疗休养活动、会员活动等发生的支出。包括：

职工教育支出。核算基层工会用于开展政治、法律、科技、业务等专题培训和职工技能培训所需的教材资料、教学用品、场地租金等方面的支出，用于支付职工教育活动聘请授课人员的酬金，用于基层工会开展的职工素质提升补助和职工教育培训优秀学员的奖励。

文体活动支出。核算基层工会用于开展或参加上级工会组织的职工业余文体活动所需器材、服装、用品等购置、租赁与维修方面的支出以及活动场地、交通工具的租金支出等，用于文体活动优胜者的奖励支出，用于文体活动中必要的伙食补助费。

宣传活动支出。核算基层工会用于开展重点工作、重大主题和重大节日宣传活动所需的材料消耗、场地租金、购买服务等方面的支出，用于培育和践行社会主义核心价值观，弘扬劳模精神、劳动精神、工匠精神等经常性宣传活动方面的支出，用于基层工会开展或参加上级工会举办的知识竞赛、宣讲、演讲比赛、展览等宣传活动的支出。

劳模职工疗休养支出：核算基层工会用于组织和开展劳动模范与先进职工疗休养活动的公杂费等补助。

会员活动支出：核算基层工会用于组织会员观看电影、文艺演出、开展春游秋游，为会员购买当地公园年票等的支出；用于基层工会在重大节日（传统节日）和会员生日、婚丧嫁娶、退休离岗的慰问支出。

其他活动支出：核算基层工会用于开展其他活动的各项职工活动支出。

B. 职工服务支出是指工会开展职工劳动和技能竞赛活动、职工创新活动、建家活动、职工书屋、职工互助保障、心理咨询等工作发生的支出。

劳动和技能竞赛活动支出：核算工会组织开展合理化建议、技术革新、发明创造、岗位练兵、技术比武、技术培训等劳动和技能竞赛活动支出及其奖励支出。

建家活动支出：核算工会组织建设、建家活动方面的支出。

职工创新活动支出：核算工会开展的劳模和工匠人才创新工作、职工创新工作活动发生的支出。

职工书屋活动支出：核算工会为建设职工书屋而发生的图书购置以及维护的支出。

其他服务支出：核算工会组织和开展会员和职工普惠制服务、心理咨询、互助保障等其他方面的职工服务支出。

C. 维权支出是指工会用于维护职工权益的支出，包括劳动关系协调、劳动保护、法律援助、困难职工帮扶、送温暖和其他维权支出。

劳动关系协调支出：核算工会用于推进创建劳动关系和谐企业活动、加强劳动争议调解和队伍建设、开展劳动合同咨询活动、集体合同示范文本印制与推广等方面的支出。

劳动保护支出：核算工会用于开展群众性安全生产和职业病防治活动、加强群众安全监督检查员队伍建设、开展职工心理健康维护等以促进安全健康生产、保护职工生命安全为宗旨开展的职工劳动保护发生的支出。

法律援助支出：核算工会用于向职工群众提供法律咨询、法律服务等发生的支出。

困难职工帮扶支出：核算工会用于对困难职工提供资金和物质帮助等发生的支出。

送温暖支出：核算工会用于开展春送岗位、夏送清凉、金秋助学和冬送温暖等活动发生的支出。

其他维权支出：核算工会用于补助职工等其他方面的维权支出。

D. 业务支出是指工会培训工会干部、加强自身建设及开展业务工作发生的各项支出。

培训支出：核算工会用于开展工会干部和积极分子培训发生的支出。

会议支出：核算工会用于工会会员大会或会员代表大会、委员会、常委会、经费审查委员会以及其他专业工作会议的各项支出。

专项业务支出：核算工会用于开展组织建设、专题调研、专项工作、劳模津贴、劳模专项补助、扶贫活动及外事活动的支出。

其他业务支出：核算工会发生的不属于以上业务开支的其他业务支出，如工会用于发放兼职工会干部和专职社会化工会工作者补贴的支出等。

E. 资本性支出是指基层工会从事建设工程、设备工具购置、大型修缮和信息网络购建而发生的实际支出。

房屋建筑物购建：核算工会用于购买、自行建造办公用房、仓库、食堂等建筑物（含附属设施，如电梯、通信线路、电缆、水气管道等）的支出。

办公设备购置：核算工会购置纳入固定资产核算范围的办公家具和办公设备的支出。

专用设备购置：核算工会购置具有专门用途、纳入固定资产核算范围的各类专用设备的支出。

交通工具购置：核算工会用于购置各类交通工具的支出（含车辆购置税）。

大型修缮：核算工会各类设备、建筑物等的大型修缮支出。

信息网络购建：核算工会用于信息网络方面的支出，如计算机硬件、软件购置、开发、应用支出等。购建的计算机硬件、软件等不符合固定资产、无形资产确认标准的，不在此科目核算。

其他资本性支出：核算工会上述科目中未包括的其他资本性支出。

F. 其他支出是指基层工会除上述支出以外的各项支出，如资产盘亏、资产处置净损失、捐赠支出、汇兑损益以及按规定计提有关专用基金等。

③八个不准：

A. 不准使用工会经费请客送礼。

B. 不准违反工会经费使用规定，滥发奖金、津贴、补贴。

C. 不准使用工会经费从事高消费性娱乐和健身活动。

D. 不准单位行政利用工会账户，违规设立“小金库”。

E. 不准将工会账户并入单位行政账户，使工会经费开支失去控制。

F. 不准截留、挪用工会经费。

G. 不准用工会经费参与非法集资活动，或为非法集资活动提供经济担保。

H. 不准用工会经费报销与工会活动无关的费用。

197. 工会财务工作经费开支范围有哪些

根据全国总工会财务部《关于印发〈关于工会财务工作经费开支范围的规定〉〈关于工会经审工作经费开支范围的规定〉的通知》（工财发〔2014〕43号）文件的规定，财务工作经费开支范围包括：

（一）财务制度建设和调研工作经费：主要用于开展工会财务工作专项调研，包括召开有关业务工作会议、座谈会以及调研工作等。

（二）财务检查工作经费：主要用于对本级工会所属单位和下级工会开展财务检查工作。

（三）财会人员培训经费：主要用于本级和下级工会财会人员培训工作，包括培训费、讲课费、住宿费、伙食费、学杂费、资料印刷费、课件制作费等。

（四）开展税务代收工会经费、财政划拨工会经费作为工作经费。

（五）财会软件开发与应用经费：主要用于工会财会软件的开发、维护、升级和财务数据网络传输等。

（六）补助工会会计学会的业务活动经费。

（七）聘请会计师事务所、资产评估事务所等中介机构经费。

（八）财会业务经费：

（1）财务票证购领费：主要用于涉及工会财务业务票证购领、印制、邮寄、分发，以及银行票据购领等。

（2）财会业务设备用品购置费：主要用于购置必要的财会业务设备、用品等。

（3）财务业务资料费：主要用于购置工会财务业务建设所需业务书刊、资料，如与工会财务工作相关的文件汇编、业务书籍等，订阅工会财会方面的报纸杂志等。

（九）财务竞赛工作经费：主要用于有关财务竞赛工作的评选奖状证书制作及邮寄等。

（十）其他财务工作所需经费。

198. 工会经审工作经费开支范围有哪些

根据全国总工会财务部《关于印发〈关于工会财务工作经费开支范围的规定〉〈关于工会经审工作经费开支范围的规定〉的通知》（工财发〔2014〕43号）文件的规定，工会经审工作经费开支范围包括：

（一）审查审计工作经费：主要用于开展审计、审计调研、专项检查等工作所需经费。包括支付聘请社会中介机构、特邀审计员、经审互审活动发生的经费，审计差旅费、交通费，对相关审计业务的论证咨询等费用。

（二）经审工作制度建设和调研工作经费：主要用于开展工会经审工作制度研究、专项调研、工作督导、规范化建设考核及有关业务工作会议和座谈会所需的工作经费。

（三）经审干部培训经费：主要用于对本级和下级工会经审人员培训工作经费。包括培训费、讲课费、住宿费、伙食费、学杂费、资料印刷费和课件制作费等。

（四）工会审计软件开发与应用经费：主要用于工会审计软件的购买、开发、应用、维护、升级、技术服务和网络数据传输和数据库管理等费用。

（五）业务资料费：主要用于购置工会经审业务建设所需的业务书刊、资料。包括与工会经审工作相关的书籍、报纸、文件汇编、论文选编及工会经审信息的编审印刷邮寄等费用。

（六）设备及办公用品购置费：主要用于购置必备的经审工作设备、工具、办公用品等。

（七）经审工作规范化建设考核、优秀审计项目评选等以及奖牌、奖状证书的制作及邮寄费等。

（八）支付审计学会、协会的会费。

（九）其他经审工作所需的经费。

199. 经审工作经费在哪个科目中列支

根据《工会会计制度》和全国总工会工会财务部《关于印发〈关于工会财务工作经费开支范围的规定〉〈关于工会经审工作经费开支范围的规定〉的通知》（工财发〔2014〕43号）文件，工会经审工作经费在“业务支出——专项业务支出”会计科目中列支。

【例】2022年8月，某基层工会经审干部参加审计厅组织的审计业务培训班，用现金支付培训费1 000元。

该市基层工会的账务处理如下：

借：业务支出——专项业务支出　1 000

贷：库存现金　1 000

200. 审计人员要加班到今天晚上8点，我们可以给他们订盒饭吗

根据《全总经审会关于进一步加强审计纪律的规定》（工审会字〔2009〕2号）：不准参加被审计单位安排的宴请、旅游和娱乐活动。

又根据《审计署关于加强审计纪律的八项规定》：不准由被审计单位支付或补贴住宿费、餐费。

201. 各地区、各产业工会、各基层工会发放奖励的标准是什么

部分省份工会其他福利项目标准

省份	文件号	发文日期	优秀学员奖励标准	文艺会演、体育比赛奖励标准，购买服装标准	优秀工会干部和积极分子奖励标准	误餐费补助	春游、秋游和观看电影的会费补贴限额	说明
福建	闽工〔2018〕158号	2018.12.10	按照参加培训人员的10%评选优秀学员并给予优秀学员每人不超过300元的奖金或奖品	不得超过项目参与人数的三分之二。最高名次奖励每人不超过500元。不设置奖项的文体活动，可为参加人员发放人均不超过100元的纪念品。全年文体活动奖励（含纪念品）总金额不得超过当年全部职工人均800元。服装每次每人不超过800元，全年举办文体比赛购买服装总金额不得超过当年全部职工人均500元	五年时间限二次，表彰人数控制在单位总会员数的15%以内，奖金或奖品每人不超过500元	每餐每人不超过50元(含活动用食材)，工作餐费不得以现金形式发放	弥补部分不超过基层工会当年会费收入的三倍	行政经费不得补助
浙江	浙总工发〔2018〕11号	2018.2.1	优秀学员的比例控制在参加教育培训人员的10%以内。实行物质激励的每人不超过300元	参加上级活动每人不超500元，基层自行组织活动每人两年不超600元。文体活动奖励不超参加人数的三分之二，个人最高600元，集体最高400元。基层组织不设置奖项的文体活动每人不超100元纪念品	无明确规定	早餐不超过20元，中餐和晚餐分别不超过40元，每天不超过100元	最高支出不超过基层工会当年会费收入的四倍	

（续表）

省份	文件号	发文日期	优秀学员奖励标准	文艺会演、体育比赛奖励标准，购买服装标准	优秀工会干部和积极分子奖励标准	误餐费补助	春游、秋游和观看电影的会费补贴限额	说明
北京	京工办发〔2019〕1号	2019.1.4	无明确规定	职工体育活动为参赛者购置服装每三年购置一次且人均不超过1000元。活动奖品不超过500元/人。不设置奖项的，可发放不超过100元/人的参与奖。	无明确规定	无明确规定	弥补部分不超过基层工会当年会费收入的三倍	
四川	川工发〔2018〕6号	2018.1.23	奖励应控制在学员总数的10%以内，奖励金额应控制在每人300元以内	最高等次奖励标准控制在每人300元以内；未设置奖项的可发放不超过100元的纪念品；确须购置服装的，人均每两年不超过800元	表彰比例不超过单位会员总数的15%，每人每次奖金或者奖品不超过300元	费用不得超过当地差旅费中伙食补助标准	弥补部分不超过基层工会当年会费收入的三倍	
江西	赣工发〔2018〕1号	2018.2.2	奖励人数不超过参训人数的15%，物质奖励每人不超过300元	团体奖：一等奖人均不超过300元，二等奖不超过150元，三等奖人均不超过100元。个人奖：一等奖人均不超过400元，二等奖不超过200元，三等奖人均不超过100元。不设置奖项的为不超过100元的纪念品；服装人均不超过500元。基层举办文体活动人均不超过500元每年限一次，参加省级工会及以上人均不超过600元	每两年时间限一次。基层工会评选表彰，表彰数占单位总会员数的15%内，每人奖金（或奖品）不超过500元；县以上各级工会评选表彰基层工会的，每人奖金（或奖品）不超过800元	早餐不超过20元，中、晚餐各不超过40元，每人每天不超过100元	春、秋游每人每天不超过200元；观看电影每季度可组织一次至二次，购发电影票券每人每季不超过100元	会费不足部分可以用工会经费弥补，弥补部分不超过基层工会当年会费收入的三倍

（续表）

省份	文件号	发文日期	优秀学员奖励标准	文艺会演、体育比赛奖励标准，购买服装标准	优秀工会干部和积极分子奖励标准	误餐费补助	春游、秋游和观看电影的会费补贴限额	说明
内蒙古	内工发〔2018〕6号	2018.3.14	奖励人数不超过参训人数的15%，奖励金额最高不超过300元/人	奖励范围不超过参与人数的三分之二，奖金（奖品）人均不超过300元；不设置奖项的，可为每位参加人员发放价值不超过100元的纪念品；确须购置的，每年限购一次，参加人员平均不超过500元；参加旗县（市区）及以上工会举办的重大文体比赛，每年可增购一次，参加人员平均不超过600元	表彰人数不超过本单位会员总数的10%，奖金（或奖品）每人不超过500元	标准参照当地差旅费中的伙食补助标准	会费不足部分可以用工会经费弥补，弥补部分不超过基层工会当年会费收入的三倍	当年工会经费拨缴经费收入的30%以内
海南	琼工发〔2018〕2号	2018.1.23	无明确规定	奖励范围不得超过参与人数的三分之二，奖金500元；纪念品100元。每年每人限购一次，且价值不超过600元。参加上级工会举办的文体活动，可按活动要求购置	无明确规定	发放的标准参照当地或本系统、本单位工作餐的标准，并符合中央和当地关于厉行节约、反对浪费的相关规定	会费不足部分可以用工会经费弥补，弥补部分不超过基层工会当年会费收入的三倍	部分省份工会其他福利项目标准

（续表）

省份	文件号	发文日期	优秀学员奖励标准	文艺会演、体育比赛奖励标准，购买服装标准	优秀工会干部和积极分子奖励标准	误餐费补助	春游、秋游和观看电影的会费补贴限额	说明
广东	粤工总〔2018〕5号	2018.1.28	奖励金一般每人不超过300元。奖励人数一般不超过参加人数的30%	奖励范围不得超过参与人数的三分之二。其中，个人项目奖品（奖金）标准一般每人不超过800元，团体项目奖品（奖金）标准一般每人不超过500元。不设置奖项的，可为参加人员发放参与纪念品，标准一般每人不超过100元。服装人均标准一般不超过500元，且每两年购置一次	表彰数应控制在单位会员总数的30%以内。奖金和奖品总额标准一般不超过500元	因参加文体活动而误餐的工会干部和工会会员可给予伙食补助费，标准按同级财政规定标准执行	无明确规定	
山西	晋工发〔2017〕67号 晋工发〔2017〕73号 晋工办〔2018〕17号	2018.4.16	无明确规定	基层工会个人一等奖不超过500元，团体项目一等奖人均不超过300元。乡镇以上工会个人项目一等奖不超过1000元，团体一等奖人均不超过500元。参与奖不超过100元。服装每三年购置一次且不超过1000元	省总工会奖励标准为2000元/人，市县级工会奖励标准由各级工会研究确定	工作餐费标准每人每天不超过100元，一餐不超过50元/人	实际结算金额每人每年不超过200元	
民航工会	民航工发〔2019〕34号	2019.9.2	参训人员20%以内，优秀学员物质奖励每人不超过300元	最高名次个人或团体项目人均不超过800元，其他名次递减。纪念品不超过200元。购置服装标准每人不超过800元	优秀工会干部控制在10%，奖励标准每人不超过800元；工会积极分子控制在10%，奖励标准每人不超过500元	青海新疆、西藏地区：120元/人/天，其他地区人：100元/天。早、中、晚餐费用比例一般为2：4：4	会费不足部分可以用工会经费弥补，弥补部分不超过基层工会当年会费收入的三倍	

202. 发放奖励的账务处理怎么做

一、职工教育培训优秀学员的奖励

借：职工活动支出——职工教育支出

贷：库存现金或银行存款

二、文体活动优胜者的奖励

借：职工活动支出——文体活动支出

贷：库存现金或银行存款

三、劳动和技能竞赛活动支出及其奖励支出

借：职工服务支出——劳动和技能竞赛活动支出

贷：库存现金或银行存款

四、优秀工会干部和积极分子的奖励

借：业务支出——其他业务支出

贷：库存现金或银行存款

提示：发放奖励一般和整个活动或项目放在一起，比如举办羽毛球比赛，把整个羽毛球比赛所花费的费用和发放的奖金合在一起做分录。

借：职工活动支出——文体活动支出

贷：库存现金或银行存款

203. 工会开展哪些活动或业务可以发放个人奖励

《基层工会经费收支管理办法》（总工办发〔2017〕32号）规定，共有四处可以发放奖励的地方：

（一）职工教育培训优秀学员的奖励。

（二）文体活动优胜者的奖励。

（三）劳动和技能竞赛活动及其奖励支出。

（四）优秀工会干部和积极分子的奖励。

提示：以物质奖励为辅，以精神奖励为主。奖励的标准按上级工会规定的标准执行。上级工会无标准时，可以根据《中华全国总工会办公厅关于印发〈基层工会经费收支管理办法〉的通知》（总工办发〔2017〕32号）的文件精神，在不违反国家法规政策的前提下制定标准并通过会员代表大会或工会委员会和经费审查委员会审议通过后执行。

204. 工会的财务工作、经审工作能发放奖励吗

根据《中华全国总工会办公厅关于停止执行〈增收留成基金管理办法〉〈财务专用基金管理办法〉和〈经审专用经费管理办法〉的通知》（厅字〔2014〕14号）的规定，各级工会的财务工作、经审工作不得发放奖励。

205. 单位先进个人奖励是否可从工会经费列支

根据《基层工会经费收支管理办法》的规定，共有四处可以发放奖励的地方：职工教育培训优秀学员的奖励；文体活动优胜者的奖励；劳动和技能竞赛活动及其奖励支出；优秀工会干部和积极分子的奖励。因此，单位评选的年度先进个人奖励应由单位行政支出，又根据“谁评奖、谁发奖”的原则，工会经费不可以列支该费用。

提示：上述支出是否可以从单位行政列支以及奖励标准等，应根据行政有关规定执行。但也有要求、提倡对获奖选手或代表队由基层配比奖励的先例，如对全国技能大赛的冠军等，一般配比奖励都是要求行政方进行奖励，要求基层工会奖励的较少。

206. 参加上级行政或其他社团组织举办的业务技能知识竞赛个人获奖，工会能给个人发放奖金吗

不能，理由同上一回答。

207. 工会发的奖品、纪念品可以不列支库存物品科目吗

根据《工会会计制度》附录 1《工会会计科目和财务报表》第三部分“会计科目使用说明”141“库存物品科目”的规定，工会随买随用的物品，可以在购入时直接计入支出，不通过本科目核算。

因此，对于工会举办活动发的奖品、纪念品如果是随买随用，可以不列支库存物品科目。

208. 工会组织会议可以发放纪念品吗

根据财政部关于印发《中央和国家机关会议费管理办法》的通知第二十七条规定，不得组织会议代表旅游和与会议无关的参观；严禁组织高消费娱乐、健身活动；严禁以任何名义发放纪念品；不得额外配发洗漱用品。

209. 职工活动支出和职工活动组织支出的区别

基层工会组织本级工会的会员开展的各项活动，在“职工活动支出”科目里列支；组织下级工会开展辖内的活动，在“职工活动组织支出”科目里列支。

210.“逢年过节”有几个节假日？购买慰问品的原则是什么

《基层工会经费收支管理办法》（总工办发〔2017〕32 号）第八条规定，“逢年过

节”的年节是指国家规定的7个法定节假日（即春节、清明节、五一劳动节、端午节、中秋节、国庆节和元旦）和经自治区以上人民政府批准设立的少数民族节日。法定节假日为会员发放节日慰问品。

慰问品原则上要购买符合中国传统节日习惯的用品和职工群众必需的一些生活用品等，但必须遵守纪检部门关于传统节日禁发相关慰问品的规定。

211.“逢年过节”的慰问品在哪个科目中列支

根据《工会会计制度》文件的规定，“会员活动支出”科目核算基层工会用于组织会员观看电影、文艺演出、开展春游秋游，为会员购买当地公园年票等的支出；用于基层工会在重大节日（传统节日）和会员生日、婚丧嫁娶、退休离岗的慰问支出。

因此，逢年过节的慰问品在“职工活动支出——会员活动支出”会计科目中列支。

212.怎样采用灵活便捷的方式发放节日慰问品

《基层工会经费收支管理办法》规定，“基层工会可结合实际采取便捷灵活的发放方式”，又把“八个不准”第一条修改为“不准使用工会经费请客送礼”，是不是意味着基层工会逢年过节发放的节日慰问，可以采用发放购物卡、代金券或现金等形式？这是不对的。对于购物卡或现金，许多省级工会细则文件中明确写明不准发放。但在实际发放物品中，又存在这样那样的问题，比如签字问题，一些比较人的单位，本人签字确实比较困难；比如台账问题，购买节日慰问品明细台账问题；比如满足会员不同需求问题等。本来大型网上商城是一个很好的解决平台，但是一般商城很难提供购买物品台账，集中提供发票又比较困难，签字更是难上加难。因此，一个专做员工福利的平台“工福云工惠”应运而生，它不仅集中了京东商城、中粮我买网、本来生活、网易严选等大型网上商城，而且筛除了不符合规定的一些物品，比如烟、酒、豪华月饼等党风廉政建设不允许购买的物品。它能响应集采招标，能提供员工自行提取慰问品台账，还能集中开具发票，更神奇的是还能提供每位员工提取慰问品后的电子签名，既满足了员工的多样性需求，又能让工会合规、便宜地工作。

213. 企业职工福利费和工会发放的节日慰问品有何区别

自《中华全国总工会办公厅关于印发〈基层工会经费收支管理办法〉的通知》（总工办发〔2017〕32号）文件发放以来，很多企业对工会的慰问品和企业的福利理解不是很清晰，下文列明哪些是企业的福利，哪些是工会的福利，以示区别。

根据《财政部关于企业加强职工福利费财务管理的通知》（财企〔2009〕242号）文件，企业职工福利费是指企业为职工提供的除职工工资、奖金、津贴、纳入工资总额管理的补贴、职工教育经费、社会保险费和补充养老保险费（年金）、补充医疗保险费及住房公积金以外的福利待遇支出，包括发放给职工或为职工支付的以下各项现金补贴和非货币性集体福利。

（一）为职工卫生保健、生活等发放或支付的各项现金补贴和非货币性福利。包括职工因公外定就医费用、暂未实行医疗统筹企业职工医疗费用、职工供养直系亲属医疗补贴、职工疗养费用、自办职工食堂经费补贴或未办职工食堂统一供应午餐支出、符合国家有关财务规定的供暖补贴、防暑降温费等。

（二）企业尚未分离的内设集体福利部分所发生的设备、设施和人员费用。包括职工食堂、职工浴室、理发室、医务所、托儿所、疗养院、集体宿舍等集体福利部门设备、设施的折旧、维修保养费用以及集体福利部门工作人员的工资薪金、社会保险费、住房公积金、劳务费等人工费用。

（三）职工困难补助，或者企业统筹建立和管理的专门用于帮助、救济困难职工的基金支出。

（四）离退休人员统筹外费用。包括离退休人员大额医疗费及离退休人员其他统筹外费用。

（五）按规定发生的其他职工福利费。包括丧葬补助费、抚恤费。职工异地安家费、独生子女费、探亲假路费等。

工会发放的福利指逢年过节向工会会员发放的节日慰问品。慰问品指符合中国传统节日习惯的用品和职工群众必需的一些生活用品等，以及对个人和家庭的困难补助和职工过生日的慰问等。

另外，还需要注意职工福利费和工会福利的一些不同，具体见下表。

职工福利费和工会福利区别

职工福利费	工会经费发放的福利
企业在税前列支的不超过工资总额的14%	企业在税前列支的工资总额的2%
用于职工集体福利和个人福利	用于服务工会会员
使用应付职工薪酬科目，发生时直接计入管理费用	工会经费支出的八个科目中无“福利费”一项，根据《工会会计制度》文件规定，职工集体福利支出在“职工活动支出——会员活动支出”科目中核算

214. 逢年过节发放的节日慰问品、生日蛋糕在哪个科目中列支

根据《工会会计制度》，会员活动支出核算基层工会用于组织会员观看电影、文艺演出、开展春游秋游，为会员购买当地公园年票等的支出；用于基层工会在重大节日（传统节日）和会员生日、婚丧嫁娶、退休离岗的慰问支出。

因此，节日慰问和蛋糕在“职工活动支出——会员活动支出”科目中核算。

215. 三八妇女节、五四青年节、六一儿童节、八一建军节、九九重阳节能发放节日慰问品吗

《基层工会经费收支管理办法》文件规定，基层工会逢年过节可以向全体会员发放节日慰问品。逢年过节的年节是指国家规定的法定节日（即新年、春节、清明节、劳动节、端午节、中秋节和国庆节）和经自治区以上人民政府批准设立的少数民族节日。三八妇女节、五四青年节、六一儿童节、八一建军节、九九重阳节为非法定节日，因此，不能直接发放节日慰问品，但工会可以通过组织活动根据规定发放奖品或少量纪念品。

虽然按《中华全国总工会〈关于加强新时代工会女职工工作的意见〉的通知》

（总工发〔2022〕5号）文件的规定，基层工会开展职工子女托管、托育以及六一儿童节慰问活动等职工子女关爱服务所需经费，可从工会经费中列支，但是此处所指的是组织活动的费用，而非直接发放慰问品的费用。

根据《基层工会经费收支管理办法》相关规定，文体活动支出，用于基层工会开展或参加上级工会组织的职工业余文体活动所需器材、服装、用品等购置、租赁与维修方面的支出以及活动场地、交通工具的租金支出等，用于文体活动优胜者的奖励支出，用于文体活动中必要的伙食补助费。文体活动奖励应以精神鼓励为主、物质激励为辅。奖励范围不得超过参与人数的三分之二；不设置奖项的，可为参加人员发放少量纪念品。文体活动中开支的伙食补助费，不得超过当地差旅费中的伙食补助标准。

因此，基层工会组织上述节日文体活动，在活动方案设置奖项的，奖励范围不得超过参与人数的三分之二；不设置奖项的，则可为参加人员发放少量纪念品，因比赛活动特殊需要，可以安排工作餐，伙食费标准不得超过当地差旅费伙食补助标准。

在活动安排时应注意执行上级或本级工会规定的文体活动开支范围、标准。

216. 会员过生日时，基层工会能做什么？有何标准

《基层工会经费收支管理办法》规定，基层工会可向会员送生日蛋糕，也可向会员发放指定蛋糕店的领取蛋糕券。务必按每人不超过当地总工会或上级工会的标准发放。

217. 工会能给会员的家属购买蛋糕或发放蛋糕券吗

《基层工会经费收支管理办法》规定，用于基层工会逢年过节和会员生日、婚丧嫁娶、退休离岗的慰问支出等。文件中明确说明了是“会员生日”，因此非为会员本人不能购买蛋糕或发放蛋糕券。

218. 各地区发放节日慰问、生日蛋糕、奖励费等标准是多少

标准见下表。

部分省份工会职工节日慰问和生日慰问标准

省份	文件号	发文日期	福利比例(%)	全年节日慰问总额最高标准	生日慰问最高标准	说明
福建	闽工〔2018〕158号	2018.12.10	无	1 800元	300元	不足部分可向行政申请经费补助
浙江	浙总工发〔2018〕11号	2018.2.1	总额不超过拨缴经费收入的60%	1 500元	300元	
北京	京工办发〔2019〕1号	2019.1.4	不高于本级工会经费预算收入的50%	无明确规定	300元	
四川	川工发〔2018〕6号	2018.1.23	无	2 100元	300元	
江西	赣工发〔2018〕1号	2018.2.2	无	2 100元	300元	
内蒙古	内工发〔2018〕6号	2018.3.14	无	1 500元	300元	
海南	琼工发〔2018〕2号	2018.1.23	无	年度总额不超1 500元，单次不超过500元	慰问标准人均不得超过200元	
广东	粤工总〔2018〕5号	2018.1.28	经费预算支出的30%左右，最高不超过40%，或者会留成经费的50%以内	2 500元	400元	
山西	晋工发〔2017〕67号	2017.9.15	无	1 500元	300元	
民航工会	民航工发〔2019〕34号	2019.9.2	无	总额不超过2 000元	300元	

219. 类似生日蛋糕、优秀学员奖励，慰问困难职工等开支，上级工会无标准时怎么办

上级工会有标准时，按上级工会的标准执行；上级工会无标准时，也可以根据《中华全国总工会办公厅关于印发〈基层工会经费收支管理办法〉的通知》（总工办发〔2017〕32号）的文件精神，在不违反国家法规政策的前提下制定标准并通过会员代表大会或工会委员会和经费审查委员会审议通过后执行。

220. 基层工会购买的支票费用在哪个科目中列支

根据中华全国总工会财务部关于行政支出科目基层工会不能列支的说明，基层工会购买支票在“业务支出——其他业务支出”会计科目中列支。

【例】某基层工会向银行购买支票费用为30元，用现金支付。

该基层工会的账务处理如下：

借：业务支出——其他业务支出　30元

贷：库存现金　30元

221. 基层工会能使用行政支出科目吗

不能。理由同上一回答。

222. 基层工会权益保障金需要计提吗

《中华全国总工会办公厅关于停止执行〈增收留成基金管理办法〉〈财务专用基金管理办法〉和〈经审专用经费管理办法〉的通知》（厅字〔2014〕14号）第一条规定，不再按一定比例提取财务专用基金、增收留成基金，不再按一定比例掌握使用经审专用经费。但文件中并没有取消权益保障金，因此，权益保障金需要按一定比例提取。又根据全国总工会财务部《关于做好权益保障金年末余额管理的通知》（工财字

〔2012〕34 号）文件的规定，当各级工会的权益保障金年末余额达到全国总工会不低于 400 万元、省级工会不低于 200 万元、地（市）级工会不低于 120 万元、县（区）级工会不低于 50 万元的标准内，除特殊情况，一般可不再提取。

以上两个文件都没有提到基层工会需要提取权益保障金，所以基层工会一般不提取权益保障金。

提示：权益保障金是用来干吗的？权益保障金主要用于工会主席权益受到侵害（比如企业工会主席在维护职工权益时遭到打击报复、伤害等）时，上级工会给予的补偿或权益保障金（补偿标准可参考《企业工会主席合法权益保护暂行办法》总工办发〔2007〕32 号文件）。

223. 工会送温暖还能直接给现金吗

根据中华全国总工会办公厅《关于在 2016 年元旦春节送温暖期间严格资金管理使用的通知》，全国总工会及各地工会送温暖资金管理的有关规定，送温暖资金要通过银行卡（存折）发放。

春节期间负责人走访慰问，是体现党、体现工会组织对困难职工的一种关怀。按文件通过银行卡（存折）发放，虽然也能体现组织对困难职工的关怀，但困难职工互动就会减少，工会应该怎么办呢？某工会的一种做法值得借鉴。在慰问前，工会工作人员打印一张写着送温暖资金的卡装在信封里，由慰问的负责人亲手递给困难职工，卡上写明慰问金多少，找谁联系，需要提供什么资料（如银行卡账号和身份证号码等），慰问金几日内拨付到位等。

224. 冬送温暖能否为一线员工购置羽绒衣防寒

根据《工会送温暖资金使用管理办法（试行）》的通知（总工发〔2018〕39 号）送温暖慰问对象包含长期在高（低）温、高空、有毒有害等环境中和苦脏累险艰苦行业岗位上工作的一线职工。

225. 丧葬费、花圈费该由谁承担

《财政部关于企业加强职工福利费财务管理的通知》（财企〔2009〕242号）第一条第五项，按规定发生的其他职工福利费，包括丧葬费、抚恤费、职工异地安家费、独生子女费和探亲假路费等。因此，丧葬费应该在“企业职工福利费”中列支。

> 提示：工会可以协助做些辅助性的工作，按规定给予一定的慰问。

226. 怎样正确理解春秋游

根据《基层工会经费收支管理办法》的规定，基层工会可以用会员会费组织会员观看电影、文艺演出和体育比赛等，开展春游秋游，为会员购买当地公园年票。会费不足部分可以用工会经费弥补，弥补部分不超过基层工会当年会费收入的三倍。

基层工会组织会员春游秋游应当日往返，不得到有关部门明令禁止的风景名胜区开展春游秋游活动。按规定，当会费不足时可以用工会经费弥补，弥补部分，一般不超过会费收入的三倍。比如会费收入是10万元，一年内，春秋游和看电影、文艺演出、体育比赛和购买公园年票，加起来最多不能超过40万。所以建议春秋游可以改为体育活动，比如到户外举办健步走、登山比赛等。

> 提示：对于一些省、市总工会春游秋游有具体标准的，可以在不超过当地的标准范围内开展春游秋游。需要注意的是，春游秋游可以报销景点门票，但纪检部门规定的不能去的风景名胜区的门票除外。

227. 基层工会组织职工开展春游秋游时如何规范开支

《基层工会经费收支管理办法》规定，基层工会组织春游秋游应当天往返，对于当天往返的活动范围，由各省级工会根据本地区、本产业和本系统实际作出具体规

定，春游秋游期间租车费、场地费、伙食补助费、门票等各项合理支出可在文体活动中列支，但对于国家明令禁止的 21 个风景名胜区，基层工会不得在其组织春游秋游，如有特殊情况，必须得到上级批准。

228. 工会能报销旅游公司开具的发票吗

根据《中华全国总工会办公厅关于进一步规范全民健身等相关工会经费使用管理的通知》（总工办发〔2022〕12 号）规定，春游秋游、疗休养可以选取旅行社承接。

229. 基层工会组织职工观看电影或开展春游秋游等集体活动时，只能使用会费吗？当会费不足时，怎么办？还有哪些需要注意的内容

《基层工会经费收支管理办法》规定，基层工会可以用会员会费组织会员观看电影、文艺演出和体育比赛等，开展春游秋游，为会员购买当地公园年票。会费不足部分可以用工会经费弥补，弥补部分不超过基层工会当年会费收入的三倍。

基层工会组织会员春游秋游应当日往返，不得到纪检部门明令禁止的风景名胜区开展春游秋游活动。

230. 基层工会开展文体活动时，如何设定奖励标准？对奖励形式、奖励范围有何规定要求

《基层工会经费收支管理办法》规定，文体活动奖励应以精神鼓励为主、物质激励为辅。奖励范围不得超过参与人数的三分之二；不设置奖项的，可为参加人员发放少量纪念品。

基层工会可以根据上级或本级的基层工会管理办法，按照所规定的范围和标准，发放奖品和纪念品。在活动前制定的具体计划（年度预算）方案和通知中明确奖励设置。

231. 基层工会组织职工文体活动时，购买服装的人均标准是多少

不少省级工会规定了关于举办文体活动时可以购买服装，但有的省级工会有标准，有的没有标准。下级工会应该怎么办？下级工会在执行时需要注意三个问题：

（一）如果上级工会有标准，购买服装时不超过上级规定的标准和范围。

（二）如果上级工会没有标准，可以自行制定购买服装标准，通过会员代表大会或工会委员会和经费审查委员会审议通过后执行。需要注意的是制定的标准不宜过高，可以参照金额 1000 元，其他地方工会 500 元标准制定。

（三）另外，在一些审计中，经常会提出举办文体活动时购买服装的支出比例过大。因此，基层工会在上级没有规定服装标准时，购买服装的比例不宜过大。

232. 基层工会如何开支困难职工帮扶费

《基层工会经费收支管理办法》规定，基层工会对困难职工提供资金和物质帮助等发生的支出为困难职工帮扶费。同时，明确工会会员本人及家庭因大病、意外事故、子女就学等原因致困时，基层工会可给予一定金额的慰问。属于职工帮扶资金管理范围的，具体的慰问标准范围和开支管理，要按照职工帮扶资金管理办法执行。不属于职工帮扶资金管理范围的，由省级工会制定，具体开支时，要严格按照基层工会预算编制审批管理办法规定执行。

基层工会会员本人及家庭因大病、意外事故、子女就学等原因致困时，基层工会发生的慰问支出，在“维权支出——困难职工帮扶支出”会计科目中核算。

233. 基层工会补助职工和会员参加互助互济保障活动支出应如何开支

根据《工会会计制度》，用于基层工会补助职工和会员参加互助互济保障活动的支出，在“职工服务支出——其他服务支出”会计科目中核算。

补助职工和会员参加互助互济保障活动要严格按照全总有关职工互助互济保障活动管理的规定执行，不得随意扩大开支范围和种类。

234. 基层工会开会、办培训班如何开支费用

基层工会用于基层工会会员大会或会员代表大会、委员会、常委会、经费审查委员会以及其他专业工作会议的各项支出，根据《工会会计制度》，在“业务支出——会议支出”会计科目中核算。《基层工会经费收支管理办法》中明确了会议费的开支范围和标准以有关部门制定的会议费管理办法为准，即基层工会要按照所在地区，系统、行业的会议费标准参照执行。

行政事业单位和国企等基层工会要严格执行中央有关精神和全总的要求，不得到严禁党政机关开会的风景名胜区开会、办培训班。

235. 工会的房产出租收入能否上缴行政或财政

根据《全国总工会财务部关于房产出租收入不纳入财政管理的复函》(工财函〔2012〕27号)的规定。

一、工会资产收益由工会组织管理。根据《工会法》第四十三条，以及财政部颁发的《工会会计制度》中有关工会经费收入管理的规定，工会资产收益属于工会经费的来源之一。《工会法》第四十五条、第四十七条明确“工会应当根据经费独立原则，建立预算、决算和经费审查监督制”“工会的财产、经费和国家拨给工会使用的不动产，任何组织和个人不得侵占、挪用和任意调拨”。工会经费依据法律、法规的规定实行独立管理。因此，工会资产出租收入作为工会经费收入的部分，应当由同级工会核算管理，不应纳入同级财政管理。

二、工会资产及收益管理不作为国有资产管理。根据《物权法》，以及原国家国有资产管理局、国务院清产核资负责人小组办公室、财政部、全国总工会《关于清产核资中全民所有制企业中工会资产清查登记有关问题的通知》(国资法规发〔1993〕15号)关于“由工会经费形成的资产、属于工会资产”的规定，工会资产属于社团

资产，不属于国有行政事业单位资产。

因此，工会经费形成的资产属于工会资产，不用上缴行政或财政。

236. 基层工会评选和表彰优秀工会干部和积极分子需经上级工会批准吗

《基层工会经费收支管理办法》规定，基层工会用于经上级批准评选表彰的优秀工会干部和积极分子的奖励支出，在“业务支出——其他业务支出”会计科目中核算。

因此，基层工会评选和表彰优秀工会干部和积极分子需经上级工会批准。

237. 基层工会支付代理记账、中介机构审计等购买服务方面的支出如何开支

《基层工会经费收支管理办法》规定，基层工会支付代理记账、中介机构审计等购买服务方面的支出，在“业务支出——其他业务支出”会计科目中核算。

238. 基层工会从事工会建设工程、设备工具购置、大型修缮和信息网络购建的支出如何开支

《中华人民共和国工会法》第四十六条规定，各级人民政府和用人单位应当为工会办公和开展活动，提供必要的设施和活动场所等物质条件。但基层工会所在单位保障不足且基层工会经费预算足以保证的前提下，可以用工会经费适当弥补，《工会会计制度》资本性支出核算工会从事建设工程、设备工具购置、大型修缮和信息网络购建而发生的实际支出。在“资本性支出”会计科目中核算。

239. 基层工会经费开支“八不准”含义

根据《基层工会经费收支管理办法》第二十二条，基层工会应严格执行以下规定：

（一）不准使用工会经费请客送礼。

（二）不准违反工会经费使用规定，滥发奖金、津贴、补贴。

（三）不准使用工会经费从事高消费性娱乐和健身活动。

（四）不准单位行政利用工会账户，违规设立“小金库”。

（五）不准将工会账户并入单位行政账户，使工会经费开支失去控制。

（六）不准截留、挪用工会经费。

（七）不准用工会经费参与非法集资活动，或为非法集资活动提供经济担保。

（八）不准用工会经费报销与工会活动无关的费用。

其中第一项由原来“不准用工会经费购买购物卡、代金券等，搞请客送礼等活动”修改为“不准使用工会经费请客送礼”。并不是允许用工会经费购买购物卡、代金券，仍然按照中央纪委和有关部门的要求执行。

基层工会经费开支必须严格执行“八不准”要求，这是基层工会经费开支的“制度红线”，违者必究。

240. 购置健身器材能否申请从行政经费开支

《中华人民共和国工会法》第四十六条规定，各级人民政府和用人单位应当为工会办公和开展活动，提供必要的设施和活动场所等物质条件。

因此，购置健身器材可以申请从行政经费开支。

241. 工会举办文体等活动，上级工会有文件可以购买必要的服装，那么能购买必要的鞋帽吗

根据《新华词典》，服装是指衣服、鞋、包、玩具、饰品等的总称。因此，如果上级工会规定工会组织文体等活动可以购买必要的服装鞋帽。

242. 工会请专业人士进行的文体讲座支付的劳务费在哪个科目中列支

在“职工活动支出——文体活动支出”科目列支。

【例】某银行工会在行内报告厅举办职工文体讲座，请知名专家的劳务费 3 000 元。该费用网银转账支付。

该银行工会的账务处理如下：

借：职工活动支出——文体活动支出　　3 000

贷：银行存款　　3 000

243. 单位工会拨给部门或者工会小组的经费，会计核算该如何处理

很多时候，一些规模比较大的工会，特别是基层工会，往往会通过成立包括分工会、工会小组或者部门工会等方式来推动相关工作。为便于这些没有法人资格的工会业务部门开展工作，上级工会或者单位工会往往会给予一定的经费支持，但是这些工会一般不具有法人资格，无法按照工会财务制度的相关规定独立申请账户对经费进行管理。

从会计核算的角度看，这样的经费处理会涉及两个方面。

一、经费拨付方的处理

经费拨付方，也就是上级工会或者单位工会。经费拨付时，有两种处理办法。

（1）通过“其他应收款”科目，归集核算所拨付经费的使用情况。具体的账务处理为：

①拨付经费时：

借：其他应收款——×× 工会小组 / 部门

贷：库存现金

支持该笔业务的原始单据常见有两种：一是所在单位的工会预算；二是工会小组或部门的经费申请单据。

②核销时：

借：职工活动支出——×× 相关支出等

贷：其他应收款——×× 工会小组 / 部门

需要说明的是，核销的依据是各工会小组提供、经审核符合财务制度要求的业务单据。如果有未用完的经费，管理上有两个处理办法。

一是将多余的经费收回，会计分录：

借：库存现金

贷：其他应收款——×× 工会小组 / 部门

二是将多余经费挂账，留待以后年度继续使用，这样账务上无须做处理。

实务中还有可能出现的一个情况就是拨付的经费不够，比如拨了 1 万元，但部门工会实际花了 1.1 万元，对这一问题处理的一般原则是，要求部门工会在提交核销单据时一并做账务处理，分录为：

借：职工活动支出等

贷：其他应收款——×× 工会小组 / 部门

库存现金

当然，从经费管理的基本要求看，应尽可能不让所拨付的经费超预算。

（2）不通过“其他应收款”科目，而是在经费拨付时，直接列支相关支出，分录为：

借：相关支出科目

贷：库存现金

如果这样处理，经费拨付者要注意两个问题：一是所拨付的经费有严格的预算；二是对实际使用经费的工会部门或者小组，要有比较健全和完善的监督制度，包括经费监督审查制度，以确保经费使用的合法性和有效性。

二、经费接收方的处理

一般情况下，经费接收方，即工会小组或者部门，一般不需要进行账务处理或者会计核算，但是它们需要就经费的来源和使用情况进行详细记录，记录的方式可以借鉴上面的处理方法。

需要强调的一个问题是，接收经费的工会部门或者小组，要严格按照经费拨付者的要求使用经费，自觉接受职工和上级工会的监督。对结余的经费还应进行必要的检查和核对，以保证资金的安全和完整。不管如何处理，经费接收方都要做好相关业务单据的管理，包括审核、复核和签批等。

244. 工会可否从社会聘用兼职的工会工作人员

根据中华全国总工会印发《关于工会购买社会组织服务的意见》(总工发〔2019〕25号)规定，工会购买社会组织管理岗位纳入工会购买社会组织服务项目内容。

根据《工会会计制度》的规定，“业务支出——其他业务支出”用于发放兼职工会干部和专职社会化工会工作者补贴的支出等。

根据《企业工会工作条例》第十三条的规定，企业工会委员会根据工作需要，设立相关工作机构或专门工作委员会、工作小组。工会专职工作人员一般按不低于企业职工人数的千分之三配备，具体人数由上级工会、企业工会与企业行政协商确定。根据工作需要和经费许可，工会可从社会聘用工会工作人员，建立专兼职相结合的干部队伍。

245. 重大疾病包含哪些

一、国家社保规定的36种重大疾病：

(1)恶性肿瘤;(2)急性心肌梗死;(3)脑中风后遗症;(4)重大器官移植术或造血干细胞移植术;(5)冠状动脉搭桥术(或称“冠状动脉旁路移植术”);(6)终末期肾病(或称“慢性肾功能衰竭尿毒症期”);(7)多个肢体缺失;(8)急性或亚急性重症肝炎;(9)良性脑肿瘤;(10)慢性肝功能衰竭失代偿期;(11)脑炎后遗症或脑膜炎后遗症;(12)深度昏迷;(13)双耳失聪;(14)双目失明;(15)瘫痪;(16)心脏瓣膜手术;(17)严重阿尔茨海默病;(18)严重脑损伤;(19)严重帕金森病;(20)严重Ⅲ度烧伤;(21)严重原发性肺动脉高压;(22)严重运动神经元病;(23)语言能力丧失;(24)重型再生障碍性贫血;(25)主动脉手术;(26)多发性硬化症;(27)经输血导致的人类免疫缺陷病毒感染;(28)植物人;(29)系统性红斑狼疮;(30)胰岛素依赖型糖尿病(Ⅰ型糖尿病);(31)原发性心肌病;(32)重症肌无力;(33)急性坏死性胰腺炎;(34)坏死性筋膜炎;(35)终末期肺病;(36)严重类风湿性关节炎。

二、中国保险行业协会与中国医师协会规范统一了最常见的31种重大疾病：

(1)恶性肿瘤;(2)急性心肌梗死;(3)脑中风后遗症;(4)重大器官移植术或

造血干细胞移植术;(5)冠状动脉搭桥术(或称“冠状动脉旁路移植术”);(6)终末期肾病(或称“慢性肾功能衰竭尿毒症期”);(7)多个肢体缺失;(8)急性或亚急性重症肝炎;(9)良性脑肿瘤;(10)慢性肝功能衰竭失代偿期;(11)脑炎后遗症或脑膜炎后遗症;(12)深度昏迷;(13)双耳失聪;(14)双目失明;(15)瘫痪;(16)心脏瓣膜手术;(17)严重阿尔茨海默病;(18)严重脑损伤;(19)严重帕金森病;(20)严重Ⅲ度烧伤;(21)严重原发性肺动脉高压;(22)严重运动神经元病;(23)语言能力丧失;(24)重型再生障碍性贫血;(25)主动脉手术;(26)严重慢性呼吸衰竭;(27)严重克罗恩病;(28)严重溃疡性结肠炎;(29)恶性肿瘤——轻度;(30)较轻急性心肌梗死;(31)轻度脑中风后遗症。

综上所述,建议采用国家社保规定的36种作为重大疾病的范围。

246. 基层工会是否可以给本单位生病、住院等需要组织关心关爱的职工一定金额的慰问补助?慰问标准又如何设定

《基层工会经费收支管理办法》规定,基层工会可以给予本单位生病、住院等需要组织关心关爱的职工慰问补助,但慰问金额标准应遵照上级工会规定标准执行,如果上级工会没有统一标准,可结合自己经费的收支情况自定,但需经会员代表大会审议通过后或工会委员会和经费审查委员会审议后实施。

247. 基层工会可设立帮扶困难职工的专用基金吗?资金来源都有哪些?需要注意哪些问题

根据财政部要求,基层工会不可设立任何名目的基金,但基层工会可以依据《企业工会工作条例》第四十一条的规定,开展困难职工生活扶助、医疗救助、子女就学和职工互助互济等工作。有条件的企业工会建立困难职工帮扶资金。

但工会设立的困难帮扶资金,应全部纳入本级工会账户,在代管经费科目中设立相关子科目进行独立核算。资金来源包括行政支持、工会自筹和会员自缴。需要注意的是,应有相应章程或制度,严格规范审批流程。

248. 慰问困难或大病职工，怎么履行财务手续

由被慰问职工本人签收，如有困难，可由职工亲属代签，但须同时注明与被慰问职工的关系，不能由工作人员代签。慰问金建议以银行转账的方式汇入被慰问职工个人工资卡内。现场环节可以用信封或卡片等形式进行慰问，信封或卡片上注明慰问金额，汇入卡号和相关经办人联系方式等信息，便于后期确认和沟通。

249. 基层工会可以为单位党、团等活动买单吗

《基层工会经费收支管理办法》第二十二条规定，全国总工会“八不准”要求明确指出，不准用工会经费报销与工会活动无关的费用，基层单位如与工会联合举办相关职工活动，应在计划方案中明确各自权责。

250. 工会经费可否用于对外捐赠

一般情况下，基层工会经费不宜用于对外捐赠，相关捐赠行为一定要慎重。

251. 企业工会可否受行政委托办理对外捐赠业务

可以。但需要注意的一个问题是，有关捐赠的资金一般由行政提供。

252. 工会收到职工的爱心捐赠款该如何处理

工会收到的职工的爱心捐赠款，首先要区分捐赠款的要求和用途，捐赠人要求捐给工会开展活动或慰问等用途的，须纳入工会的收入。按照《工会会计制度》，收到捐赠款时的分录为：

借：库存现金等

贷：其他收入

如果工会只是组织捐赠，钱要转出去的属于暂存款，具有代付性质，不能作为经费收入处理。会计核算时，应在收到职工捐赠款时做如下会计分录：

借：库存现金等

贷：其他应付款

相应地，若工会实际对外捐赠，则应记为：

借：其他应付款

贷：库存现金等

需要说明的是，如果是工会组织捐赠，为维护工会形象和公信力，在处理捐赠事宜方面，工会应做到公开透明，建立和完善与捐赠款收入和捐赠款支出的单据管理，并在捐赠行为结束时，向捐赠资金提供者公布相关信息。

253. 工会是否可以用经费给兼职工会干部或工会积极分子发放补贴

依据《企业工会工作条例》第五十六条的规定，上级工会与企业工会、企业行政协商，可对企业工会兼职干部给予适当补贴。

> 提示：党政机关、事业单位编制内职工和国有企业单位行政聘用人员不得发放兼职工会干部补贴，不能与纪检部门规定的兼职取酬相抵触，上级工会有明确文件的除外。

254. 工会小组依法取得的经费应该如何使用

工会小组依法取得的经费应按照《基层工会经费收支管理办法》的规定使用，也就是说，工会小组的经费只能用于职工活动和工会小组的自身建设等方面。

255. 基层工会可以用现金或实物发放误餐费吗

根据《基层工会经费收支管理办法》的规定，基层工会各类文体活动中开支的伙食补助费不得超过当地差旅费中的伙食补助标准。基层工会组织可以以现金或实物形式对因参与活动而误餐的工会干部和工会会员给予补助，上级有明确规定的按上级文件执行。

256. 基层工会不准在哪些地方开会办班

要严格遵守中共中央办公厅、国务院办公厅印发的《关于严禁党政机关到风景名胜区开会的通知》的有关精神，在工会财务报销时，一律不准出现八达岭—十三陵、承德避暑山庄外八庙、五台山、太湖、普陀山、黄山、九华山、武夷山、庐山、泰山、嵩山、武当山、武陵源（张家界）、白云山、桂林漓江、三亚热带海滨、峨眉山—乐山大佛、九寨沟—黄龙、黄果树、西双版纳和华山等风景名胜区的任何发票。

257. 篮球场修建可以用工会经费吗

按照中华全国总工会办公厅关于引发《工会预算管理办法》的通知（总工办发〔2019〕26号）文件规定，各级工会办公场所和工会活动设施等物质条件应由各级人民政府和单位行政提供。各级工会应积极争取同级政府或行政支持，将政府或行政补助纳入预算管理。在政府或行政补助不足的情况下，可以动用经费弥补不足，上级工会也可根据情况给予适当补助。

258. 基层工会开支劳动关系协调费范围包括哪些

《基层工会经费收支管理办法》文件规定，基层工会开支劳动关系协调费范围包括用于推进创建劳动关系和谐企业活动、加强劳动争议调解和队伍建设、开展劳动合同咨询活动、集体合同示范文本印制与推广等方面的支出。

259. 基层工会开支劳动保护范围包括哪些

《基层工会经费收支管理办法》文件规定，基层工会开支劳动保护费范围包括用于基层工会开展群众性安全生产和职业病防治活动、加强群监员队伍建设、开展职工心理健康维护等促进安全健康生产、保护职工生命安全为宗旨开展职工劳动保护发生的支出等。

260. “职工服务支出——其他服务支出”中的“心理咨询”和“维权支出——劳动保护支出”中的“开展职工心理健康维护活动”，有什么区别

普惠性的、开放性的讲座，需要大家一起学习提升的，在“职工服务支出——其他服务支出”中列支。维权支出的是已经出现问题了，一群律师、心理老师跟一个人谈，针对个人的，在“维权支出——劳动保护支出”中列支。一个是上大课，另一个是“开小灶”，就这个区别。

261. 职工开展心理健康培训，是属于哪个科目

同上一回答。

262. 工会经费是否可以为工会会员承担劳保用品的费用，如工装费用

根据《人力资源社会保障部财政部〈关于做好国有企业津贴补贴和福利管理工作〉的通知》（人社部发〔2023〕13 号）文件第二条规定，国家规定的福利项目包括（三）工作服装（非劳动保护性质工服）、体检、职工疗养、自办食堂或无食堂统一供餐等集体福利。

因此，工装费用由行政开支，列入职工福利费管理。

263. 企业职工体检费用应由哪方负担

按财政部印发的《财政部关于企业加强职工福利费财务管理的通知》（财企〔2009〕242 号）文件精神，该费用应从企业职工福利费中开支。

264. 企业职工代表大会相关费用由哪方负担

按全国总工会财务部《关于职工代表大会的费用由谁担负的通知》（工财字〔1981〕29 号）文件精神，职工代表大会的工作是整个企业的工作，其开支费用应由企业负担。

265. 工会经费能给自办的食堂进行补助吗

《财政部关于企业加强职工福利费财务管理的通知》（财企〔2009〕242 号）第一条第（一）项规定，为职工卫生保健、生活等发放或支付的各项现金补贴和非货币性福利，包括职工因公外地就医费用、暂未实行医疗统筹企业职工医疗费用、职工供养直系亲属医疗补贴、职工疗养费用、自办职工食堂经费补贴或未办职工食堂统一供应午餐支出、符合国家有关财务规定的供暖补贴、防暑降温费等。第（二）项规定，企业尚未分离的内设集体福利部门所发生的设备、设施和人员费用，包括职工食堂、职工浴室、理发室、医务所、托儿所、疗养院、集体宿舍等集体福利部门设备、设施的折旧、维修保养费用以及集体福利部门工作人员的工资薪金、社会保险费、住房公积金、劳务费等人工费用。

因此，工会经费不能给自办食堂进行补助，也不承担职工食堂设备、设施和人员费用。

266. 工会经费能否购买公园年票

根据《基层工会经费收支管理办法》文件规定，基层工会可以用会员会费组织会员观看电影、文艺演出和体育比赛等，开展春游秋游，为会员购买当地公园年票。会费不足部分可以用工会经费弥补，弥补部分不超过基层工会当年会费收入的三倍。

因此，基层工会可以为会员购买公园年票。

267. 哪些基层工会必须独立建账？不具备条件的单位怎么办

《基层工会经费收支管理办法》第二十二条规定，全国总工会“八不准”要求中明确指出，不准将工会账户并入单位行政账户，使工会经费开支失去控制，因此独立法人单位工会都应独立建账进行管理。对于不具备独立建账条件的单位，根据《工会会计制度》第十二条的规定，不具备设置条件的，应当委托经批准设立从事代理记账业务的中介机构代理记账。

268. 基层工会工作人员可否在工会报销差旅费

《基层工会经费收支管理办法》规定，其他业务支出用于基层工会必要的办公费、差旅费。基层工会可以报销差旅费用。同时，工会工作也是本单位工作的组成部分，工会工作人员的差旅费能在行政开支的尽量在行政开支。

269. 基层工会报销差旅费在哪个科目中列支

《基层工会经费收支管理办法》规定，其他业务支出用于基层工会必要的办公费、差旅费。可见文件的原意是，把基层工会办公和差旅费用，列入了“业务支出——其他业务支出”。

> 提示：对于用于基层工会必要的办公费、差旅费。有些省级工会作了限定，如民航工会规定，用于基层工会因工作所需，借调或聘用人员必要的办公费、差旅费。

270. 基层工会一般报销流程有哪些

一、部门经办人填写报销单。报销单需填写报销人姓名、日期、附件张数、员工号、报销金额、报销事项、收款单位信息和经办人签字。

二、工会会计审核。

三、工会主席签字。

四、出纳报销。

271. 基层工会可以购买必要的办公设备吗

《基层工会经费收支管理办法》规定，基层工会可以购买必要的办公设备。所在单位保障不足且基层工会经费预算足以保证的前提下可以用工会经费适当弥补。

> 提示：能在行政开支的尽量在行政开支。

272. 借调人员可否享受工会的福利

各基层工会要严格鉴定好会员的身份，避免非本工会会员重复享受工会集体福利。借用、挂职、劳务派遣等人员只能享受一处集体福利。

273. 基层工会能给职工购买商业保险吗

《中华全国总工会办公厅关于贯彻执行财政部、监察部〈关于党政机关及事业单位用公款为个人购买商业保险若干问题的规定〉的通知》（总工办发〔2004〕35号）文件中，附件2《关于党政机关及事业单位用公款为个人购买商业保险若干问题的规定》的第二条规定了党政机关和依照公务员管理的事业单位。其中，党政机关是指各级党的机关、人大机关、行政机关、政协机关、审判机关、检察机关，以及各级工会、共青团、妇联等人民团体；依照公务员管理的事业单位是指按照人事部和各地人事厅局有关文件确定的依照公务员管理的事业单位。第三条规定了购保的险种。仅限于旨在风险补偿的人身意外伤害险，包括公务旅行交通意外伤害险、特岗人员的意外伤害险，以及为援藏援疆等支援西部地区干部职工购买的人身意外伤害险。第四条规定了购保的险种。限于本规定第三条第一款规定的意外伤害险，以及与建立补充医疗保险相关的险种。购买补充医疗保险的只能是未享受公务员医疗补助或公费医疗的事业单位。

提示：文件中写明各级工会，当然也包括基层工会不能购买商业保险，但风险补偿的人身意外伤害险是可以购买的，比如交通意外险等。意外险一般应与工会活动相关。

274. 三八妇女节可以送女员工保险吗

根据《中华全国总工会办公厅关于贯彻执行财政部、监察部〈关于党政机关及事业单位用公款为个人购买商业保险若干问题的规定〉的通知》(总工办发〔2004〕35号)附件2《关于党政机关及事业单位用公款为个人购买商业保险若干问题的规定》的第二条规定，党政机关和依照公务员管理的事业单位。其中，党政机关是指各级党的机关、人大机关、行政机关、政协机关、审判机关、检察机关，以及各级工会、共青团、妇联等人民团体；依照公务员管理的事业单位是指按照人事部和各地人事厅局有关文件确定的依照公务员管理的事业单位。第三条规定了购保的险种。仅限于旨在风险补偿的人身意外伤害险，包括公务旅行交通意外伤害险、特岗人员的意外伤害险，以及为援藏援疆等支援西部地区干部职工购买的人身意外伤害险。第四条规定了购保的险种。限于本规定第三条第一款规定的意外伤害险，以及与建立补充医疗保险相关的险种。购买补充医疗保险的只能是未享受公务员医疗补助或公费医疗的事业单位。

提示：文件中写明各级工会，当然也包括基层工会不能购买商业保险，但风险补偿的人身意外伤害险是可以购买的，比如交通意外险等。意外险一般应与工会活动相关。

上级工会对女员工购置保险另有规定的除外。

275. 工会组织活动或开展业务为什么必须有预算

根据《工会法》第四十五条的规定，工会应当根据经费独立原则，建立预算、决算和经费审查监督制度。所以，工会的收支应当全部纳入预算管理，并做到先预算后开支，无预算不开支。

276. 工会举办文体活动，购买的固定资产在哪个科目中列支

《基层工会经费收支管理办法》规定，文体活动支出用于基层工会开展或参加上级工会组织的职工业余文体活动所需器材、服装、用品等购置、租赁与维修方面的支出以及活动场地、交通工具的租金支出等。

由此可见，文件把“文体活动所需器材、用品等购置、租赁与维修费”归在了“文体活动支出”科目中，而工会预算一般以项目编制预算。因此，工会举办文体活动时，购买的固定资产不用列支“资本性支出”科目，直接列支“职工活动支出——文体活动支出”科目。

【例】2022 年初，某基层工会举办乒乓球比赛，发生场租费 30 000 元，裁判费 2 000 元，奖金 8 000 元，购买乒乓球桌 20 000 元，均以银行存款结算。

该基层工会的账务处理如下：

借：职工活动支出——文体活动支出 50 000
贷：银行存款 50 000
借：固定资产 20 000
贷：资产基金——固定资产 20 000

277. 举办文体活动购买的固定资产维修费在哪儿核算

《基层工会经费收支管理办法》规定，文体活动支出用于基层工会开展或参加上级工会组织的职工业余文体活动所需器材、服装、用品等购置、租赁与维修方面的支出以及活动场地、交通工具的租金支出等。由此可见，文件把“文体活动所需器材、用品等购置、租赁与维修费”归在了“文体活动支出”科目中。

【例】某基层工会举办乒乓球比赛，乒乓球桌维修费需要800元，以银行存款结算。

该基层工会的账务处理如下：

借：职工活动支出——文体活动支出 800
贷：银行存款 800

278. 基层工会组建文体协会需要注意哪些方面

要建立协会章程，指定专人或专门机构组织日常活动。年初要向工会递交活动计划，并将申请补助金额在工会年初预算“职工活动支出”科目中予以体现。对于工会补助的经费，由本级工会财务统一管理，在经费额度范围内凭正规发票报销。相关经费须在年度内使用，逾期不补，自动滚入结余。对于协会会员缴纳的会费，可以存入工会账户，在代管经费科目下进行核算。

279. 工会购买健身服务有什么可靠的形式？有哪些必要的流程？如何不与“不准用工会经费从事高消费性娱乐和健身活动”冲突

建议与健身服务方签订活动的合作协议。

根据《中华全国总工会办公厅关于进一步规范全民健身等相关工会经费使用管理的通知》(总工办发〔2022〕12号)中规定，基层工会自身健身设施设备不能满足职工会员需求的，每年可以按照一定标准为职工会员购买健身服务，所需经费纳入基层工会年度收支预算。基层工会年度文体活动支出预算不能全部用于购买健身服务支出。购买健身服务的项目、标准由基层工会制定具体办法予以明确，经基层工会委员会或工会代表大会批准后执行。

280. 基层工会因办公购买的固定资产在哪儿核算？其维修费又在哪儿核算

根据《中华全国总工会办公厅关于印发〈基层工会经费收支管理办法〉的通知》(总工办发〔2017〕32号)规定、基层工会办公费、差旅费列入业务支出——其他业务支出。

因此，基层工会购买办公设备和维修办公设备均从“业务支出——其他业务支出”列支。

【例1】某基层工会使用工会资金购买5 000元笔记本电脑，乒乓球桌需要维修费用800元，以银行存款结算。

该基层工会的账务处理如下：

借：业务支出——其他业务支出　5 000

贷：银行存款　5 000

借：固定资产　800

贷：资产基金——固定资产　800

【例2】某基层工会购买的笔记本电脑，使用三年后坏了，需要维修费800元，以现金结算。

该基层工会的账务处理如下：

借：业务支出——其他业务支出　800

贷：银行存款　800

281. 怎样正确理解各省、直辖市等省级总工会所下发的《基层工会经费收支管理办法实施细则》中有关“预算总支出”“经费收入”等的含义

一、“预算总支出”的含义

如北京市总工会文件规定“法定节日慰问，可对全体会员发放少量实物慰问品，原则上为职工群众必需的一些生活用品等，全年支出总额一般不高于当年本级工会经费预算支出的30%”；民航工会规定“用于慰问的支出总额，不得超出年度工会经费预算总支出额的30%”。

“预算总支出”是什么含义呢？主要是告诉基层工会，逢年过节发放少量的节日慰问品，基层工会必须有预算，没有预算就不能发放，对上级工会而言，是引导基层工会进行预算管理。规范基层工会的财务管理，首先就应该从预算开始，基层工会有了预算再支出，从程序上就合规了。

二、“经费收入”的含义

中国金融工会规定“逢年过节基层工会可向全体会员发放少量的节日慰问品，年度支出总额控制在当年经费收入的25%～35%”或不超过每人2 000元。此工会经费收入，指工会全部收入，而不是仅仅指拨缴经费收入。

三、“参与人数”的含义

省级工会文件均明确了“参与人数”。参与人数的含义跟全部职工或全体会员是不同的，是参加人数，而不能等同于全部会员或全体职工人数。

282. 上级单位组织比赛，工会能否给得奖员工另发奖励

一是预算里有没有这个工作项目，目前工会按照项目制来管理预算，不能有无预算支出；二是应有制度，包括决策、流程、标准等。一般原则是谁组织比赛谁奖励。

此外，主办方的竞赛的组织方案或奖励办法中如有要求对获奖选手或代表队由基层配比奖励的条款，也可作为奖励的依据，如对全国技能大赛的获奖选手等，一般配比奖励要求行政方进行奖励，要求工会奖励的较少。

283. 工会组织的活动，如观影、文艺演出、春秋游等，可以在上班时间组织吗

根据《工会法》第四十一条的规定，基层工会委员会召开会议或者组织职工活动，应当在生产或者工作时间以外进行，需要占用生产或者工作时间的，应当事先征得企业、事业单位、社会组织的同意。

284. 工会参加培训的费用报销标准及教师讲课酬金是多少

依照《中央和国家机关培训费管理办法》（财行〔2016〕540号）文件，综合定额标准如下：

单位：元／人／天

培训类别	住宿费	伙食费	场地、资料、交通费	其他费用	合计
一类培训	500	150	80	30	760
二类培训	400	150	70	30	650
三类培训	340	130	50	30	550

一类培训是指参训人员主要为省部级及相应人员的培训项目。

二类培训是指参训人员主要为司、局级人员的培训项目。

三类培训是指参训人员主要为处级及以下人员的培训项目。以其他人员为主的培训项目参照上述标准分类执行。

综合定额标准时培训费开支的上限，各项费用之间可以调剂使用。各单位应在综合定额标准以内结算报销。

讲课费（税后）执行以下标准：副高级技术职称专业人员每学时最高不超过 500 元，正高级技术职称专业人员每学时最高不超过 1000 元，院士、全国知名专家每学时一般不超过 1500 元。讲课费按实际发生的学时计算，每半天最多按 4 学时计算。

培训工作确有需要从异地（含境外）邀请授课老师，路途时间较长的，经单位主要负责人书面批准，讲课费可以适当增加。

285. 职工之家的装修费用由谁承担

根据《国家计划委员会、国家建设委员会、中华人民共和国财政部、国家物资总局、中华全国总工会〈关于妥善解决各级工会房屋、设备问题〉的通知》〔(79)财事字第 426 号 工发总字〔1979〕162 号〕文件第五条的规定，产业、公司工会和基层工会及其所属职工集体文化、福利事业所需房屋设备及其维修和水电取暖等费用，均由同级行政解决。

286. 基层工会可组织哪些人参加疗休养？休养地怎么选择？疗养方式有哪些？相关费用由哪方负担

《中华人民共和国财政部、中华全国总工会〈关于组织少数劳动模范、先进工作者短期休养活动经费开支问题〉的通知》（工发财字〔1982〕100 号）、《全国总工会财政部关于组织少数劳动模范、先进工作者短期休养活动经费开支问题的答复》（工财字〔1982〕152 号）文件的规定，疗休养的对象主要为劳动模范、优秀员工和有毒有害岗位、特殊岗位的一线职工。疗养地原则上安排在全国总工会、地方总会工会或本系统内的职工疗养基地，也可安排在内部管理的酒店。

《全国总工会关于进一步加强和规范劳模疗休养工作的意见》（总工办发〔2019〕21 号）对疗休养时间及地点的规定，每批疗休养一般不超过 7 天（含报到日和返程日）。在职劳模参加疗休养按出勤对待。地点原则上应为工会系统的疗休养院所，以全国劳模疗休养基地或省级劳模疗休养基地为主，也可采用招投标等方式并征求疗休养主管、财务、经审等部门意见后，经集体研究确定符合休息、疗养、康复治疗等相关标准的接待单位。接待单位须设施完备、管理规范、服务优良、安全可靠，符合《劳动模范疗休养基地管理办法》要求。疗休养期间原则上不得跨省（自治区、直辖市）开展活动，住宿地点不变。

疗养方式以住宿地就地疗养为主。经费开支要严格遵守国家有关规定，休养活动交通费（往返路费）、伙食补助费和住宿费（床位费）由所在单位开支，从企业基金或利润留成中列支。疗休养期间的活动费、公杂费可由组织活动的工会负担。

287. 劳模、先进工作者的休养活动经费由谁开支

根据《中华人民共和国财政部中华全国总工会〈关于组织少数劳动模范、先进工作者短期休养活动经费开支问题〉的通知》（工发财字〔1982〕100号）文件的规定：组织劳模、先进生产（工作）者休养活动的往返路费、伙食补助费和床位费由劳模、先进生产（工作）者所在单位的企业基金或利润留成中列支；活动费、公杂费由组织活动的工会负担。

但根据《基层工会经费收支管理办法》的规定，工会经费可用于工会组织开展的劳动模范和先进职工疗休养补贴等。

288. 劳模休养期间的医药费由谁开支

根据《全国总工会财务部关于组织企业少数劳动模范、先进工作者短期休养活动经费开支问题的答复》（工财字〔1982〕152号）第四条的规定，劳模休养期间的医药费，由原单位行政方在医药费中报销。

289. 工会能否接受行政的委托，举办普通职工疗休养活动

依据《企业工会工作条例》第十八条，企业工会的基本任务之一是协助和督促企

业做好劳动报酬、劳动安全卫生和保险福利等方面的工作，监督有关法律法规的贯彻执行；参与劳动安全卫生事故的调查处理；协助企业办好职工集体福利事业，做好困难职工帮扶救助工作，为职工办实事、做好事、解难事。

依据《中华全国总工会关于印发〈机关工会工作暂行条例〉的通知》（总工发〔2015〕27号）第十二条，机关工会的职责之一是配合党政机关贯彻落实《中华人民共和国公务员法》等法律法规，维护机关职工合法权益，协助党政机关解决涉及职工切身利益的问题。做好困难职工帮扶工作，组织职工参加疗养、休养及健康体检，努力为职工办实事、做好事、解难事，促进和谐机关建设。

可见《企业工会工作条例》规定了企业工会的基本任务是“协助企业办好职工集体福利事业”；《机关工会工作暂行条例》规定了机关工会的职责是“协助党政机关，组织职工参加疗养、休养”；又根据《财政部关于企业加强职工福利费财务管理的通知》（财企〔2009〕242号），职工疗养费用属于职工福利费的开支范围。

因此，工会可以接受行政的委托举办职工疗休养活动，需要注意的是普通职工疗休养的费用由行政承担。

290. 普通职工疗休养的费用由谁开支

普通职工疗休养的费用应该由行政承担，其依据有两点：

一、根据《中华人民共和国财政部、中华全国总工会〈关于组织少数劳动模范、先进工作者短期休养活动经费开支问题〉的通知》文件的规定，组织劳模、先进生产（工作）者休养活动的往返路费、伙食补助费和床位费由劳模、先进生产（工作）者所在单位的企业基金或利润留成中列支；活动费、公杂费由组织活动的工会负担。此文件明确的是劳模、先进生产（工作）者疗休养工会承担活动费和公杂费，并没有提普通职工的疗休养。

二、根据《财政部关于企业加强职工福利费财务管理的通知》（财企〔2009〕242号）文件，职工疗养费用属于职工福利费的开支范围。

因此，普通职工疗休养的费用应该由行政承担。

291. 企业、事业单位召开的劳模、积极分子及先进生产工作者的会议费和奖励费由谁开支

《基层工会经费收支管理办法》第十条规定，其他业务支出可用于经上级批准评选表彰的优秀工会干部和积极分子的奖励支出。

292. 劳动竞赛的奖励费用从哪里列支

《全国总工会、财政部、劳动部关于劳动竞赛奖金列支渠道的通知》（总工发〔1994〕12 号）规定，企业工会组织职工开展劳动竞赛的奖金，根据国务院国发〔1981〕10 号和 94 号文件规定，从企业奖励基金中提取支付。为促进企业转换经营机制，政府转变职能，1992 年 7 月，国务院颁布的《全民所有制工业企业转换经营机制条例》（以下简称《转机条例》）第二十四条规定，企业职工的工资、奖金、津贴、补贴以及其他工资性收入，应当纳入工资总额。取消工资总额以外的一切单项奖。根据这一规定，劳动部、财政部以劳部发〔1993〕219 号文件，取消了包括劳动竞赛奖在内的各种单项奖。目前，一些地方和企业工会组织反映，劳动竞赛奖的列支渠道不明确，影响劳动竞赛活动的开展，为解决这一问题，现通知如下：

国务院《转机条例》的规定，旨在规范政府与企业之间的工资分配关系，今后政府只行使对企业工资总量的调控，不再介入企业内部分配，企业在按国家规定提取的工资总额内，有权自主使用、自主分配工资和奖金，可以根据生产、经营的需要，决定有关奖金的分配形式和方法，以起到调动企业职工积极性的作用。在企业职工中开展劳动竞赛，是提高质量、增进效益、发展生产的有效措施，是《工会法》所规定的。因此，企业工会在组织职工开展劳动竞赛时，应与企业行政密切配合，企业行政应予支持，劳动竞赛奖金从企业依照国家规定提取的工资总额中支付，具体支付办法由企业工会与行政商定。

293. 基层工会参加上级举办的劳动竞赛、文体比赛等，获得集体资金应如何处理

一般怎么处理劳动竞赛或文体比赛等对集体的奖励？一般需要获奖部门提出申请、工会审批后，用活动费发票报销，发票内容与活动相符。

> 提示：《中华全国总工会办公厅关于印发〈基层工会经费收支管理办法〉的通知》（总工办发〔2017〕32号）文件下发后，上级工会举办活动，除上级工会文件明确的，一般不再发放集体奖励，只发奖杯、奖状、证书等。

294. 工会组织的劳动竞赛和技能比武在哪个科目中列支，其费用是否都由工会承担

根据《工会会计制度》文件的规定，劳动和技能竞赛活动支出核算工会组织开展合理化建议、技术革新、发明创造、岗位练兵、技术比武、技术培训等劳动和技能竞赛活动支出及其奖励支出。

又根据《全国总工会、财政部、劳动部关于劳动竞赛奖金列支渠道的通知》（总工发〔1994〕12号）文件的规定，企业工会在组织职工开展劳动竞赛时，应与企业行政密切配合，企业行政应予以支持，劳动竞赛奖金从企业依照国家规定提取的工资总额中支付，具体支付办法由企业工会与行政商定。由此可见，劳动竞赛奖金应由行政承担。

【例】2022年1月10日，某公司工会举办电脑技能竞赛活动，发生场租费20 000元（用支票支付），奖品费用5 000元（以现金支付）。

该公司基层工会的账务处理如下：

借：职工服务支出——劳动和技能竞赛活动支出 25 000

贷：银行存款 20 000

295. 企业破产或企业欠债，能用工会经费来偿还吗

《最高人民法院关于产业工会、基层工会是否具备社团法人资格和工会经费集中户可否冻结划拨问题的批复》(法复〔1997〕6号)第三条规定，工会的经费一经拨交，所有权随之转移。在银行独立开列的“工会经费集中户”，与企业经营资金无关，专门用于工会经费的集中和分配，不能在此账号开支费用或挪用、转移资金。因此，人民法院在案件审理中，不应将工会经费视为所在企业的财产，在企业欠债的情况下，不应冻结划拨工会经费及“工会经费集中户”的款项。

296. 国家规定哪些是应该由行政承担的费用

国家规定由行政承担的费用开支，根据《工会法》，全国总工会、财政部及国家的有关规定，下列费用应由行政列支：

(一)基层工会办公用房、文艺、体育、教育和服务等活动场地设施、设备及其维修取暖等费用；

(二)基层工会专职人员的工资、奖金、医疗、补贴、劳动保护费用及其他福利待遇；

(三)基层工会专职人员的离退休费及退职生活费；

(四)基层工会兼职干部短期学习工资及差旅费；

(五)工会组织的劳动竞赛、技术交流、技术革新活动所需的奖励费用；

(六)企业光荣榜制作的设备材料费；

(七)企业车间、科室、班组订阅的报刊费；

(八)企业行政主办由工会进行管理的广播站，人员、设备等费用；

(九)由行政方面或委托工会布置的庆祝五一节、国庆节及其他重大节日所需的宣传活动支出；

(十)行政方面委托工会举办的劳模、积极分子及先进生产(工作)者等方面的会议费和奖励费；

(十一)基层工会为搞好劳动保护工作所需的费用以及劳动保护宣传教育费；

(十二)企业、事业单位召开职工代表大会所需的各项费用；

（十三）由工会管理的企业职工困难补助费；

（十四）基层单位行政办学的职工教育支出；

（十五）工会组织劳模、先进生产（工作）者休养活动的往返差旅费、宿费和伙食补助；

（十六）工会组织职工疗（休）养活动的往返差旅费、住宿费和伙食补助。

297. 工会对外拨款时，银行存款遇到“退款”，怎样处理会计分录

一般要使用过渡性科目，比如用“其他应付款”科目过渡，查明原因后再次汇款。

【例】某基层工会举办羽毛球比赛，其中购买羽毛球费用 300 元，请专业裁判 1 000 元，租用场地费 5 000 元。买羽毛球和裁判费用以现金支付，场地费通过银行转账支付，后发现场地费 5 000 元退款。

该基层工会的账务处理如下：

借：职工活动支出——文体活动支出

贷：库存现金

　　银行存款

几天后，该基层工会发现银行退款，

借：银行存款

贷：其他应付款

查明原因后，再次汇款，

借：其他应付款

贷：银行存款

提示：使用过渡科目记账时，须附银行回单作为记账依据。

298. 没有特殊情况，一般留存多少备用金

如无特殊需要，上级又没有特别规定，一般备用金留存不超过 5 000 元，同时要做好现金出入登记、查库等工作。

299. 基层工会举办活动，奖品能买购物卡吗

根据《基层工会经费收支管理办法》文件中“八个不准”的第一条规定，不准使用工会经费请客送礼。这是不是意味着只要不使用工会经费请客送礼就是被允许的呢？答案是否定的，因为各省级工会的补充细则通知，大多明确了不准发放购物卡、现金等。

300. 工会开展活动后，如何做一个比较规范的支出会计分录

工会活动开展后，财务报销所要提供的资料有：申请表或签报；方案或通知；发票（奖品、训练、活动等发票请按实际内容开票，并须附有奖品明细和训练、活动费用清单）；签收单（奖品签收）。

【例】某工会举办财务培训班报销时记账分录需要的附件有：原始发票；报销单；培训签报；下发的培训通知；参训人员的签到表；工会与培训场地签订的协议等。

> 提示：签报是负责人同意你举办此项活动，报销单是允许举办此项活动的费用报销。

301. 工会经费支出管理制度应注意哪些问题

一、严格按照支出预算的安排，确保各项支出在内容、时间和资金总量上保持一

致，确保支出预算在工会各项支出活动中的“刚性约束”。

二、基层工会应依法组织工会经费收入，严格控制工会经费支出，各项收支实行工会委员会集体领导下的主席负责制，重大收支须集体研究决定。

三、按照“一支笔”审批的原则，各级工会应建立和完善与支出业务相关的授权标准、支付程序、支付审核以及资金办理的相关业务。

在工会资金审批流程示意图中，有关支出控制有三个关键点：

（1）所申请的资金是否有预算，如果没有预算，需要按照规定予以调整，否则不予审批；

（2）负责审批的人是否有权限，如果没有，需要按规定程序将支出业务交由有审批权限的人审批；

（3）财务部门根据有关审批结果，办理资金支付。在具体的支付过程中，财务机构应按照规定，对审批权限、额度、支付内容等相关内容进行复核，如果不符合要求，财务部门可以拒绝支付或者要求申请人按规定重新办理手续。

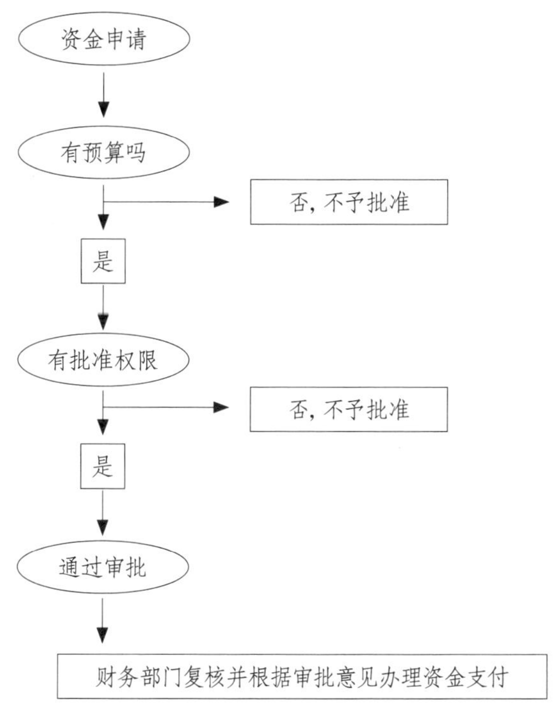

工会资金审批流程示意图

四、建立和完善相关业务的报销管理，尤其是要明确报销业务的审批权、报销程序和责任等。

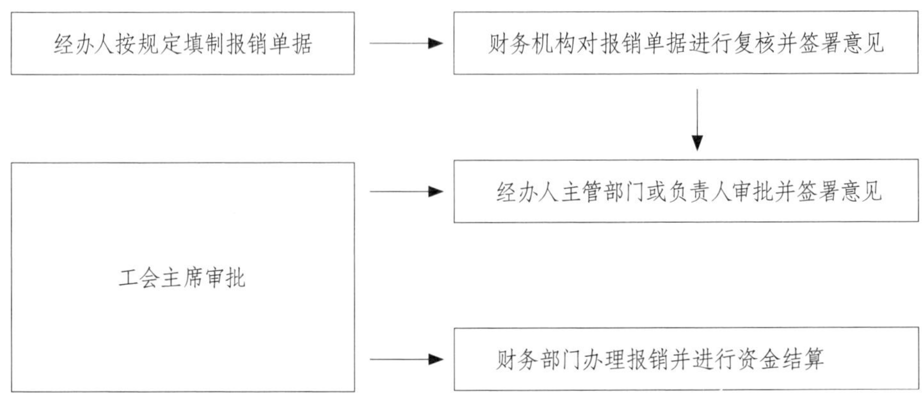

工会费用报销流程示意图

上图中，财务部门在对报销单据审核时，应重点关注单据的规范性、合法性和业务内容的真实性等内容。如果支出业务属于预付资金一类，还应根据审批的结果，办理资金结算，剩余资金应及时收回，不应长期挂账。

五、按照不相容职务分离原则，将业务支出的相关岗位进行分离，严禁由一人全程办理与支出相关的所有业务环节。

302.《中华全国总工会办公厅关于印发〈基层工会经费收支管理办法〉的通知》的适用范围是什么

《中华全国总工会办公厅关于印发〈基层工会经费收支管理办法〉的通知》文件适用于企业、事业单位、机关和其他经济社会组织单独或联合建立的基层工会委员会，其中：企业是指在中华人民共和国境内各种所有制形式和各种治理形式的企业；事业单位是指各种类型的事业单位；机关是指党的机关、人大机关、政府机关、政协机关、审判机关、检察机关，各民主党派和工商联的机关，以及使用国家行政编制的人民团体和群众团体机关等；其他经济社会组织是指以上所述之外的民办非企业、各类社团及其他组织。上述单位单独或联合建立的工会组织作为基层工会组织适用本办法，县级工会、市级工会、省级工会和全国总工会作为非基层工会组织，不适用本办法。

303. 基层工会如何规范开支职工教育活动支出

《基层工会经费收支管理办法》文件中明确规定，职工教育支出是指由基层工会组织开展的各类提高职工技能和业务水平的培训教育支出。包括三类：一是各类专题培训和技能培训方面的支出；二是授课人员的酬金支出；三是职工素质提升补助和优秀学员的奖励支出。其中用于专题培训和技能培训方面的支出，包括通过自学、集中学习和在线学习等形式进行的各类业务培训和技能培训，但要与单位行政组织的专题培训和技能培训明确区分，由单位行政组织的专题培训和技能培训方面的费用应由行政方面的职工教育费开支。对于优秀学员的奖励继续强调以精神鼓励为主，物质激励为辅的奖励原则。具体的奖励标准范围，由省级工会制定，具体开支时，要严格按照基层工会预算编制审批管理办法规定执行。授课人员酬金标准参照国家有关规定执行，即基层工会可按所属行业、地区、系统行政方依据国家有关规定制定的酬金标准发放，如果没有相应的酬金标准，请基层工会结合本单位实际和所属行业、地区、系统的有关规定制定具体标准，并报上级工会组织备案。

304. 基层工会组织开展职工文体活动包括哪些开支范围

《基层工会经费收支管理办法》文件中明确规定，基层工会组织开展职工文体活动开支范围包括：

（一）用于基层工会开展或参加上级工会组织的各类业余文体活动，包括不限于所需器材、服装、用品等购置、租赁与维修方面的支出以及活动场地、交通工具的租金支出。

（二）文体活动优胜者的奖励支出。

（三）文体活动中必要的伙食补助费。

需要明确的是，这些支出都是服务于由工会组织开展的业余文体活动的，与文体活动无关的费用不得纳入。

305. 基层工会组织如何开支文体活动奖励

文体活动奖励的原则应以精神鼓励为主、物质激励为辅。《基层工会经费收支管理办法》文件中明确了基层工会组织开展职工文体活动奖励范围不得超过参与人数的三分之二，奖励可以为现金或实物；为了鼓励更多的工会会员参加活动，考虑到基层工会组织开展文体活动的实际情况，不设置奖项的业余文体活动，可为参加人员发放少量纪念品，不能发放现金。具体的奖励标准由省级工会制定，具体开支时，要严格按照基层工会预算编制审批管理办法规定执行。

306. 基层工会如何开支文体活动伙食补助费

根据《基层工会经费收支管理办法》的规定，基层工会开展文体活动中，可以开支必要的伙食补助费，可以发放现金或食物，也可以采取聚餐等形式。但必须明确其补助范围为参加文体活动而误餐的工会会员和职工群众，开支的标准不得超过当地差旅费中的伙食补助标准，集中组织文体活动中的聚餐，要严格遵守所在地方、行业、系统关于厉行节约反对浪费和公务用餐的相关规定，如公务用餐禁酒令、不得上高档名贵的菜肴等。

307. 基层工会如何规范开支职工宣传活动支出

《基层工会经费收支管理办法》文件明确规定，基层工会组织开展职工宣传活动开支范围包括：

（一）各类宣传活动中所需的材料消耗、场地租金、购买服务等方面的支出；

（二）弘扬劳模精神和工匠精神、大国工匠等主题宣传系列中邀请记者、召开发布会、制作纪录片等支出；

（三）普法宣传中各类报刊、软文的制作及刊载支出；

（四）培育和践行社会主义核心价值观宣传新闻报道以及各类新媒体上的网络交流会、网上智慧工会、公众号的运维等支出；

（五）组织知识竞赛、宣讲、演讲比赛、展览等宣传活动支出。

上述支出包括用于购买这些服务的支出。

308. 基层工会开支法律援助范围包括哪些

《基层工会经费收支管理办法》文件规定，基层工会开支法律援助费范围包括基层工会向职工群众开展法治宣传、提供法律咨询、法律服务等方面。

309. 工会经费计提的基数是应发工资还是实发工资

根据国家统计局办公室《关于印发1999年劳动统计年报新增指标解释及问题解答的通知》（国统办字〔1999〕106号）规定："单位从个人工资中直接为其代扣代缴的社会保险费、所得税、住房公积金以及其他各类扣款都应计入工资统计。"

因此，企业应按照上述规定，即按应发工资总额，作为拨缴工会经费计提基数。

310. 工会软件服务费在哪个会计科目列支

根据《基层工会经费收支管理办法》（总工办发〔2017〕32号）的规定，其他业务支出用于基层工会支付代理记账、中介机构审计等购买服务方面的支出。因此，工会软件服务费在"业务支出——其他业务支出"会计科目列支。

311. 工会邮寄公文可以使用顺丰快递吗

根据《中华人民共和国邮政法》第五十五条的规定，快递企业不得经营由邮政企业专营的信件寄递业务，不得寄递国家机关公文。

国家机关包括各级中国共产党和民主党派的机关、人大机关、行政机关、政协机关、审判机关、检察机关、军事机关以及工会、共青团、妇联等人民团体和参照公务员法管理的事业单位。国家机关公文是国家机关基于公务活动而制作的具有特定文体和格式，并加盖了国家机关公章的书面材料。

因此，工会邮寄公文不可以采用顺丰快递等商业快递，只能使用邮政企业专营的信件寄递业务。

312. 聘请教练的劳务费参照的国家标准具体是什么？有没有具体的金额标准

大多数省级工会明确了聘请教练的费用标准，但部分省级工会在基层工会管理办法中指出聘请教练劳务费参照国家有关规定执行，一般是指参照国家授课人员酬金标准执行，即财政部《中央和国家机关培训费管理办法》（财行〔2016〕540 号）。

313. 可以为男职工发放生育慰问品吗

根据《中华人民共和国人口与计划生育法》第二十五条的规定，符合法律、法规规定生育子女的夫妻，可以获得延长生育假的奖励或者其他福利待遇。

国家支持有条件的地方设立父母育儿假。

不少工会组织出台的基层工会经费收支管理办法关于生育慰问的内容，有包含男女会员的，也有仅包含女会员的，也有未做出具体规定的，除规定仅含女会员的，生育慰问均应当包含男会员。

314. 关于结婚、生育发放的慰问品，可以发放 1 000 元慰问金吗

根据《基层工会经费收支管理办法》（总工办发〔2017〕32 号）第八条的规定，工会会员结婚生育时，可以给予一定金额的慰问品。

因此，不能发放慰问金。

315. 寒假聘请托管孩子人员的费用可放在专项费用里吗

《中华全国总工会关于加强新时代工会女职工工作的意见》（总工发〔2022〕5 号）规定，基层工会开展职工子女托管、托育以及六一儿童节慰问活动等职工子女关爱服务所需经费，可从工会经费中列支。

《工会会计制度》规定，50305 其他服务支出：核算工会组织和开展会员和职工普惠制服务、心理咨询、互助保障等其他方面的职工服务支出。

因此工会经费发生的职工子女托管、托育费用记入“职工服务支出——其他服务支出”。

316. 离退休职工是否享受工会的福利

《中国工会章程》第八条的规定，会员离休、退休和待业，可保留会籍。保留会籍期间免交会费。同时，根据财政部和国家统计局的有关规定，职工离、退休以后，本人所得离退休费不列入单位职工工资总额，原单位行政也不向工会计拨这部分会员的工会经费。因此，离退休人员不再享受工会经费开支的年节福利，工会经费也不开支离退休人员管理部门的各项费用，由政府和行政部门安排专项活动经费和具体慰问安排。每年一次的节日联欢和文体活动，离退休人员是否参加，由各单位工会根据本单位情况确定。上级工会有明确文件的按上级工会的文件执行。

317. 离退休职工的各项费用不能在工会开支的依据是什么

《关于离退休行员管理活动经费不能从工会经费中列支的复函》（工财字〔2000〕46 号）规定，根据财政部和国家统计局的规定，离退休职工的离退休费不列入工资总额组成范围，也不计提工会经费。又根据工会财务制度规定，工会经费中不开支离退休人员管理委员会部门的各项费用。

318. 单位中层干部退休后读老年大学的费用在哪个科目开支

这个不应该由工会经费开支。理由同上一回答。

319. 困难的退休职工可以慰问吗

根据《工会送温暖资金使用管理办法（试行）》（总工发〔2018〕39 号）第七条的规定，各级工会在对建档困难职工做好常态化帮扶、帮助其解困脱困的基础上，在职工发生困难时或重要时间节点对以上职工走访慰问。各级工会要根据实际情况确定走访慰问重点职工群体，并适当考虑关心关爱生活困难的离休、退休的会员。要结合当地居民生活水平和物价指数等因素，科学合理制定慰问标准。因此，可以慰问。

320. 电子发票可以在工会报销入账吗

电子发票同普通发票一样，采用税务局统一发放的形式给商家使用，发票号码采用全国统一编码，采用统一防伪技术，在电子发票上附有电子税局的签名机制。可以作为报销凭证入账。

电子发票报销的方法：

一、直接打印电子发票；

二、税务网站验证电子发票真伪；

三、打印并验证过的电子发票交给工会财务。

提示：电子发票需要注意重复报销的问题，最好的解决办法是让报销人在打印出的电子发票上签上“此次报销为本人首次报销”，并签名。

321. 使用现金超过多少额度视为超额度使用现金

《现金管理暂行条例》第六条规定，……超过使用现金限额的部分，应当以支票或者银行本票支付。《现金管理暂行条例实施细则》第七条规定，结算起点为1000元，需要增加时由中国人民银行总行确定后，报国务院备案。

322. 工会是否有代扣、代缴个人所得税的义务，如何核算

《个人所得税扣缴申报管理办法（试行）》第二条规定，扣缴义务人，是指向个人支付所得的单位或者个人。扣缴义务人应当依法办理全员全额扣缴申报。工会作为一个独立的法人单位，具有代扣、代缴个人所得税的义务。

323. 多长时间的应收账款称“长期挂账”

长期挂账一般是指三年。依据《工会会计制度》第三部分“会计科目使用说明”指出，逾期三年以上、因债务人原因尚未收回的其他应收款，报经批准认定确实无法收回应予以核销。

324. 为什么票据报销不能提前入账、跨期入账或提前列支

《工会会计制度》第二十一条规定，工会应当对已经发生的经济业务或者事项及时进行会计处理和报告，不得提前或者延后。在我们实际审计工作中，主要看票据的发生日期和记账日期是否一致。

325. 为什么工会活动不能缺乏支出依据和活动明细

《会计法》第九条规定，各单位必须根据实际发生的经济业务事项进行会计核算，填制会计凭证，登记会计账簿，编制财务会计报告。

326. 什么叫超范围使用工会经费

《工会会计制度》第五十八条规定，支出是指工会为开展各项工作和活动所发生的各项资金耗费和损失。因此，超出相关制度或文件规定范围和标准的支出就属于超范围使用工会经费。

Ⅷ 审计类

327. 什么是工会的审计

工会审计是指各级工会经费审查委员会依照法律和《中国工会章程》规定的职责、权限和程序，对工会经费收支、资产管理等全部经济活动的真实、合法与效益实施的审计监督。

工会审计实行“统一领导、分级管理、分级负责、下审一级”的工作体制，由中华全国总工会统一制定制度和办法。

328. 哪些单位可以审计工会

上级工会、政府审计机关、税务机关和财政部门及各级巡视组可以审计工会。

一、上级工会

作为主管业务部门，上级工会对基层工会的审计具有天然的合法性，可以对工会经费使用的合理性、合法性、合规性等进行全面审计。上级工会一般设有两个部门对工会进行审计检查，包括财务部门和经审部门（也叫“经审委员会”）。金融、铁路、民航作为三大行业工会，根据垂直领导、属地管理的原则，除接受直接上级工会的审计审查，还应该接受地方总工会的审查审计。上级工会的审计审查和地方总工会的审查审计俗称“两个婆婆”。

二、政府审计机关

根据《工会法》第四十五条的规定，工会经费的使用应当依法接受国家的监督。由此，工会组织不能游离于国家审计监督之外，应该接受国家审计机关和纪检部门的审计。在实际工作中，审计机关的审计主要表现为延伸审计，即对行政拨付给工会的资金进行延伸审计。例如，行政拨付给工会一笔20万元的资金，审计部门来审计的时候，工会对行政拨付的20万元的使用做一个说明提供给审计部门。但对于个别违法乱纪的单位，纪检部门有权对工会进行全面审计另当别论。

三、税务机关

依据《个人所得税法》，税务机关可以对中国境内的所有政府机关、企事业单位、社团组织和个人进行审计。因此，税务机关如果来审计工会，依据的必然是《个人所得税法》，但它的审计仅局限于工会发放的福利品、奖励等有没有缴纳个税，对于工会经费使用的合理性、合规性、合法性是无权审计的。

四、财政部门

根据《全国总工会财务部关于地方财政能否对工会经费全部收支情况进行全面检查监督问题的答复》（工财字〔2005〕86号）和《工会法》第四十五条的规定，工会经费的使用应当依法接受国家的监督。国家对工会经费使用的监督，主要表现为由政府财政拨给工会用于修建办公和职工活动设施与设备的基本建设费、县级以上工会离退休人员所需费用以及政府对工会疗休院的财政补贴等，必须接受政府的监督检查，发现问题，及时纠正。据此，各级地方财政部门对统计工会的检查监督仅限于拨给工会使用的财政性资金，其余非财政性资金，如工会经费收支、会费收支、事业收支、其他收支的预算执行情况，统计财政部门无权检查和监督。因此，财政部门仅对使用的财政性资金进行审计，对没有使用财政资金的单位财政部门是无权审计的。但财政部门如果对会计的真实性进行检查也是可以的，如票据的真实性检查。

五、各级巡视组

响应中央要求，工会各级组织全面接受巡视组的检查监督。

329. 工会经费纳入国家审计吗

根据《工会法》第四十五条的规定，工会应当根据经费独立原则，建立预算、决算和经费审查监督制度。各级工会建立经费审查委员会。各级工会经费收支情况应当由同级工会经费审查委员会审查，并且定期向会员大会或者会员代表大会报告，接受监督。工会会员大会或者会员代表大会有权对经费使用情况提出意见。工会经费的使用应当依法接受国家的监督。

330. 工会审计工作的主要依据有哪些

《工会法》（2022年）；

《中国工会章程》（2023年）；

《工会会计制度》（财会〔2021〕7号）；

《工会财务会计管理规范》（总工办发〔2013〕20号）；

《工会预算管理办法》（总工办发〔2019〕26 号）；

《基层工会预算管理办法》（总工办发〔2020〕29 号）；

《工会固定资产管理办法》（总工办发〔2002〕30 号）；

《中国工会审计条例》（总工发〔2023〕6 号）；

《工会经费收入专用收据使用管理暂行办法》（工财字〔2010〕119 号）；

其他围绕上述制度的各类通知、补充规定等。例如：

《中华全国总工会办公厅关于印发〈基层工会经费收支管理办法〉的通知》（总工办发〔2017〕32 号）；

《中华全国总工会财务部〈关于明确基层工会部分经济业务相关会计处理〉的通知》（工财发〔2018〕3 号）；

《关于工会财务工作经费开支范围的规定》（工财发〔2014〕43 号）；

《中华全国总工会办公厅〈关于加强工会经费财务管理和审计监督切实管好用好工会经费〉的通知》（总工办发〔2013〕51 号）；

国家规定的有关其他制度等。

331. 工会经费审查委员会负责和报告的对象是谁

根据《中国工会审计条例》第十一条的规定，经审会向同级工会会员大会或者会员代表大会负责并报告工作，大会闭会期间，向同级工会委员会负责并报告工作。上级经审会对下级经审会进行业务指导和监督考核。

332. 工会经费审查委员会的组成及有关事项有哪些

根据《中国工会审计条例》第十二条的规定，县级以上工会经审会委员人数不少于同级工会委员会委员人数的 20%，最低不少于 5 人；基层工会经审会委员人数一般 3 至 11 人。经审会委员中具有审计、财会专业知识的人员不少于三分之二。

《工会基层组织选举工作条例》（总工发〔2016〕27 号）第三十四条规定，凡建立一级工会财务管理的基层工会组织，应在选举基层工会委员会的同时，选举产生经费审查委员会。第三十五条规定，基层工会经费审查委员会委员名额一般 3 ～ 11 人。

经费审查委员会设主任 1 人，可根据工作需要设副主任 1 人。

333. 工会主席、分管财务和资产的副主席、财务和资产管理部门的人员能担任同级的经审委员吗

根据《中国工会审计条例》第十三条的规定，工会主席、分管财务和资产的副主席、工会财务人员和资产管理人员，不得担任同级工会经审会委员。

提示：审计条例只是规定不允许担任同级的经审委员，但可以担任上级工会的经审委员，在审计本单位时回避即可。

334. 工会经审会审计工会财务有哪些事项

根据《中国工会审计条例》第二十一条，经审会对本级工会及其所属企事业单位和下一级工会的下列事项进行审计：

（一）贯彻落实党和国家相关重大经济社会政策措施以及全国总工会决策部署情况；

（二）与经济活动有关的发展规划、战略决策、重大措施以及年度业务计划执行情况；

（三）经费预算编制和调整、预算执行、决算草案以及其他财务收支情况；

（四）经费计提和拨缴情况；

（五）专项资金物资的筹措、拨付、管理和使用情况；

（六）资产的管理、使用和处置情况；

（七）本级工会及其所属企事业单位建设项目情况；

（八）本级工会及其所属企事业单位对外投资情况；

（九）内部控制及风险管理情况；

（十）经费使用效益和资产经营效益情况；

（十一）撤并时的财务清算情况；

（十二）工会管理和委托其他单位管理的社会捐赠资金、各类基金的收支情况；

（十三）其他需要审计的有关事项。

以上事项，必要时可以进行延伸审计。

335. 工会经费支出审计总体要如何把握

（一）经费支出总额是否控制在年度预算范围内，是否有不按预算随意开支现象。

（二）经费报销的程序、手续是否规范，授权、经办、验收是否分离；是否坚持“一支笔”的审批制度。

（三）经费开支是否合规、合法，有无扩大支出范围、提高开支标准、虚报冒领、虚列支出。

（四）经费支出原始凭证是否齐全、合法。

（五）年末各收支项目是否全部结转。

336. 经审工作除上述工作，还有哪些审计工作

一、《中国工会审计条例》第二十三条规定，经审会接受本级工会干部管理部门的书面委托，对本级工会内部管理的领导人员履行经济责任情况进行审计。

经审会实施经济责任审计时，参照执行国家有关经济责任审计的规定。

二、《中国工会审计条例》第二十四条规定，经审会可以对被审计单位依法依规应当接受审计的事项进行全面审计，也可以对其中的特定事项进行专项审计或者专项审计调查。

三、《中国工会审计条例》第二十五条规定，上级经审会对其审计职责范围内的审计事项，可以授权下级经审会进行审计。

下级经审会应当配合协助上级经审会开展各项审计工作。

337. 同级的行政负责人离任审计时，需要审计工会吗

根据《全国总工会财务部关于地方财政能否对工会经费全部收支情况进行全面检查监督问题的答复》（工财字〔2005年〕86号）文件要求和《工会法》第四十五条的规定，工会经费的使用应当依法接受国家的监督。国家对工会经费的使用监督，主要表现为：由政府财政拨给工会用于修建办公和职工活动设施与设备的基本建设费、县级以上工会离退休人员所需费用以及政府对工会疗养院的财政补贴等，必须接受政府

的监督检查，发现问题、及时纠正。据此，各级地方财政部门对同级工会的检查监督仅限于拨给工会使用的财政性资金，其余非财政性资金，如工会经费收支、会费收支、事业收支、其他支出的预算执行情况，同级财政部门无权检查和监督。

因此，参照以上文件内容，同级的行政负责人离任审计时，是不能审计工会的开支的，但对于由行政拨付给工会的一些补助或其他款项，工会可以提供这些款项的去向说明。

338. 工会审计中常见的问题有哪些

一、工会经费使用方面

（一）用于为会员及职工开展活动方面。

（1）职工活动超标准、超范围发放奖励。

（2）违反规定乱设奖项。

（3）以现金奖励代替实物奖励。

（4）利用组织职工活动之机给工作人员、参加活动人员发放加班费等任何形式的现金补贴（有明确规定的除外）。

（5）以工作需要为名给工会专职工作人员发放通信费、加班费、交通费、年终奖等任何形式的现金补贴或奖励。

（6）以购买或发放各类活动卡（健身卡、游泳卡、瑜伽卡等）的形式代替组织职工活动。

（7）擅自提高标准、超范围发放讲课费、裁判费、评审费、教练费、训练补助、演出补助、误餐补助等。

（8）违反《天津市基层工会经费收支管理办法》要求，擅自提高工会经费弥补会费资金不足的标准。

（二）用于维护职工权益方面。

（1）各级工会可根据本单位实际情况制定慰问职工、困难补助、帮扶救助等制度，但必须坚持一视同仁的原则，禁止按职务、级别定标准。对于制定的制度要按照“三重一大”规定程序决策，并向同级党组织报备后执行。

（2）将中央和市级专项帮扶资金用于生活救助、医疗救助、助学救助的资金，严格按照《关于专项帮扶资金的实施细则》有关规定执行，准确确定救助范围和帮扶对象，确保困难救助对象在市总帮扶库中，禁止擅自扩大范围、提高标准。

（三）用于培训、会议、公务接待方面。

（1）擅自提高标准，表彰优秀工会干部和积极分子。

（2）擅自提高会议费、培训费标准。

（3）到风景名胜区、度假村举办培训班或召开会议。

（4）借会议、培训、公务接待名义安排公款旅游。

（5）借会议、培训名义组织高消费娱乐、健身活动。

（6）借会议、培训名义给参加会议（培训）人员发放礼品、有价证券、纪念品和土特产品。

（7）借会议、培训名义组织会餐或安排宴请。

（8）公务接待超标准、超范围。

（9）报销与会议、培训、公务接待无关的费用。

（10）将会议、培训、公务接待结余费用存在承办单位形成“小金库”。

（11）以会议、培训为名虚列支出，转移、隐匿资金或向下级工会摊派、转嫁支出。

（四）用于职工福利等方面。

（1）擅自提高标准发放逢年过节慰问品。

（2）以现金形式发放节日慰问品。

（3）以现金形式发放生日蛋糕、电影券等。

（4）在《基层工会经费收支管理办法》允许范围以外的节日发放节日慰问品、现金补贴等。

（五）工会经费其他使用方面。

（1）用工会经费列支工会组织以外其他组织的费用，确须给予其他单位资金支持的情况，应按“三重一大”程序进行决策，并经同级党组织同意后执行。

（2）行政挤占工会经费。不得用工会经费给职工发放书报费、洗理费、防暑降温费；不得用工会经费发放应由行政承担的各项奖励；不得用工会经费支付行政办公场所有关费用；不得用工会经费支付职代会（区域、行业职代会工作除外）、职工体检费、职工伙食费、职工食堂费用、职工丧葬费、离退休人员费用等应由行政列支的费用。

（3）违反上级工会关于劳动模范、一线职工疗休养相关规定和要求，擅自扩大疗休养人员范围或提高标准；组织到文件规定以外的地点进行疗休养。

（4）用工会经费购买各种商业预付卡、购物卡、电子礼品卡、消费券等，搞请客送礼等活动。

（5）用工会经费参与非法集资活动，或为非法集资活动提供经济担保。

二、工会经费管理方面

（1）工会财务不独立核算；将工会经费在行政挂账。凡因特殊原因无独立工会账户的，其工会经费一律由上一级工会代管。

（2）工会经费列支非本级工会应支付的费用。

（3）从事工会财务工作不相容职务兼容。

（4）不按规定编制资产负债表、收入支出表、工会经费收支预（决）算等各种报表。

（5）无预算、超预算支出，追加预算不履行相关程序。

（6）工会经费收支预（决）算不经同级工会经审会审查。

（7）出租、出借工会账户，行政利用工会账户违规设立“小金库”。

（8）违反“三重一大”规定，支出各项大额资金。

（9）工会经费支出经济事项与发票内容不符、使用虚假发票，发票无明细，支出无明细、无发放记录或发放记录无本人或代领人签字，白条入账等不规范财务行为。

（10）违规出借工会经费或将工会经费划拨给同级行政使用。

（11）购置固定资产不入账，固定资产不定期盘点，对于盘亏资产、报废资产不及时进行处理，不编制、不登记固定资产台账。

三、工会经（会）费收缴方面

（1）机关事业单位、企业不按照工资总额的2%计提或少提工会经费。

（2）不将财政划拨工会经费计入拨缴经费收入；将应计入收入的经费在往来科目核算，形成“小金库”。

（3）下级工会不按照规定比例上缴工会经费。

（4）不收或少收工会会员会费。

339. 违反党风廉政建设方面的问题及其依据

一、违规购买发放烟花爆竹、烟酒等年货节礼作为会员的节日慰问品

依据：中央纪委《关于严禁元旦春节期间公款购买赠送烟花爆竹等年货节礼的通知》(中纪发〔2013〕9号)规定，各级党政机关人民团体、国有企事业单位和金融机构，严禁用公款购买赠送烟花爆竹、烟酒、花卉、食品等年货节礼(慰问困难群众职工不在此限)。

二、严禁借会议、培训名义组织高消费娱乐、健身活动

依据:《基层工会经费收支管理办法》第二十二条规定，不准使用工会经费从事高消费性娱乐和健身活动。

三、违规用现金形式发放法定节日或会员生日、结婚、生育等慰问品

依据:《基层工会经费收支管理办法》第八条规定，严禁对明文规定发放慰问品的以现金代替。

四、严禁借会议、培训名义组织高消费娱乐、健身活动

依据:《基层工会经费收支管理办法》第二十二条规定，不准使用工会经费从事高消费性娱乐和健身活动。

五、违规用工会经费组织职工公款旅游违反规定在党中央、国务院明令禁止的21个风景名胜区组织召开会议或举办培训、活动等

依据：中共中央办公厅、国务院办公厅印发《关于严禁党政机关到风景名胜区开会的通知》规定，各级党政机关一律不得到八达岭—十三陵、承德避暑山庄外八庙、五台山、太湖、普陀山、黄山、九华山、武夷山、庐山、泰山、嵩山、武当山、武陵源(张家界)、白云山、桂林漓江、三亚热带海滨、峨眉山—乐山大佛、九寨沟—黄龙、黄果树、西双版纳、华山21个风景名胜区召开会议，禁止召开会议的区域范围以风景名胜区总体规划确定的核心景区地域范围为准。

六、以组织职工会员进行团队建设或开展春秋游活动为名公款旅游

依据:《中共中央关于党风廉政建设八项禁令》第五十二条规定第三条……不准有下列行为：……(四)用公款旅游或者变相用公款旅游。

中共中央办公厅、国务院办公厅印发《关于严禁党政机关到风景名胜区开会的通知》一、各级党政机关一律不得到八达岭—十三陵、承德避暑山庄外八庙、五台山、太湖、普陀山、黄山、九华山、武夷山、庐山、泰山、嵩山、武当山、武陵源(张家界）、白云山、桂林漓江、三亚热带海滨、峨眉山—乐山大佛、九寨沟—黄龙、黄果树、西双版纳、华山21个风景名胜区召开会议，禁止召开会议的区域范围以风景名胜区总体规划确定的核心景区地域范围为准。

七、举办文艺汇演和晚会、体育比赛或运动会等大型活动的费用支出不符合有关规定

依据：中共中央中宣部、财政部、文化部、审计署、国家新闻出版广电总局《关于制止豪华铺张、提倡节俭办晚会的通知》（中宣发〔2013〕19号）规定，严格控制党政机关举办文艺晚会。……不得使用财政资金举办营业性文艺晚会。不得使用财政资金高价请演艺人员……原则上不得使用财政资金为公祭、旅游、历史文化、特色物产、行政区划变更、工程奠基或竣工等节庆活动举办文艺晚会。不得与企业联名举办文艺晚会和节庆演出。……不得借举办晚会之机发放礼品、贵重纪念品，防止利用晚会为单位和个人谋取私利。

340. 违反内控管理制度方面的问题及其依据

一、未建立健全工会经费内部会计监督和审查审计监督相关制度

依据:《会计法》第二十七条规定，各单位应当建立、健全本单位内部会计监督制度。

《中国工会审计条例》（总工发〔2023〕6号）第二条规定，工会坚持经费独立原则，依法建立对工会经费收支、资产管理等全部经济活动的审计监督制度。

二、未设置专职工会主席

依据:《中华人民共和国工会法》第十四条规定，职工二百人以上的企业、事业单位、社会组织的工会，可以设专职工会主席。工会专职工作人员的人数由工会与企业、事业单位、社会组织协商确定。

三、未制定工会财务收支管理、财务支出报销和审批流程等财务管理内部控制制度

依据:《工会财务会计管理规范》（修订）（总工办发〔2013〕20号）第七条规定，各级工会应当根据财务会计业务的需要，建立健全内部财务会计管理制度。主要包括：收支预算、决算制度，货币资金管理制度，票据管理制度，财务收支管理制度，专项资金管理制度，债权债务管理制度，账务处理程序制度，内部会计控制制度，经费定额（包干）管理制度，财产清查制度，财务会计分析制度，岗位责任制度，会计档案管理制度等。

四、规章制度的制定程序不规范

依据:《国务院办公厅关于加强行政规范性文件制定和监督管理工作的通知》(国办发〔2018〕37号）规定,（三）严格制发程序。行政规范性文件必须严格依照法定程序制发，重要的行政规范性文件要严格执行评估论证、公开征求意见、合法性审核、集体审议决定、向社会公开发布等程序。要加强制发程序管理，健全工作机制，完善工作流程，确保制发工作规范有序。……（七）坚持集体审议。制定行政规范性文件要实行集体研究讨论制度，防止违法决策、专断决策、“拍脑袋”决策……政府部门制定的行政规范性文件要经本部门办公会议审议决定。集体审议要充分发扬民主，确保参会人员充分发表意见，集体讨论情况和决定要如实记录，不同意见要如实载明。

五、未根据“上位法”相关规定及时调整、更新、修订、完善、废止内部相关管理规定

依据:《会计基础工作规范》(2019年修订）(财政部令第98号）第八十四条规定，各单位制定内部会计管理制度应当遵循下列原则:（一）应当执行法律、法规和国家统一的财务会计制度。……（六）应当根据管理需要和执行中的问题不断完善。

六、未建立健全工会重大经济事项集体研究决定的议事决策机制

依据:《基层工会经费审查委员会工作条例》(工厅审字〔1990〕58号）第二十二条规定，基层工会经费审查委员会实行集体领导、民主集中制。讨论问题时，应充分发扬民主。决定问题时，由全体委员的过半数通过。

七、未明确工会资产统一归口管理和监督部门及职责

依据:《中华全国总工会关于加强工会财务管理、资产监督管理和经费审查审计监督的意见》(总工办发〔2016〕38号）规定，明确工会资产监管职责。按照“统一所有、分级监管、单位使用”的原则，加强各级工会资产监管机构建设，明确工会资产监管责任部门和监管职责，实现工会资产出资人到位。

八、未明确大额集中采购归口部门及职责

依据:《工会行政事业性资产管理办法》(总工办发〔2017〕5号）第十二条规定，各级工会行政事业单位购置资产，应按照《中华人民共和国政府采购法》及其实施细则的规定执行。

九、未按照不相容岗位相互分离的原则设置关键岗位，配备相应人员

依据:《工会财务会计管理规范》(修订)(总工办发〔2013〕20号)第二十八条规定，按照不相容职务相分离的原则，明确相关岗位的职责权限，确保不相容岗位相互分离、制约和监督。第二十九条规定，出纳人员不得兼任稽核、会计档案保管和收入、支出、费用、债权债务账目的登记工作。第三十条规定，单位不得由一人办理货币资金业务的全过程。

十、未明确经费开支内部授权审批控制规定

依据:《工会财务会计管理规范》(修订)第三十一条规定，建立严格的经费开支程序和授权批准制度，明确授权批准的范围、权限、程序、责任和相关控制措施，做到申请、经办、证明、验收、审核、签批等经费开支手续完备，原始凭证合法有效，相关附件齐全。

十一、未明确和落实预算内收支“一支笔”审批权限

依据:《中华全国总工会办公厅关于加强工会经费财务管理和审计监督切实管好用好工会经费的通知》(总工办发〔2013〕51号)第六条规定，加大工会经费使用管理责任追究。全面落实工会经费使用管理工作责任，坚持主要领导负总责，预算内收支严格执行“一支笔”审批，重大支出决策集体研究决定。

十二、未经工会负责人授权，由非有权签批人签批相关业务

依据:《行政事业单位内部控制规范(试行)》(财会〔2012〕21号)第十二条规定，内部授权审批控制。……相关工作人员应当在授权范围内行使职权、办理业务。

十三、未明确重大开支集体决策的项目范围、额度及审议流程

依据:《行政事业单位内部控制规范(试行)》第十四条规定，单位经济活动的决策、执行和监督应当相互分离。单位应当建立健全集体研究、专家论证和技术咨询相结合的议事决策机制。重大经济事项的内部决策，应当由单位领导班子集体研究决定。重大经济事项的认定标准应当根据有关规定和本单位实际情况确定，一经确定，不得随意变更。

十四、财务软件的操作权限设定不符合岗位设置权限规定

依据:《工会财务会计管理规范》第二十四条规定，下级工会财务软件应能满足上级工会数据上报的要求。

十五、工会主席、分管财务、资产的副主席兼任经审会主任，或工会会计、出纳或资产管理人员兼职经审工作

依据:《中国工会审计条例》第十三条规定，工会主席、分管财务和资产的副主席、工会财务人员和资产管理人员，不得担任同级工会经审会委员。

十六、工会审计人员从事工会会计、出纳及资产管理等岗位工作

依据:《中国工会审计条例》第二十条规定，工会审计人员不得从事可能影响独立、客观履行审计职责的工作，不得参与、干预、插手被审计单位及其相关单位的经济管理活动。

十七、经审会委员人数配备不足

依据:《中国工会审计条例》第十二条规定，……县级以上工会经审会委员人数不少于同级工会委员会委员人数的 20%，最低不少于 5 人。《工会基层组织选举工作条例》(总工办发〔2016〕27 号)，第三十五条第一款基层工会经费审查委员会委员名额一般 3 至 11 人。经费审查委员会设主任 1 人，可根据工作需要设副主任 1 人。

十八、经审会委员中具有审计、财会专业知识的人员不足三分之二

依据:《中国工会审计条例》第十二条规定，……经审会委员中具有审计、财会专业知识的人员一般不少于三分之二。

十九、未按规定配备经审会主任

依据:《中国工会审计条例》第五十四条规定，各级工会应当加强工会审计人员队伍建设，落实经审会主任任期培训制度和工会审计人员培训规划，做好工会审计人员的配备、使用、考核和管理工作。

二十、未设置经费审查委员会办公室(经审岗)，未配备专兼职经审干部

依据:《中国工会审计条例》第十六条规定，全国总工会、各级地方总工会、独立管理经费的产业工会和机关工会联合会的经费审查委员会办公室(以下简称经审办),作为经审会的日常工作机构,承担工会经费审查审计监督工作。

二十一、岗位变动未办理交接手续

依据:《工会财务会计管理规范》(修订)第五条规定，……会计人员调动或离职按照国家有关规定办理交接手续。

《会计基础工作规范》(2019 年修订)第二十五条规定，会计人员工作调动或者因故离职，必须将本人所经管的会计工作全部移交给接替人员。没有办清交接手续的，不得调动或者离职。

二十二、对内部监督中发现的重大问题和隐患，没有及时向上级有权部门及相关负责人汇报和反映

依据:《中国工会审计条例》第三十二条规定，经审会对审计中发现的严重违法违规、严重损失浪费等问题，以及被审计单位经济运行中存在的重大风险隐患，有权向同级工会党组织、工会委员会和上一级经审会报告。

《会计基础工作规范》(2019 年修订）第七十九条规定，会计机构、会计人员对违反单位内部会计管理制度的经济活动，应当制止和纠正；制止和纠正无效的，向单位领导人报告，请求处理。

二十三、工会经费审查委员会未与同级工会委员会选举产生

依据:《中国工会审计条例》第十条规定，经审会应当与同级工会委员会同时考察、同时报批、同时选举产生。第十二条规定，经审会委员由政治素质高、业务能力强、具有相关专业知识的工会干部和会员担任并经民主选举产生。

二十四、未建立经审监督组织及办事机构并明确其监督职责

依据:《工会法》第四十五条规定，工会应当根据经费独立原则，建立预算、决算和经费审查监督制度。各级工会建立经费审查委员会。各级工会经费收支情况应当由同级工会经费审查委员会审查，并且定期向会员大会或者会员代表大会报告，接受监督。

《工会基层组织选举工作条例》第三十四条规定，凡建立一级工会财务管理的基层工会组织，应在选举基层工会委员会的同时，选举产生经费审查委员会。《中国工会审计条例》第十六条规定，……产业工会和机关工会联合会的经费审查委员会办公(以下简称经审办)，作为经审会的日常工作机构，承担工会经费审查审计监督工作。

二十五、未建立健全内部审计制度

依据:《审计署关于内部审计工作的规定》(中华人民共和国审计署令 2018 年第 11 号）第四条规定，单位应当依照有关法律法规、本规定和内部审计职业规范，结合本单位实际情况，建立健全内部审计制度，明确内部审计工作的领导体制、职责权限、人员配备、经费保障、审计结果运用和责任追究等。

二十六、被审计单位拒绝和阻碍经审人员依法履行职责

依据:《中国工会审计条例》第六条规定，经审会依照法律法规和《中国工会章程》独立履行审计监督职责，被审计单位及其有关人员不得拒绝和阻碍工会审计人员履行职责，不得打击报复工会审计人员。第四十六条规定，各级工会领导班子应当自觉接受审计监督，支持经审会和工会审计人员依法独立履行职责。

二十七、未履行对同级工会年度经费收支及资产管理情况的审查审计职能

依据:《中国工会章程》第十三条第一款规定，……经费审查委员会负责审查同级工会组织及其直属企业、事业单位的经费收支和资产管理情况，监督财经法纪的贯彻执行和工会经费的使用，并接受上级工会经费审查委员会的指导和监督。

二十八、经审会未履行届期内对下级工会的审计全覆盖职能

依据:《中国工会章程》第十三条第二款规定，上级经费审查委员会应当对下一级工会及其直属企业、事业单位的经费收支和资产管理情况进行审查。

《中华全国总工会关于加强县级工会经费审查审计监督工作的意见》(总工办发〔2010〕1号)……对基层工会经费的收缴、管理和使用情况进行审计，年审计覆盖率不低于20%，确保五年审计一遍。

二十九、未向会员大会或者会员代表大会报告工会财务收支情况

依据:《中国工会章程》第四十条规定，各级工会委员会按照规定编制和审批预算、决算，定期向会员大会或者会员代表大会和上一级工会委员会报告经费收支和资产管理情况，接受上级和同级工会经费审查委员会审查监督。

三十、以工会内部会计监督代替经审履职监督

依据:《工会法》第四十五条规定，工会应当根据经费独立原则，建立预算、决算和经费审查监督制度。各级工会建立经费审查委员会。各级工会经费收支情况应当由同级工会经费审查委员会审查，并且定期向会员大会或者会员代表大会报告，接受监督。

三十一、未建立健全工会经费内部会计监督和审查审计监督相关制度

依据:《会计法》第二十七条规定，各单位应当建立、健全本单位内部会计监督制度。

《中国工会审计条例》第二条规定，工会坚持经费独立原则、依法建立对工会经费收支、资产管理等全部经济活动的审计监督制度。

三十二、未建立健全工会重大经济事项集体研究决定的议事决策机制

依据:《基层工会经费审查委员会工作条例》第二十二条规定，基层工会经费审查委员会实行集体领导、民主集中制。讨论问题时，应充分发扬民主。决定问题时，由全体委员的过半数通过。

三十三、未按照不相容岗位相互分离的原则设置关键岗位，配备相应人员

依据:《工会财务会计管理规范》(修订)第二十八条规定，按照不相容职务相分离的原则，明确相关岗位的职责权限。确保不相容岗位相互分离、制约和监督。第二十九条规定，出纳人员不得兼任稽核、会计档案保管和收入、支出、费用、债权债务账目的登记工作。第三十条规定，单位不得由一人办理货币资金业务的全过程。

三十四、未明确和落实预算内收支“一支笔”审批权限

依据：工会经费开支严格控制在上级审批的预算范围之内，由工会主管财务主席“一支笔”签字。《中华全国总工会办公厅关于加强工会经费财务管理和审计监督切实管好用好工会经费的通知》(总工办发〔2013〕51号)文件规定，加大工会经费使用管理责任追究。全面落实工会经费使用管理工作责任，坚持主要领导负总责，预算内收支严格执行“一支笔”审批，重大支出决策集体研究决定。

三十五、以工会内部会计监督代替经审履职监督

依据:《工会法》第四十五条规定，工会应当根据经费独立原则，建立预算、决算和经费审查监督制度。各级工会建立经费审查委员会。各级工会经费收支情况应当由同级工会经费审查委员会审查，并且定期向会员大会或者会员代表大会报告，接受监督。

三十六、跨年度报销费用

依据:《工会会计制度》第二十一条规定，工会应当对已经发生的经济业务或者事项及时进行会计处理和报告，不得提前或者延后。

三十七、重大资金支出未实行集体决策和审批

依据:《工会财务会计管理规范》第三十二条规定，重大资金支出实行集体决策和审批，并建立责任追究制度。

341. 违反预算与审批管理方面的问题及其依据

一、预算编制范围和项目不全面，应纳入预算的未纳入

依据:《工会法》第四十五条规定，工会应当根据经费独立原则，建立预算、决算和经费审查监督制度；根据《中国工会章程(修正案)》第四十条规定，各级工会委员会按照规定编制和审批预算、决算，定期向会员大会或者会员代表大会和上一级工会委员会报告经费收支和资产管理情况，接受上级和同级工会经费审查委员会审查监督。

《工会预算管理办法》第十九条规定，县级以上工会预算收入包括：拨缴经费收入、上级补助收入、政府补助收入、附属单位上缴收入、投资收益、其他收入。基层工会预算收入包括：会费收入、拨缴经费收入、上级补助收入、行政补助收入、附属单位上缴收入、投资收益、其他收入。

第二十一条规定，县级以上工会预算支出包括：职工活动组织支出、职工服务支出、维权支出、业务支出、行政支出、资本性支出、补助下级支出、对附属单位的支出、其他支出。基层工会预算支出包括：职工活动支出、职工服务支出、维权支出、业务支出、资本性支出、对附属单位的支出、其他支出。

二、未按要求编制预算

依据：党政机关应当遵循先有预算、后有支出的原则，严格执行预算，严禁超预算或者无预算安排支出，严禁虚列支出、转移或者套取预算资金。

《工会预算管理办法》第二十五条规定，各级工会、各预算单位应当按照本办法规定的收支范围，依法、真实、完整、合理地编制年度收支预算。

三、预算编制不完整

依据:《工会预算管理办法》第十八条规定，预算由预算收入和预算支出组成。工会及所属预算单位的全部收入和支出都应当纳入预算。

四、上年项目结转资金未编入年度预算

依据:《工会预算管理办法》第三十一条规定，各级工会上一年度未全部执行或未执行、下年需按原用途继续使用的项目资金，作为项目结转资金，纳入下一年度预算管理，用于结转项目的支出。

五、专项转移支付未按项目编制

依据:《工会预算管理办法》第三十三条规定，专项转移支付是上级工会给下级工会用于专项工作的补助，应当根据工作需要，分项目编制。

六、预算支出结构不合理

依据:《工会预算管理办法》第二十八条规定，各级工会支出预算的编制，应当贯彻勤俭节约的原则，优化经费支出结构，保障日常运行经费，从严控制“三公”经费和一般行政性支出，重点支持维护职工权益、为职工服务和工会活动等工会中心工作。

预算支出的编制市级工会用于服务基层、服务职工方面的支出（含职工活动支出、维权支出、补助下级支出等）一般不得低于年度总支出的60%。

七、未及时批复预（决）算

依据：《工会预算管理办法》第四十一条规定，各级工会本级预算经批准后，应当在二十日内批复所属预算单位。第五十八条规定，各级工会本级决算经批准后，应当在十五个工作日内批复所属预算单位。

八、未严格执行预算

依据：完善预算执行管理办法，严把预算执行关，增强预算执行的严肃性，提高预算执行的准确率，防止年底突击花钱等现象发生。《工会预算管理办法》第四十四条规定，预算批准后，按照批准的预算执行。

九、截留、挪用、拖欠工会经费

依据：《工会预算管理办法》第四十三条规定，各级工会应按照年度预算积极组织收入。按照规定的比例及时、足额拨缴工会经费，不得截留、挪用。第六十二条规定，各级工会、各预算单位有下列行为之一的，责令改正，对负有直接责任的主管人员和其他直接责任人员追究行政责任。

十、超预算、超计划拨款

依据：《工会预算管理办法》第四十五条规定，各级工会应根据年度支出预算和用款计划拨款。未经批准，不得办理超预算、超计划的拨款。

十一、擅自改变预算资金用途

依据：《工会预算管理办法》第四十六条规定，各预算单位的支出必须按照预算执行，不得擅自扩大支出范围，提高开支标准，不得擅自改变预算资金用途，不得虚假列支。第六十三条规定，各级工会、各预算单位及其工作人员存在下列行为之一的，责令改正，追回骗取、使用的资金，有违法所得的没收违法所得，对单位给予警告或者通报批评；对负有直接责任的主管人员和其他直接责任人员依法给予处分：（一）虚报、冒领预算资金的；（二）违反规定扩大开支范围、提高开支标准的。

十二、有关事项未按规定经集体研究决定

依据：《工会预算管理办法》第四十四条规定，送温暖支出、突发事件支出和本级工会已确定年度重点工作支出等需提前使用的，必须经集体研究决定。《工会预算管理办法》（总工办发〔2019〕26号）第四十七条规定，当年预算执行中，县级以上工会因处理突发事件、政策性增支及其他难以预计的开支，需要增加预算支出的，可以由本级工会财务管理部门提出预备费的动用方案，报经本级工会集体研究决定。

十三、项目预算支出执行率偏低

依据:《工会预算管理办法》第七条规定，工会预算应当遵循统筹兼顾、勤俭节约、量力而行、讲求绩效和收支平衡的原则。第四十六条规定，县级以上工会必须根据国家法律法规和全国总工会的相关规定，及时足额拨付预算资金，加强对预算支出的管理和监督。

十四、未按规定进行预算调整

依据:《工会预算管理办法》第四十八条规定，各级工会预算一经批准，原则上不作调整。下列事项应当进行调整:（一）需要增加或减少预算总支出的;（二）动用预备费仍不足以安排支出的;（三）需要调减预算安排的重点支出数额的;（四）动用预算稳定调节基金的。

十五、擅自进行预算资金调剂

依据:《工会预算管理办法》第四十九条规定，各级工会、各预算单位的预算支出应当按照预算科目执行，严格控制不同预算科目、预算级次或项目间的预算资金调剂。确需调剂使用的，按照有关规定办理。

十六、未按规定处理超收、短收

依据:《工会预算管理办法》第五十条规定，县级以上工会在预算执行中有超收收入的，只能用于补充预算稳定调节基金。县级以上工会在预算年度中出现短收，应通过减少支出、调入预算稳定调节基金来解决。以上变化情况应在决算说明中进行反映。

十七、未按规定实施预算绩效管理

依据:《工会预算管理办法》第五十一条规定，县级以上工会和具备条件的基层工会应全面实施预算绩效管理。

342. 违反收入管理制度方面的问题及其依据

一、未按规定将各项收入入账，以现金或其他方式存放形成“小金库”

依据:《工会会计制度》第五十七条规定，工会各项收入应当按照实际发生额入账。

二、未及时足额计提拨缴经费

依据:《工会法》第四十三条规定，（二）建立工会组织的用人单位按每月全部职工工资总额的百分之二向工会拨缴的经费。

343. 违反支出管理制度方面的问题及其依据

一、未制定财务支出管理制度

依据:《工会财务会计管理规范》(修订)第七条规定，各级工会应当根据财务会计业务的需要，建立健全内部财务会计管理制度。主要包括：收支预算、决算制度，货币资金管理制度，票据管理制度，财务收支管理制度，专项资金管理制度，债权债务管理制度，账务处理程序制度，内部会计控制制度，经费定额管理制度，财产清查制度，财务会计分析制度，岗位责任制度，会计档案管理制度等。第三十一条规定，建立严格的经费开支程序和授权批准制度，明确授权批准的范围、权限、程序、责任和相关控制措施，做到申请、经办、证明、验收、审核、签批等经费开支手续完备，原始凭证合法有效，相关附件齐全。

二、未制定支出的具体标准及范围

依据:《行政事业单位内部控制规范(试行)》第二十九条规定，单位应当建立健全支出内部管理制度，确定单位经济活动的各项支出标准，明确支出报销流程，按照规定办理支出事项。

三、违规购买、发放党风廉政建设和国家机关严令禁止使用公款购置的物品

依据：中央纪委《关于严禁公款购买印制寄送贺年卡等物品的通知》(中纪发〔2013〕8号)规定，各级党政机关、国有企事业单位和金融机构，严禁用公款购买、印制、邮寄、赠送贺年卡、明信片、年历等物品。

四、违规购买发放烟花爆竹、烟酒等年货节礼作为会员的节日慰问品

依据：中央纪委《关于严禁元旦春节期间公款购买赠送烟花爆竹等年货节礼的通知》(中纪发〔2013〕9号)规定，各级党政机关、人民团体、国有企事业单位和金融机构，严禁用公款购买赠送烟花爆竹、烟酒、花卉、食品等年货节礼(慰问困难群众职工不在此限)。

五、违规用工会经费请客送礼

依据:《基层工会经费收支管理办法》第二十二条规定，不准使用工会经费请客送礼。

六、违反规定滥发津补贴和奖励

依据:《中华全国总工会办公厅关于加强工会经费财务管理和审计监督　切实管

好用好工会经费的通知》(总工办发〔2013〕51号)规定，……严禁以各种名义年终突击花钱和滥发津贴、补贴、奖金、实物，严禁报销与公务活动无关的费用……又根据《基层工会经费收支管理办法》第二十二条规定，不准违反工会经费使用规定，滥发奖金、津贴、补贴。

七、借筹备举办大型活动或节日庆祝之机，以活动名义用工会经费向全体会员职工变相发放钱款、有价证券或与活动无关的物品

依据:《党政机关厉行节约反对浪费条例》(中发〔2013〕13号)第三十三条规定，经批准的节会、庆典、论坛、博览会、展会、运动会、赛会等活动，应当严格控制规模和经费支出，不得向下属单位摊派费用，不得借举办活动发放各类纪念品……

《基层工会经费收支管理办法》第二十二条规定，不准违反工会经费使用规定，滥发奖金、津贴、补贴。

八、违规用工会经费支付高消费娱乐、健身活动

依据:《基层工会经费收支管理办法》第二十二条规定，不准使用工会经费从事高消费性娱乐和健身活动。

九、违规用工会经费组织职工公款旅游

依据：中共中央办公厅、国务院办公厅印发《关于严禁党政机关到风景名胜区开会的通知》规定，各级党政机关一律不得到八达岭—十三陵、承德避暑山庄外八庙、五台山、太湖、普陀山、黄山、九华山、武夷山、庐山、泰山、嵩山、武当山、武陵源(张家界)、白云山、桂林漓江、三亚热带海滨、峨眉山—乐山大佛、九寨沟—黄龙、黄果树、西双版纳、华山21个风景名胜区召开会议，禁止召开会议的区域范围以风景名胜区总体规划确定的核心景区地域范围为准。《中共中央关于党风廉政建设八项禁令》五十二条规定，……不准有下列行为：……用公款旅游或者变相用公款旅游。

十、组织会议违规发放纪念品、礼品或组织高消费娱乐健身活动

依据:《中央和国家机关会议费管理办法》(财行〔2016〕214号)第十六条规定，会议费由会议召开单位承担，不得向参会人员收取，不得以任何方式向下属机构、企事业单位、地方转嫁或摊派。第二十七条规定，……不得组织会议代表旅游和与会议无关的参观；严禁组织高消费娱乐、健身活动；严禁以任何名义发放纪念品；不得额外配发洗漱用品。

十一、违反规定为职工购买商业保险

依据:《中共中央关于党风廉政准则》第一章第二条第六款规定，违反规定用公款购买商业保险，缴纳住房公积金，滥发津贴、补贴、奖金等。

十二、虚列支出，套取工会经费形成“小金库”

依据:《关于在党政机关和事业单位开展“小金库”专项治理工作的实施办法》(中纪发〔2009〕7号)规定专项治理的范围和内容:

(一)专项治理范围

此次专项治理范围是全国党政机关和事业单位,……党政机关包括各级党的机关、人大机关、行政机关、政协机关、审判机关、检察机关以及工会、共青团、妇联等人民团体。

(二)专项治理内容

“小金库”主要表现形式包括:1.违规收费、罚款及摊派设立“小金库”;2.用资产处置、出租收入设立“小金库”;3.以会议费、劳务费、培训费和咨询费等名义套取资金设立“小金库”;4.经营收入未纳入规定账簿核算设立“小金库”;5.虚列支出转出资金设立“小金库”;6.以假发票等非法票据骗取资金设立“小金库”;7.上下级单位之间相互转移资金设立“小金库”。

《工会财务会计管理规范》(修订)第十一条规定，严肃财经纪律，没有“小金库”或账外设账行为。

十三、改变行政补助资金用途

依据：根据《中华全国总工会关于加强工会财务管理、资产监督管理和经费审查审计监督的意见》(总工办发〔2016〕38号)第一条规定，加强经费监管。各级工会要对工会经费实行全面监管，决不允许任何转移、截留、挪用、改变资金用途等违法违纪违规问题的发生。

《工会会计制度》第二十二条规定，工会应当对指定用途的资金按规定的用途专款专用，并单独反映。

十四、举办文艺汇演和晚会、体育比赛或运动会等大型活动的费用支出不符合有关规定

依据：中共中央中宣部、财政部、文化部、审计署、国家新闻出版广电总局《关于制止豪华铺张、提倡节俭办晚会的通知》规定，严格控制党政机关举办文艺晚会。……不得使用财政资金举办营业性文艺晚会。不得使用财政资金高价请演艺人员，……原则上不得使用财政资金为公祭、旅游、历史文化、特色物产、行政区划变更、工程奠基或竣工等节庆活动举办文艺晚会。不得与企业联名举办文艺晚会和节庆演出。……不得借举办晚会之机发放礼品、贵重纪念品，防止利用晚会为单位和个人谋取私利。

十五、违反规定使用工会经费参与非法集资活动，或为非法集资活动提供经济担保

依据：中华全国总工会《关于严禁工会组织参与非法集资活动的通知》（工发电〔2014〕4号）规定，各级工会组织必须严格执行《中华人民共和国工会法》《中国工会章程》和国家有关规定，不得以任何形式参与或动员工会会员参与未经有关监管部门依法批准的集资活动，不得为非法集资活动提供工会银行账户、工会公章，不得以工会经费或资产为非法集资活动提供经济担保。《基层工会经费收支管理办法》第二十二条规定，不准用工会经费参与非法集资活动，或为非法集资活动提供经济担保。

十六、列支不应由工会经费负担的党、团活动费用

依据：《基层工会经费收支管理办法》第二十二条规定，不准用工会经费报销与工会活动无关的费用。

十七、列支非工会组织的劳动竞赛费用和劳动竞赛奖金

依据：《全国总工会、财政部、劳动部关于劳动竞赛奖金列支渠道的通知》（总工办发〔1994〕12号）规定，在企业职工中开展劳动竞赛，是提高质量、增进效益、发展生产的有效措施，是《工会法》所规定的。因此，企业工会在组织职工开展劳动竞赛时，应与企业行政密切配合，企业行政应予支持，劳动竞赛奖金从企业依照国家规定提取的工资总额中支付，具体支付办法由企业工会与行政商定。

十八、列支职工伙食费、职工食堂、理发室、医务所、集体宿舍等单位集体福利部门费用

依据：《基层工会经费收支管理办法》第二十二条规定，不准违反工会经费使用规定，滥发奖金、津贴、补贴……不准用工会经费报销与工会活动无关的费用。

十九、列支与工会活动无关的应由个人负担的费用

依据：《中共中央关于党风廉政建设八项禁令》第三条规定，禁止违反公共财物管理和使用的规定，假公济私、化公为私。不准有下列行为：用公款报销或者支付应由个人负担的费用。

二十、超标准支付培训老师讲课费

依据：《中央和国家机关培训费管理办法》（财行〔2016〕540号）第十条规定，师资费在综合定额标准外单独核算。讲课费（税后）执行以下标准：副高级技术职称专业人员每学时最高不超过500元，正高级技术职称专业人员每学时最高不超过1 000元，院士、全国知名专家每学时一般不超过1 500元。讲课费按实际发生的学时计算，每半天最多按4学时计算。其他人员讲课费参照上述标准执行。同时为多班次一并授课的，不重复计算讲课费。

二十一、超标准列支培训、会议接待费

依据：《中央和国家机关培训费管理办法》第十四条第二款规定，培训住宿不得安排高档套房，不得额外配发洗漱用品；培训用餐不得上高档菜肴，不得提供烟酒；除必要的现场教学外，7日以内的培训不得组织调研、考察、参观。

《中央和国家机关会议费管理办法》（财行〔2016〕214号）第二十七条第二款规定，各单位应严格执行会议用房标准，不得安排高档套房；会议用餐严格控制菜品种类、数量和分量，安排自助餐，严禁提供高档菜肴，不安排宴请，不上烟酒；会议会场一律不摆花卉，不制作背景板，不提供水果。

二十二、超范围列支培训费、会议费

依据：《中央和国家机关培训费管理办法》第十四条第一款规定，……严禁使用培训费购置电脑、复印机、打印机、传真机等固定资产以及开支与培训无关的其他费用。《中央和国家机关会议费管理办法》（财行〔2016〕214号），第二十七条第三款规定：不得使用会议费购置电脑、复印机、打印机、传真机等固定资产以及开支与本次会议无关的其他费用。

二十三、超标准列支差旅费

依据：《中央和国家机关工作人员赴地方差旅住宿费标准明细表》（财行〔2016〕71号）规定，关于相关人员出差标准的规定，或同级行政关于出差标准的管理规定。

二十四、未履行重大决策、大额支出集体决策制度

依据：《中华全国总工会关于加强工会财务管理、资产监督管理和经费审查审计监督的意见》第二条第七款规定，落实责任追究制度。坚持“谁主管，谁负责”的原

则，各级工会领导班子及企事业单位要切实履行管好用好工会资产的主体责任，严格执行“三重一大”决策制度，重要事项必须经领导班子以会议形式集体决策，形成会议纪要，并按程序报批。

二十五、未严格履行日常开支“一支笔”审批规定

依据:《中华全国总工会办公厅关于加强工会经费财务管理和审计监督切实管好用好工会经费的通知》第六条规定，加大工会经费使用管理责任追究。全面落实工会经费使用管理工作责任，坚持主要领导负总责，预算内收支严格执行“一支笔”审批，重大支出决策集体研究决定。

二十六、费用支出的支持性附件不全

依据:《工会财务会计管理规范》(修订)第三十一条规定，建立严格的经费开支程序和授权批准制度，明确授权批准的范围、权限、程序、责任和相关控制措施，做到申请、经办、证明、验收、审核、签批等经费开支手续完备，原始凭证合法有效，相关附件齐全。

二十七、合同主体与履行主体不一致

依据:《合同法》第八条规定，依法成立的合同，对当事人具有法律约束力。当事人应当按照约定履行自己的义务，不得擅自变更合同或解除合同。依法成立的合同，受法律保护。第三十二条规定，当事人采用合同书形式订立合同的，自双方当事人签字或者盖章时合同成立。第六十条规定，第一款当事人应当按照约定全面履行自己的义务。

二十八、发放奖金、个人劳务报酬等，未代扣代缴个人所得税

依据:《个人所得税法》第九条第一款规定，个人所得税以所得人为纳税人，以支付所得的单位或个人为扣缴义务人。

二十九、支出管理不规范，以拨代支

依据:《财政部关于进一步加强和规范乡镇财政财务管理工作的暂行办法》第一条第四款规定，加强支出管理，严格支出审批程序和手续。进一步健全和完善各项支出管理和审批制度，制定各项开支标准，严格实行支出“一支笔”审批制度，做到支出有预算、开支有标准、审批按程序。进一步规范财务报销手续，限时办理费用结算。各项开支一律做到有合法的原始凭证、有合规的支出用途、有具体经办人、有单位负责人和审批人签字，不得以领代报，以拨代支。

三十、职工之家建设和大型业务调研存在铺张浪费问题

依据:《党政机关厉行节约反对浪费条例》第三条规定，本条例所称浪费，是指党政机关及其工作人员违反规定进行不必要的公务活动，或者在履行公务中超出规定范围、标准和要求，不当使用公共资金、资产和资源，给国家和社会造成损失的行为。第四条规定，党政机关厉行节约反对浪费，应当遵循下列原则：坚持从严从简，勤俭办一切事业，降低公务活动成本……

三十一、未严格执行货币资金对账制度

依据:《现金管理暂行条例（修订）》第十二条规定，开户单位应当建立健全现金账目，逐笔记载现金支付。账目应当日清月结，账款相符。

《工会会计制度》规定，第102号科目“银行存款”

各级工会应当按照开户银行、存款种类分别设置“银行存款日记账”，由出纳人员根据收付款凭证，按照业务的发生顺序逐笔登记，每日终了应结出余额。“银行存款日记账”应当定期与银行对账，至少每月核对一次，如有差额，应当编制“银行存款余额调节表”，调节相符。

三十二、违反对外举债的管理规定

依据:《工会预算管理办法》第三十二条规定，……各级工会一般不得对外举债，县级以上工会由于特殊原因确须向金融机构申请借款的，必须经过党组会议集体研究决定。

三十三、超范围列支工会经费

依据:《基层工会经费收支管理办法》关于工会经费支出范围的相关规定。

344. 违反会计核算制度方面的问题及其依据

一、会计人员不符合专业能力、回避制度等要求

依据:《会计法》第三十八条规定，会计人员应当具备从事会计工作所需要的专业能力。担任单位会计机构负责人（会计主管人员）的，应当具备会计师以上专业技术职务资格或者从事会计工作三年以上经历。

《会计基础工作规范》（2019年修订）第十六条规定，国家机关、国有企业、事业单位任用会计人员应当实行回避制度。单位领导人的直系亲属不得担任本单位的会计机构负责人、会计主管人员。会计机构负责人、会计主管人员的直系亲属不得在本单位会计机构中担任出纳工作。需要回避的直系亲属为：夫妻关系、直系血亲关系、三代以内旁系血亲以及配偶亲属关系。

二、会计凭证的制单与审核岗位由同一人担任

依据:《工会财务会计管理规范》(修订)第二十八条规定，按照不相容职务相分离的原则，明确相关岗位的职责权限，确保不相容岗位相互分离、制约和监督。第三十条规定，出纳人员不得兼任稽核、会计档案保管和收入、支出、费用、债权债务账目的登记工作。

三、未建立执行内部财务会计管理制度

依据:《工会财务会计管理规范》(修订)第七条规定，各级工会应当根据财务会计业务的需要，建立健全内部财务会计管理制度。主要包括：收支预算、决算制度，货币资金管理制度，票据管理制度，财务收支管理制度，专项资金管理制度，债权债务管理制度，账务处理程序制度，内部会计控制制度，经费定额管理制度，财产清查制度，财务会计分析制度，岗位责任制度，会计档案管理制度等。

四、未建立执行工会印鉴和票据管理制度

依据:《工会财务会计管理规范》(修订)第三十四条规定，发票、收据等各种票据由不直接经办货币资金收付的人员保管，申领、启用、核销、销毁履行规定手续。第三十五条规定，发票、收据做到手续清、账目清、责任清；使用专柜、专账、专表；防火、防盗、防霉烂损毁、防虫蛀鼠咬、防丢失；不准相互转借、转让，不准擅自处理空白联和其他质量残次的无效联。第三十六条规定，银行票据明确购买、保管、领用、背书转让、注销等环节的职责权限和程序，设置登记簿进行记录。

五、发票等原始凭证后未附相关支持性附件

依据:《工会财务会计管理规范》(修订)第三十一条规定，建立严格的经费开支程序和授权批准制度，明确授权批准的范围、权限、程序、责任和相关控制措施，做到申请、经办、证明、验收、审核、签批等经费开支手续完备，原始凭证合法有效，相关附件齐全。

六、原始凭证要素不全

依据:《中华人民共和国发票管理办法》(国务院令第587号)第二十一条规定，

不符合规定的发票，不得作为财务报销凭证，任何单位和个人有权拒收。第二十二条规定，开具发票应当按照规定的时限、顺序、栏目，全部联次一次性如实开具，并加盖发票专用章。《国家税务总局关于修订〈增值税专用发票使用规定〉的通知》（国税发〔2006〕156号）第十二条规定，一般纳税人销售货物或者提供应税劳务可汇总开具专用发票。汇总开具专用发票的，同时使用防伪税控系统开具《销售货物或者提供应税劳务清单》，并加盖财务专用章或者发票专用章。

根据《会计基础工作规范》（2019年修订）第四十八条规定，对原始凭证的基本要求是:（一）原始凭证的内容必须具备：凭证的名称；填制凭证的日期；填制凭证单位名称或者填制人姓名；经办人员的签名或者盖章；接受凭证单位名称；经济业务内容；数量、单价和金额。（二）从外单位取得的原始凭证，必须盖有填制单位的公章；从个人取得的原始凭证，必须有填制人员的签名或者盖章。自制原始凭证必须有经办单位领导人或者其指定的人员签名或者盖章。对外开出的原始凭证，必须加盖本单位公章。（三）凡填有大写和小写金额的原始凭证，大写与小写金额必须相符。购买实物的原始凭证，必须有验收证明。支付款项的原始凭证，必须有收款单位和收款人的收款证明。（四）一式几联的原始凭证，应当注明各联的用途，只能以一联作为报销凭证。一式几联的发票和收据，必须用双面复写纸（发票和收据本身具备复写纸功能的除外）套写，并连续编号。作废时应当加盖“作废”戳记，连同存根一起保存，不得撕毁。（五）发生销货退回的，除填制退货发票外，还必须有退货验收证明；退款时，必须取得对方的收款收据或者汇款银行的凭证，不得以退货发票代替收据。（六）职工公出借款凭据，必须附在记账凭证之后。收回借款时，应当另开收据或者退还借据副本，不得退还原借款收据。（七）经上级有关部门批准的经济业务，应当将批准文件作为原始凭证附件。如果批准文件需要单独归档的，应当在凭证上注明批准机关名称、日期和文件字号。

七、原始凭证不真实、不合法或不准确

依据:《会计法》第九条第一款规定，各单位必须根据实际发生的经济业务事项进行会计核算，填制会计凭证，登记会计账簿，编制财务会计报告。《中华人民共和国发票管理办法实施细则》（国家税务总局令第37号）第三十三条规定，用票单位和个人有权申请税务机关对发票的真伪进行鉴别……《中华人民共和国发票管理办法》第二十一条规定，不符合规定的发票，不得作为财务报销凭证，任何单位和个人有权拒收。

《会计基础工作规范》（2019 年修订）第七十四条规定，会计机构、会计人员应当对原始凭证进行审核和监督。对不真实、不合法的原始凭证，不予受理。对弄虚作假、严重违法的原始凭证，在不予受理的同时，应当予以扣留，并及时向单位领导人报告，请求查明原因，追究当事人的责任。对记载不准确、不完整的原始凭证，予以退回，要求经办人员更正、补充。

八、原始凭证有涂改、挖补、更正、作废等处理手续不规范

依据:《会计基础工作规范》（2019 年修订）第四十八条规定，……一式几联的发票和收据，必须用双面复写纸（发票和收据本身具备复写纸功能的除外）套写，并连续编号。作废时应当加盖“作废”戳记，连同存根一起保存，不得撕毁。第四十九条规定，原始凭证不得涂改、挖补。发现原始凭证有错误的，应当由开出单位重开或者更正，更正处应当加盖开出单位的公章。

九、遗失外单位原始凭证，未补充证明文件

依据:《会计基础工作规范》（2019 年修订）第五十五条第五项规定，从外单位取得的原始凭证如有遗失，应当取得原开出单位盖有公章的证明，并注明原来凭证的号码、金额和内容等，由经办单位会计机构负责人、会计主管人员和单位领导人批准后，才能代作原始凭证。如果确实无法取得证明的，如火车、轮船、飞机票等凭证，由当事人写出详细情况，由经办单位会计机构负责人、会计主管人员和单位领导人批准后，代作原始凭证。

十、记账凭证要素不全

依据:《会计基础工作规范》（2019 年修订）第五十一条第三项规定，（一）记账凭证的内容必须具备：填制凭证的日期；凭证编号；经济业务摘要；会计科目；金额；所附原始凭证张数；填制凭证人员、稽核人员、记账人员、会计机构负责人、会计主管人员签名或者盖章。收款和付款记账凭证还应当由出纳人员签名或者盖章。以自制的原始凭证或者原始凭证汇总表代替记账凭证的，也必须具备记账凭证应有的项目。（二）填制记账凭证时，应当对记账凭证进行连续编号。一笔经济业务需要填制两张以上记账凭证的，可以采用分数编号法编号。

十一、一张记账凭证记录多笔不同的经济业务

依据:《会计基础工作规范》（2019 年修订）第五十一条规定，记账凭证可以根据每一张原始凭证填制，或者根据若干张同类原始凭证汇总填制，也可以根据原始凭证汇总表填制。但不得将不同内容和类别的原始凭证汇总填制在一张记账凭证上。

十二、记账凭证与原始凭证内容、金额等不符

依据:《会计基础工作规范》(2019年修订)第五十条规定，会计机构、会计人员要根据审核无误的原始凭证填制记账凭证。

十三、记账凭证未连续编号并按规定整理成册

依据:《会计基础工作规范》(2019年修订)第五十五条第三项规定，记账凭证应当连同所附的原始凭证或者原始凭证汇总表，按照编号顺序，折叠整齐，按期装订成册，并加具封面，注明单位名称、年度、月份和起讫日期、凭证种类、起讫号码，由装订人在装订线封签外签名或者盖章。

十四、未按规定设置会计账簿，包括总账、明细账、日记账和其他辅助性账簿

依据:《工会财务会计管理规范》(修订)第十七条规定，会计账簿设置齐全，有总账、明细账(如各类收入明细账、各类支出明细账、拨缴经费收入台账、固定资产明细账、往来款项明细账等)、日记账(现金日记账、银行存款日记账)，设有必要的辅助账簿(如财政划拨、税务代收工会经费辅助账等)和备查账簿(如低值易耗品、呆坏账处理备查账等)。各类账簿的启用、登记、结账、错误更正方法符合国家有关规定和工会会计制度，记账及时，文字规范。

《会计基础工作规范》(2019年修订)第五十六条规定，各单位应当按照国家统一会计制度的规定和会计业务的需要设置会计账簿。会计账簿包括总账、明细账、日记账和其他辅助性账簿。

十五、未按审核无误的会计凭证登记会计账簿

依据:《会计基础工作规范》(2019年修订)第六十条规定，会计人员应当根据审核无误的会计凭证登记会计账簿。登记账簿的基本要求是:(一)登记会计账簿时，应当将会计凭证日期、编号、业务内容摘要、金额和其他有关资料逐项记入账内，做到数字准确、摘要清楚、登记及时、字迹工整。(二)登记完毕后，要在记账凭证上签名或者盖章，并注明已经登账的符号，表示已经记账。(三)账簿中书写的文字和数字上面要留有适当空格，不要写满格；一般应占格距的二分之一。(四)登记账簿要用蓝黑墨水或者碳素墨水书写，不得使用圆珠笔(银行的复写账簿除外)或者铅笔书写。

十六、现金日记账未序时逐笔记账，存在合并记账的问题

依据:《现金管理暂行条例》(根据2011年1月8日国务院令第588号《国务院

关于废止和修改部分行政法规的决定》修订）第十二条规定，开户单位必须建立健全现金账目，逐笔记载现金支付。账目应当日清月结，账款相符。

十七、未定期打印、装订会计账簿

依据:《会计基础工作规范》(2019年修订）第五十八条规定，实行会计电算化的单位，用计算机打印的会计账簿必须连续编号，经审核无误后装订成册，并由记账人员和会计机构负责人、会计主管人员签字或者盖章。

十八、未进行每年至少一次账证核对、账账核对、账实核对，账证、账账或账实不符

依据:《会计基础工作规范》(2019年修订）第六十二条规定，各单位应当定期对会计账簿记录的有关数字与库存实物、货币资金、有价证券、往来单位或者个人等进行相互核对，保证账证相符、账账相符、账实相符。对账工作每年至少进行一次。(一）账证核对。核对会计账簿记录与原始凭证、记账凭证的时间、凭证字号、内容、金额是否一致，记账方向是否相符。(二）账账核对。核对不同会计账簿之间的账簿记录是否相符，包括：总账有关账户的余额核对，总账与明细账核对，总账与日记账核对，会计部门的财产物资明细账与财产物资保管和使用部门的有关明细账核对等。(三）账实核对。核对会计账簿记录与财产等实有数额是否相符。包括：现金日记账账面余额与现金实际库存数相核对；银行存款日记账账面余额定期与银行对账单相核对；各种财物明细账账面余额与财物实存数额相核对；各种应收、应付款明细账账面余额与有关债务、债权单位或者个人核对等。

十九、未按规定整理归档会计档案

依据:《会计档案管理办法》(中华人民共和国财政部、国家档案局令第79号）第六条规定，下列会计资料应当进行归档:(一）会计凭证，包括原始凭证、记账凭证;(二）会计账簿，包括总账、明细账、日记账、固定资产卡片及其他辅助性账簿;(三）财务会计报告，包括月度、季度、半年度、年度财务会计报告;(四）其他会计资料，包括银行存款余额调节表、银行对账单、纳税申报表、会计档案移交清册、会计档案保管清册、会计档案销毁清册、会计档案鉴定意见书及其他具有保存价值的会计资料。

二十、会计档案由出纳保管

依据:《会计档案管理办法》第十一条规定，……出纳人员不得兼管会计档案。

345. 违反货币资金管理方面的问题及其依据

一、未建立执行货币资金开支授权审批制度

依据:《工会财务会计管理规范》(修订)第三十一条规定，建立严格的经费开支程序和授权批准制度，明确授权批准的范围、权限、程序、责任和相关控制措施，做到申请、经办、证明、验收、审核、签批等经费开支手续完备，原始凭证合法有效，相关附件齐全。

二、未建立执行票据管理制度

依据:《工会财务会计管理规范》(修订)第三十四条规定，发票、收据等各种票据由不直接经办货币资金收付的人员保管，申领、启用、核销、销毁履行规定手续。第三十五条规定，发票、收据做到手续清、账目清、责任清；使用专柜、专账、专表；防火、防盗、防霉烂损毁、防虫蛀鼠咬、防丢失；不准相互转借、转让，不准擅自处理空白联和其他质量残次的无效联。第三十六条规定，银行票据明确购买、保管、领用、背书转让、注销等环节的职责权限和程序，设置登记簿进行记录。

三、由一人办理货币资金业务的全过程

依据:《工会财务会计管理规范》(修订)第三十条规定，单位不得由一人办理货币资金业务的全过程。

四、由一人保管支付款项所需的全部印章

依据:《工会财务会计管理规范》(修订)第三十三条规定，财务专用章由专人保管，个人名章由本人或其授权人保管。严禁一人保管支付款项所需的全部印章。

五、直接经办货币资金收付的人员保管收据

依据:《工会财务会计管理规范》(修订)第三十四条规定，发票、收据等各种票据由不直接经办货币资金收付的人员保管，申领、启用、核销、销毁履行规定手续。

六、库存现金超限额

依据:《现金管理暂行条例》第九条规定，开户银行应当根据实际需要，核定开户单位 3 天至 5 天的日常零星开支所需的库存现金限额。边远地区和交通不便地区的开户单位的库存现金限额，可以多于 5 天，但不得超过 15 天的日常零星开支。第十条规定，经核定的库存现金限额，开户单位必须严格遵守。需要增加或者减少库存现金限额的，应当向开户银行提出申请，由开户银行核定。

七、超范围使用现金

依据:《现金管理暂行条例》第五条规定，开户单位可以在下列范围内使用现金:(一)职工工资、津贴;(二)个人劳务报酬;(三)根据国家规定颁发给个人的科学技术、文化艺术、体育等各种奖金;(四)各种劳保，福利费用以及国家规定的对个人的其他支出;(五)向个人收购农副产品和其他物资的价款;(六)出差人员必须随身携带的差旅费;(七)结算起点以下的零星支出;(八)中国人民银行确定需要支付现金的其他支出。前款结算起点定为1 000元。结算起点的调整，由中国人民银行确定，报国务院备案。第六条规定，除本条例第五条第(五)、(六)项外，开户单位支付给个人的款项，超过使用现金限额的部分，应当以支票或者银行本票支付；确需全额支付现金的，经开户银行审核后，予以支付现金。

八、从本单位的现金收入中直接支付现金(即坐支)，提取现金未履行审批手续

依据:《现金管理暂行条例》第十一条规定，开户单位现金收支应当依照下列规定办理:(一)开户单位现金收入应当于当日送存开户银行。当日送存确有困难的，由开户银行确定送存时间;(二)开户单位支付现金，可以从本单位库存现金限额中支付或者从开户银行提取，不得从本单位的现金收入中直接支付(坐支)。因特殊情况需要坐支现金的，应当事先报经开户银行审查批准，由开户银行核定坐支范围和限额。坐支单位应当定期向开户银行报送坐支金额和使用情况;(三)开户单位根据本条例第五条和第六条的规定，从开户银行提取现金，应当写明用途，由本单位财会部门负责人签字盖章，经开户银行审核后，予以支付现金;(四)因采购地点不固定，交通不便，生产或者市场急需，抢险救灾以及其他特殊情况必须使用现金的，开户单位应当向开户银行提出申请，由本单位财会部门负责人签字盖章，经开户银行审核后，予以支付现金。

九、库存现金未日清月结、账款不符

依据:《现金管理暂行条例》第十二条规定，开户单位应当建立健全现金账目，逐笔记载现金支付。账目应当日清月结，账款相符。

十、将工会货币资金以个人名义存放金融机构

依据:《工会财务会计管理规范》(修订)第二十八条规定，没有下列违反人民币银行结算账户管理规定的行为:……将单位款项以个人名义在金融机构存储；出租、出借银行账户。

十一、违规使用银行结算账户

依据:《基层工会经费收支管理办法》第二十二条规定，不准单位行政利用工会账户，违规设立“小金库”。《中华全国总工会办公厅关于加强工会经费财务管理和审计监督切实管好用好工会经费的通知》(总工办发〔2013〕51号)规定，……各行政事业单位、企业基层工会要依法做好工会经费独立核算工作，加强工会账户管理，严禁将工会账户并入单位行政账户，严禁单位行政将相关资金转入工会账户，作为单位的“小金库”支配使用。

346. 违反专项资金管理方面的问题及其依据

一、专项资金管理制度不健全定性依据

依据:《工会专项资金审计暂行办法》(工审会字〔2012〕7号)第二条规定，本办法所称工会专项资金审计，主要是指工会经费审查委员会对上级工会拨入、本级工会预算安排、政府财政或相关部门拨入、企事业单位及个人捐赠等汇集的专项帮扶资金、送温暖资金、劳模专项资金、救灾慰问款等具有特定用途的资金组织实施的审计。

《工会专项资金审计暂行办法》第五条规定，经审会组织实施专项资金审计时，被审计单位应当提供专项资金年度预算安排及运作流程，项目资金申请、拨付、结算的资料，专项资金管理办法等内部控制制度和与专项资金相关的文件等会计资料及其他资料。

二、专项资金使用超范围

依据：专项资金发放不符合《工会送温暖资金使用管理办法(试行)》《全国劳模专项补助资金发放管理办法》等相关规定。

三、跨年度使用专项资金

依据:《中央财政专项帮扶资金使用管理办法》(总工办发〔2015〕20号)第七条规定，帮扶资金的预算、决算按照全国总工会预算管理办法要求执行，纳入县以上工会预算、决算统一管理。帮扶资金根据预算于本年度使用完毕，不得结转下年度。

加强对专项资金的管理，严格审批程序，规范支付手续。各类专项资金应在规定

的时间内拨付到指定单位及个人，除基本建设项目资金外，其他专项资金不能跨年度使用，原则上年底前清零。

四、未按规定方式发放专项资金

依据：《全国劳模专项补助资金和困难职工帮扶资金发放管理办理》第四条规定，劳模补助和帮扶资金的发放工作，必须严格按照国务院发布的《中华人民共和国现金管理暂行条例》执行。除特殊情况外，一律采取银行卡（存折）结算。

五、挤占、截留、挪用专项资金

依据：任何单位和个人不得以任何形式挤占、截留、挪用专项资金。

六、未定期对库存物品进行清查盘点

依据：《工会会计制度》第三十一条规定，库存物品指工会取得的将在日常活动中耗用的材料、物品及达不到固定资产标准的工具、器具等。工会应当定期对库存物品进行清查盘点，每年至少全面盘点一次。对于盘盈、盘亏或报废、毁损的库存物品，应当及时查明原因，报经批准认定后及时进行会计处理。

347. 违反资产管理制度方面的问题及其依据

一、未建立权利、义务和责任相统一的资产监督管理体制

依据：《行政事业单位内部控制规范（试行）》第四十四条规定，单位应当加强对实物资产和无形资产的管理，明确相关部门和岗位的职责权限，强化对配置、使用和处置等关键环节的管控。对资产实施归口管理。明确资产使用和保管责任人，落实资产使用人在资产管理中的责任。

二、未建立健全工会资产各项管理制度

依据：《工会行政事业性资产管理办法》（总工办发〔2017〕5号）第七条规定，工会资产监督管理机构的主要职责是：（一）贯彻执行国家和全总有关行政事业性资产管理的法律、法规和政策；（二）制定各级工会行政事业性资产管理的规章制度，并对执行情况进行监督检查……

三、产权属于工会的资产未纳入工会账内核算和管理

依据：《中国工会章程》第三十九条规定，工会资产是社会团体资产，中华全国总工会对各级工会的资产拥有终极所有权。第四十一条规定，工会经费、资产和国家及企业、事业单位等拨给工会的不动产和拨付资金形成的资产受法律保护，任何单位和个人不得侵占、挪用和任意调拨……《工会法》第四十七条规定，工会的财产、经费和国家拨给工会使用的不动产，任何组织和个人不得侵占、挪用和任意调拨。

四、固定资产在取得时未按照其实际成本入账

依据:《工会会计制度》第三十三条规定，固定资产在取得时应当按照其实际成本入账。工会购入、有偿调入的固定资产，其成本包括实际的买价、运输费、保险费、安装费、装卸费及相关税费等记账。工会自行建造的固定资产，其成本包括该项资产至交付使用前所发生的全部必要支出。工会接受捐赠、无偿调入的固定资产，按照本制度第二十七条规定确定的成本入账。工会在原有固定资产基础上进行改建、扩建、大型修改后的固定资产，其成本按照原固定资产账面价值加上改建、扩建、大型修缮发生的支出，再扣除固定资产被替换部分的账面价值后的金额确定。已交付使用但尚未办理竣工决算手续的固定资产，工会应当按估计价值入账，待办理竣工决算后再按照实际成本调整原来的暂估价值。

五、接受捐赠的固定资产，未及时入账、建档、登记和管理

依据:《工会固定资产管理办法》第十六条规定，接受捐赠、赞助、奖励或无偿调入或盘盈等增加的固定资产，应由单位资产管理部门办理接收和交接，并根据固定资产交接清单、发票或固定资产盘盈盘亏报批单等凭证，填制固定资产增加通知单，办理有关入库、财务报销和使用单位领用等手续。第二十九条规定，各单位资产部门对验收入库及投入使用的固定资产，须建立《工会固定资产卡片》，并记入《工会固定资产明细账》，按物登卡、凭卡记账。

六、截留资产使用、处置过程中产生的收入

依据:《工会行政事业性资产管理办法》（总工办发〔2017〕5号）第五条规定，各级工会行政事业单位在行政事业性资产管理过程中取得的收入应当纳入单位预算，统一核算、统一管理。第四十三条规定，各级工会在行政事业性资产管理过程中不得有下列行为：……（四）截留资产使用、处置过程中产生的收入。

七、未制定资产配置、使用和处置事项的内部审批权限和报批程序等管理办法

依据:《工会行政事业性资产管理办法》第六条规定，各省级工会应加强工会资产监督管理机构建设，设立工会资产监督管理部门，负责对所辖工会行政事业性资产进行监督管理。第七条规定，工会资产监督管理机构的主要职责是:（一）贯彻执行

国家和全国总工会有关行政事业性资产管理的法律、法规和政策；（二）制定各级工会行政事业性资产管理的规章制度，并对执行情况进行监督检查；（三）按规定对工会行政事业性资产配置、使用、处置事项进行审核、审批，负责组织资产评估、资产清查、产权界定、产权纠纷调处、资产统计等工作。研究制定本级工会行政事业性资产配置标准。第十六条规定，工会行政事业单位资产使用，应当符合国家法律法规和全总有关规定，并经过单位领导班子集体研究，进行充分的可行性论证，依据审批权限履行审批手续。

八、固定资产盘盈、盘亏未按规定及时调整资产账目

依据：《工会会计制度》第三十七条规定，……盘盈的固定资产按照其确定的成本入账，报经批准后相应增加资产基金；盘亏的固定资产，冲减其账面余额，报经批准后相应减少资产基金。对于报废、毁损的固定资产，工会应当冲减其账面余额，报经批准后相应减少资产基金，清理中取得的变价收入扣除清理费用后的净收入（或损失）计入当期收入（或支出）。

九、对外投资申请材料不规范

依据：《工会行政事业性资产管理办法》第十八条规定，各单位申请利用工会资产对外投资，应提供如下材料（全部材料加盖主管工会公章）：（一）对外投资事项的申请报告；（二）拟对外投资资产的价值凭证及权属证明，如购货发票或收据、工程决算副本、国有土地使用权证、房屋所有权证、股权证等凭据的复印件；（三）对外投资可行性分析报告；（四）拟同意对外投资的会议决议或会议纪要复印件；（五）被投资单位法人证书复印件、企业营业执照复印件、企业法人个人身份证复印件等；（六）拟创办企业单位的章程和工商行政管理部门下发的企业名称预先核准通知书复印件；（七）工会行政事业单位与被投资方签订的合作意向书、协议草案或合同草案；（八）经中介机构审计的被投资方上年财务报表；（九）其他材料。

十、未按规定对购入的固定资产进行及时、准确的账务处理

依据：《工会会计制度》第三十三条规定，固定资产在取得时应按其实际成本入账。

《工会会计制度》第三十六条规定，……处置中取得的变价收入扣除处置费用后的净收入（或损失）计入当期收入（或支出），按规定应当上缴财政的计入其他应付款。

十一、召开重大会议、举办大型活动等购置的固定资产实物未按规定纳入固定资产进行统一管理

依据:《工会行政事业性资产管理办法》第十三条规定，经批准召开重大会议、举办大型活动等需要购置资产的，由会议或者活动主办单位按照本办法规定程序报批。会议或活动结束后，购置的资产纳入单位固定资产进行统一管理。

十二、未经审批随意对外出租、出借工会资产

依据:《工会行政事业性资产管理办法》第十条规定，工会行政事业性资产管理事项的报批程序:(一)主管工会对工会行政事业单位上报的资产管理事项进行审核后提出请示，报送上级工会;(二)上一级工会须对下一级工会报送的请示事项进行调查核实，在此基础上按审批权限进行审批或上报……(四)已批复的请示事项不得擅自改变……第十五条规定，工会行政事业性资产使用是指工会行政事业性资产自用、对外投资和出租、出借等行为。第十六条规定，工会行政事业单位资产使用，应当符合国家法律法规和全总有关规定，并经过单位领导班子集体研究，进行充分的可行性论证，依据审批权限履行审批手续。

十三、超期限出租、出借工会资产

依据:《工会行政事业性资产管理办法》第十九条规定，……各单位出租工会行政事业性资产，原则上应采取公开招租的形式确定出租的价格，必要时可采取评审或者资产评估的办法确定出租的价格。各单位出租、出借工会行政事业性资产，期限不得超过 5 年。

十四、出租、外借工会资产取得的收入未纳入工会财务核算

依据:《工会行政事业性资产管理办法》第五条规定，各级工会行政事业单位在行政事业性资产管理过程中取得的收入应当纳入单位预算，统一核算、统一管理。第四十三条规定，各级工会在行政事业性资产管理过程中不得有下列行为:……(四)截留资产使用、处置过程中产生的收入。

十五、未建立资产日常保管、领用等内部管理制度

依据:《工会行政事业性资产管理办法》第十七条规定，资产自用是工会行政事业单位对占有使用的固定资产、库存材料等的管理活动。工会行政事业单位应按照“实物管理和价值管理并重”的原则，建立健全自用资产的验收、领用、使用、保管和维护等内部管理制度与流程，加强工会行政事业性资产的使用管理。

十六、未按规定报批程序擅自处置资产

依据:《中华全国总工会关于加强工会财务管理、资产监督管理和经费审查审计监督的意见》规定，加强工会资产监管，确保工会资产安全完整。严格资产处置管理。工会资产处置主要包括调拨划转、出让、转让、置换、货币性资产损失核销等方式。各级工会要按照中华全国总工会制度要求加强资产处置事项管理，对资产评估、处置协议、产权归属等关键环节严格把关，并按照规定程序和管理权限履行报批程序，防止资产流失。

《工会行政事业性资产管理办法》第四十三条规定，各级工会在行政事业性资产管理过程中不得有下列行为:（一）未按规定程序申报，擅自越权对工会行政事业性资产管理事项进行处理;（二）对不符合规定的申报材料予以审批;（三）串通作弊、暗箱操作，资产使用、处置过程中造成工会资产流失……

《工会行政事业性资产管理办法》第五条规定，各级工会行政事业单位在行政事业性资产管理过程中取得的收入应当纳入单位预算，统一核算、统一管理。第四十三条规定，各级工会在行政事业性资产管理过程中不得有下列行为：……（四）截留资产使用、处置过程中产生的收入。

十七、未遵循工会资产合理配置原则

依据:《中华全国总工会关于加强工会财务管理、资产监督管理和经费审查审计监督的意见》规定，加强资产配置管理……各级工会和工会事业单位应当根据工作需要，合理配置行政事业资产。

十八、违反相关规定购置工会资产未纳入预算管理，特殊情况确需预算外采购的未履行审批手续

依据：中华全国总工会办公布关于印发《工会预算管理办法》的通知第四十六条规定，……各预算单位支出必须按照预算执行，不得擅自扩大支出范围，提高开支标准，不得擅自改变预算资金用途，不得虚假列支。第四十七条规定，当年预算执行中，县级以上工会因处理突发事件、政策性增支及其他难预见的开支，需要增加预算支出的，可以由本级工会财务管理部门提出预备费的动用方案，报本级工会集体研究决定。

**十九、未建立权利、义务和责任相统一的资产监督管理体制、未设立或明确工

会资产监督管理部门、岗位及具体责任人

依据:《行政事业单位内部控制规范(试行)》第四十四条规定，单位应当加强对实物资产和无形资产的管理，明确相关部门和岗位的职责权限，强化对配置、使用和处置等关键环节的管控。(一)对资产实施归口管理。明确资产使用和保管责任人，落实资产使用人在资产管理中的责任。

二十、工会资产日常保管、领用管理不规范未建立资产日常保管、领用等内部管理制度

依据:《工会行政事业性资产管理办法》第十七条规定，资产自用是工会行政事业单位对占有使用的固定资产、库存材料等的管理活动。工会行政事业单位应按照“实物管理和价值管理并重”的原则，建立健全自用资产的验收、领用、使用、保管和维护等内部管理制度与流程，加强工会行政事业性资产的使用管理。

二十一、工会资产盘点及相关档案管理不规范未按照规定至少每年开展一次对工会资产清查盘点及对账工作

依据:《工会会计制度》第三十一条规定，……工会应当定期对库存物品进行清查盘点，每年至少全面盘点一次。

二十二、捐赠固定资产财务处理不规范

依据:《工会固定资产管理办法》第十六条规定，接受捐赠、赞助、奖励或无偿调入或盘盈等增加的固定资产，应由单位资产管理部门办理接收和交接，并根据固定资产交接清单、发票或固定资产盘盈盘亏报批单等凭证，填制固定资产增加通知单，办理有关入库、财务报销和使用单位领用等手续。

二十三、固定资产购建程序手续不完备

依据:《工会行政事业性资产管理办法》第十四条规定，工会行政事业单位申请购置土地和房屋建筑物、建设(包括新建、重建、改扩建)房屋建筑物需要提供以下材料(全部材料加盖主管工会公章):

(一)购置、建设项目的申请报告;

(二)建设项目的可行性分析报告;

(三)拟同意购置、建设项目的会议决议或会议纪要复印件;

(四)购置项目的资产评估报告;

(五)新建项目立项批复复印件、国有建设用地批准书复印件和资金来源说明等文件；

（六）重建、改扩建项目原土地、房屋所有权属证明复印件、立项批复复印件、资金来源说明等文件；

（七）其他相关文件。

二十四、未及时编报建设项目竣工财务决算

依据：《财政部关于印发〈基本建设项目竣工财务决算管理暂行办法〉的通知》（财建〔2016〕503号）第二条规定，基本建设项目（以下简称项目）完工可投入使用或者试运行合格后，应当在3个月内编报竣工财务决算，特殊情况确需延长的，中小型项目不得超过2个月，大型项目不得超过6个月。

二十五、未按规定履行固定资产采购程序

依据：采购货物、工程和服务应当按照《中华人民共和国政府采购法》《中华人民共和国招标投标法》的规定，实行政府采购、集中采购或招标采购，严格执行采购业务预算与计划。

二十六、应记未记固定资产

依据：《工会会计制度》第三十二条规定，通用设备单位价值1 000元以上，专用设备单位价值1 500元以上，应当确认为固定资产。

二十七、固定资产管理制度不健全

依据：《工会固定资产管理办法》第二十八条规定，各单位资产部门必须完善固定资产登记、入库、领用、处置、清查盘点等日常管理制度。使用部门必须指定专人负责办理本部门固定资产和其他物品的领用、保管、清点等工作。

《工会行政事业性资产管理办法》第十七条第二款规定，工会行政事业单位应按照"实物管理和价值管理并重"的原则，建立健全自用资产的验收、领用、使用、保管和维护等内部管理制度与流程，加强工会行政事业性资产的使用管理。对实物资产进行定期清查，完善资产管理账表及有关资料，做到账账、账卡、账实相符。

二十八、资产处置收入未纳入工会财务核算

依据：《工会行政事业性资产管理办法》第五条规定，各级工会行政事业单位在行政事业性资产管理过程中取得的收入应当纳入单位预算，统一核算、统一管理。第四十三条规定：各级工会在行政事业性资产管理过程中不得有下列行为：……（四）截留资产使用、处置过程中产生的收入。

348. 违反往来款项管理方面的问题及其依据

一、违反借出款的管理规定

依据:《工会经费呆账处理办法》规定，呆账的确认……借出款：以工会经费借出的款项，借款合同期满后，逾期三年以上不能归还的欠款。呆账处理审批程序：（一）各级工会财务部门对本级经费投资、借款、暂付款等形成的呆账进行清理，列出呆账事项。（二）呆账事项的责任人应将呆账形成过程、原因以及鉴定意见、法律文书、证明材料、说明材料、函证材料等，以书面形式提交工会财务部门审核。（三）由工会财务部门将呆账事项汇总，报本级工会主席办公会议研究确定。（四）本级工会主席办公会议作出处理决定前，应征求同级经审会同意。必要时可由经审会办公室安排审计。（五）工会财务部门依据主席办公会议决定进行账务处理。

《工会会计制度》对借出款、其他应收及暂付款规定，各级工会应对借出款严格控制，健全手续，及时清理，不得长期挂账。各级工会应对其他应收及暂付款严格控制，健全手续，及时清理，不得长期挂账。

二、长期挂账

依据：根据《工会会计制度》第三部分“会计科目使用说明”的第135号科目“其他应收款”的规定，逾期三年以上、因债务人原因尚未收回的其他应收款，报经批准认定确实无法收回的应予以核销。

349. 违反专用收据管理方面的问题及其依据

一、违反专用收据的领用规定

依据:《工会经费收入专用收据使用管理暂行办法》（工财字〔2010〕119号）第十三条规定，各级工会应当建立专用收据管理制度，使用全总财务部组织开发的《工会经费收入专用收据软件》，由专人负责专用收据的印制计划、领购、使用与保管等，并按规定向上级工会及时报送专用收据的领购、使用、结存等情况。

二、领回的专用收据有缺页、号码错误、毁损等情况未按规定及时交回上级工会

依据:《工会经费收入专用收据使用管理暂行办法》第十四条规定，各级工会领到专用收据时，应当检查是否有缺页、号码错误、毁损等情况，一经发现应当及时交

回上级工会，并由全国总工会交回财政部财政票据监管中心处理。

三、超范围使用专用收据

依据:《工会经费收入专用收据使用管理暂行办法》第七条规定，工会取得以下工会经费收入，使用专用收据:（一）工会会员缴纳的会费;（二）建立工会组织的企业、事业单位、机关和其他社会组织按每月全部职工工资总额的百分之二向工会拨缴的经费或者建会筹备金;（三）工会所属的企业、事业单位上缴的收入;（四）人民政府和企业、事业单位、机关和其他社会组织的补助;（五）其他收入。第十条规定，各级工会必须严格按照本办法第七条规定的收入范围开具专用收据，不得超范围使用专用收据。

Ⅸ　所得税类

350. 哪些收入可以免征个人所得税

一、五一奖章获得的奖励

《中华人民共和国个人所得税法》（以下简称《个人所得税法》）第四条规定省级人民政府、国务院部委和中国人民解放军军以上单位，以及外国组织、国际组织颁发的科学、教育、技术、文化、卫生、体育、环境保护等方面的奖金，免征个人所得税。五一劳动奖若属于省、部级奖励，可免征个人所得税。

二、临时性生活困难补助

根据《中华人民共和国个人所得税法实施条例》（以下简称《个人所得税法实施条例》）第十一条的规定，从企业、事业单位、国家机关、社会组织提留的福利费或者工会经费中支付给个人的生活补助费，又根据《国家税务总局关于生活补助费范围确定问题的通知》（国税发〔1998〕155 号）第一条的规定，生活补助费是指由于某些特定事件或原因而给纳税人本人或其家庭的正常生活造成一定困难，其任职单位按国家规定从提留的福利费或者工会经费中向其支付的临时性生活困难补助。

三、差旅费津贴，误餐补助

根据《国家税务总局关于修订〈征收个人所得税若干问题的规定〉的公告》（国税发〔1994〕089 号）第二条的规定，差旅费津贴不属于工资、薪金性质的补贴、津贴或者不属于纳税人本人工资、薪金所得项目的收入，不征收个人所得税。

又根据《财政部国家税务总局关于误餐补助范围确定问题的通知》（财税字〔1995〕82 号）的规定，按财政部门规定个人因公在城区、郊区工作，不能在工作单位或返回就餐，确实需要在外就餐的，根据实际误餐顿数，按规定的标准领取的误餐费，不征收个人所得税。

四、工伤补贴

根据《财政部国家税务总局关于工伤职工取得的工伤保险待遇有关个人所得税政策的通知》（财税〔2012〕40 号）的规定，对工伤职工及其近亲属按照《工伤保险条例》（国务院令第 586 号）规定取得的工伤保险待遇，免征个人所得税。

五、会费收入支出项目

为什么会费支出的项目不用缴纳个人所得税呢？因为会费收入是职工自行缴纳的，在职工工资发放的时候已经扣除了个人所得税，再缴纳个税就是重复缴纳。所以，使用会费收入支出项目不用缴纳个人所得税。因此，使用工会会费给员工购买电影票，开展春秋游就不需要缴纳个人所得税了。但如果花费超出会费收入总额，超出的部分按照《个人所得税法》缴纳个人所得税。

提示：凭借第二条，工会慰问病号、送温暖、对个人和困难家庭的补助可以免征个人所得税。

351. 误餐补助需要缴纳个人所得税吗

根据《财政部、国家税务总局关于误餐补助范围确定问题的通知》和《国家税务总局关于印发〈征收个人所得税若干问题的规定〉的通知》文件规定，误餐补助是指按财政部门规定，个人因公在城区、郊区工作，不能在工作单位或返回就餐，确实需要在外就餐的，根据实际误餐顿数，按规定的标准领取的误餐费。该误餐费不属于工资、薪金性质，不征收个人所得税。

352. 工会发放奖金、奖品是否需要缴纳个人所得税

工会每年评选的企业先进工作者、技术标兵、三八红旗手等发放的奖金、奖品是否需要缴纳个人所得税？另外，在工会部门工作的人员因组织各种项目工作发放的奖金是否需要缴纳个人所得税呢？以上资金均来源于工会经费。

根据《个人所得税法》第四条对个人取得的奖金免征个人所得税的规定，下列各项个人所得免征个人所得税，包括省级人民政府、国务院部委和中国人民解放军军以上单位，以及外国组织、国际组织颁发的科学、教育、技术、文化、卫生、体育、环境保护等方面的奖金。对于工会每年评选的企业先进工作者、技术标兵、三八红旗手等发放的奖金、在工会部门工作的人员因组织各种项目工作发放的奖金等，不论奖金的来源如何，都要按规定缴纳个人所得税。

353. 地方工会从工会经费中支出付给职工的防暑降温费是否征收个人所得税

根据《国家税务总局关于生活补助费范围确定问题的通知》（国税发〔1998〕155号）文件的规定，《个人所得税法实施条例》第十四条所说的“从……福利费或者工会经费中支付给个人的生活补助费”，由于缺乏明确的范围，在实际执行中难以具体界定，各地掌握尺度不一，须统一明确规定，以利执行。经研究，现明确如下：

一、上述所称生活补助费，是指由于某些特定事件或原因而给纳税人或其家庭的正常生活造成一定困难，其任职单位按国家规定从提留的福利费或者工会经费中向其支付的临时性生活困难补助。

二、下列收入不属于免税的福利范围，应当并入纳税人的工资、薪金收入计征个人所得税：

（1）从超出国家规定的比例或基数计提的福利费、工会经费中支付给个人的各种补贴、补助；

（2）从福利费和工会经费中支付给单位职工的人人有份的补贴、补助；

（3）单位为个人购买汽车、住房、电子计算机等不属于临时性生活困难补助性质的支出。

以上规定从1998年11月1日起执行。

> 提示：实务中，税务部门重点查的内容是从福利费和工会经费中支付给本单位职工的人人有份的补贴、补助应征收的个人所得税。

354. 外部聘请的教师、教练、裁判等工会支付的费用，怎样代缴个人所得税

在实际工作中，很多工会单位认为工会自己没有纳税账号而且《工会会计制度》没有相关科目就不代缴个人所得税。也有的单位说在支出单据上写明是税前，让教师、教练、裁判等人员自行缴纳，这些都是不正确的。

首先，三证合一后统一社会信用代码即税务登记证号码，新《工会会计制度》明确了应支付的税金在“其他应付款”会计科目下核算。

其次，工会会计虽然可以与企业的其他会计独立，但是在税法上，包括企业所得税法与个人所得税法上却不能独立，仍然必须与企业的其他部分构成一个统一的整体，即一个企业所得税纳税人、一个个人所得税扣缴义务人，所以工会依然要履行代扣代缴的义务。

那么怎样履行代扣代缴的义务呢？一是把教师、教练、裁判等人员的身份证复印件和费用签字单复印件交给行政财务，由行政财务代缴纳个人所得税；二是工会可以拿教师、教练、裁判等人员的身份证复印件（目前实际操作中，有个别税务局要求要身份证原件，而教师、教练、裁判等的身份证原件一般又很难取得，跟税务局沟通后可以拿一个人的原件加上其他人的复印件去税务局缴纳个人所得税）和费用签字单到地方税务局自行申报缴纳。

355. 代缴个人所得税后，工会该如何记账

【例】某基层工会2022年9月聘请专家为职工开展业务专题培训，为此支付专家劳务费2 000元，代扣应缴个人所得税240元。会计处理如下。

（1）计算支付劳务费：

借：职工教育支出——劳务费　2 000

贷：其他应付款——代扣个人所得税　240

银行存款　1 760

（2）缴纳个人所得税：

借：其他应付款——代扣个人所得税　240

贷：银行存款　240

提示：工会的支出项目都应该合在一起，记录在对应一个支出科目，不必像行政会计一样把每项业务分别记账，比如无论什么性质的餐费，行政财务只能记录一个科目管理费用。

356. 发票丢失怎么办

根据2019年财政部修订的《会计基础工作规范》第五十五条的规定，从外单位取得的原始凭证如有遗失，应当取得原开出单位盖有公章的证明，并注明原来凭证的号码、金额和内容等，由经办单位会计机构负责人、会计主管人员和单位领导人批准后，才能代作原始凭证。如果确实无法取得证明，如火车、轮船、飞机票等凭证，由当事人写出详细情况，由经办单位会计机构负责人、会计主管人员和单位领导人批准后，代作原始凭证。

因此，相关经办人员应当在取得购物发票后妥善保管，并尽快进行费用报销，由会计人员及时进行账务处理，以免因票据丢失给日常工作带来不便。

357. 个人经工会办的捐款可以退个人所得税吗

首先看捐给谁，如果是直接捐给受捐助者，不能扣除；其次看是否符合税务总局列举名单以内的单位。

一类是全额扣除，主要指中国红十字总会、中华慈善总会、北京市慈善协会、宋庆龄基金会、中国福利会、中国残疾人福利基金会、中国扶贫基金会、中国妇女发展基金会、中国关心下一代健康教育基金会、中国儿童少年基金会、中国光彩事业基金会和中国教育发展基金会等机构。

另一类是未超过当期应纳税所得额30%的准予扣除，主要指通过中国境内非营利性的社会团体和国家机关的捐赠。

个人经工会办理的捐款如果是捐给以上机构，可凭借以上机构开具的捐款凭证到所在地的地方税务局办理退税手续。

358. 企业超出2%部分的工会经费补助是否需要缴纳企业所得税

作为税法的一项执行标准，《企业所得税法实施条例》第四十一条规定，企业拨缴的工会经费，不超过工资薪金总额 2% 的部分，准予扣除。

《国家税务总局关于工会经费企业所得税税前扣除凭据问题的公告》（国家税务总局公告 2010 年第 24 号）也规定，企业拨缴的职工工会经费，不超过工资薪金总额 2% 的部分，凭工会组织开具的《工会经费收入专用收据》在企业所得税税前扣除。税务总局的公告不但在工会经费税前扣除范围上进行了量化界定，还对扣除凭据进行了约定，执法上体现得十分严谨、规范。其实，税务部门并不反对企业行政对工会补助经费，只是规定超出部分必须依法补缴企业所得税。

那么，企业行政方面对于工会的补助超出工资薪金总额 2% 的部分，是不是都要缴纳企业所得税呢？其实也不尽然。这就要求我们准确理解《企业会计准则》相关条款的规定，并依据准则对企业行政补助经费的内容和形式进行合理的筹划，以获得经费补助的最大效果。

企业行政方面可以把单纯经费补助调整为按项目据实补助，就是一种可行的办法。比如按照《企业会计准则第 9 号——职工薪酬》的规定，企业中许多涉及职工利益的支出都可以在职工薪酬中筹划解决，如工会组织开展的劳动竞赛奖励经费或技术开发、技术服务奖励，就可以计入职工薪酬在工资奖金项下在税前支出；企业工会对职工开展各种职业技术教育和培训，可以在职工教育经费项下对工会实施项目补助；企业工会开展的送温暖活动、帮扶助困活动、健身活动、春游秋游等文体活动及其他为职工办实事的活动，企业行政也可以在职工福利费项下对工会实施项目补助。

企业行政具体核算支出时可以在“应付职工薪酬——应付职工工资奖金、应付职工福利费或应付职工教育经费”等科目的借方列支，核销时再按会计期间由企业合理受益方按比例分担时转入该科目贷方。

当然，职工福利费和工会教育经费也不是无条件、无限制使用的，且现行《企业所得税法实施条例》已规定这两种费用由先提后用改为额度控制，职工教育经费和职工福利费支出控制额度分别是工资薪金总额的 2.5% 和 14%。

X　报表类

359. 工会有哪些会计和财务报表

工会财务报表是反映各级工会财务状况、业务活动和预算执行结果的书面文件。财务状况是指截止到报告期末，工会的资产、负债及其净资产的总额及结构。通过财务状况，可以评价各级工会资产的来源；业务活动是各级工会根据《工会法》和《中国工会章程》所赋予的职责而开展的各项活动，活动所需经费是通过预算管理来实现的，因此工会的会计报表除了反映财务结构，还反映预算执行情况。

工会财务报表包括会计报表和附注。会计报表分为主表和附表，主表包括资产负债表和收入支出表，附表包括财政拨款收入支出表、国有资产情况表和成本费用表。

一、资产负债表，是反映工会某一会计期末全部资产、负债和净资产情况的报表。工会资产负债表编制的基本原理是：资产 = 负债 + 净资产。

二、收入支出表，是反映工会某一会计期间全部收入、支出及结转结余情况的报表。和资产负债表不同的是，收入支出表中的数据是报告期间的累计数而不是时点数，因此它是动态的，是反映工会在报告期间收支总额的会计报表。

三、财政拨款收入支出表，是反映县级以上工会某一会计期间从同级政府财政部门取得的财政拨款收入、支出及结转结余情况的报表。

四、国有资产情况表，是反映县级以上工会某一会计期间持有的国有资产情况的报表。

五、成本费用表，是反映县级以上工会某一会计期间成本费用情况的报表。

六、附注是对分析说明工会预算执行情况以及工会在筹集、分配、使用、管理经费过程中的成绩和问题，分析影响预算执行的原因、经费收支变动趋势，提出改进措施、意见和建议。

工会财务报表是各级工会负责人、上级工会及其他财务报表使用者了解情况、掌握政策、指导工作的重要资料。

工会会计报表主要包括：资产负债表、收入支出表和附注。

资产负债表是反映工会某一会计期末全部资产、负债和净资产情况的报表。

收入支出表是反映工会某一会计期间全部收入、支出及结转结余情况的报表。

附注是对分析说明工会预算执行情况以及工会在筹集、分配、使用、管理经费过程中的成绩和问题，分析影响预算执行的原因、经费收支变动趋势，提出改进措施、意见和建议。

工会会计报表分为年度财务报表和中期财务报表。以短于一个完整的会计年度的期间（如半年度、季度和月度）编制的财务报表称为“中期财务报表”。年度财务报表是以整个会计年度为基础编制的财务报表。

除上述会计报表外，工会还有三张财务报表，如工会经费收支预算表、工会经费收支决算表和工会经费收支决算汇总表。

工会经费收支预算表是各级工会反映在一定时期（一般为一年）各项收支预算数额和结余的情况的报表。各级工会应根据《工会预算管理办法》的编制原则、有关政策法规、年度工作计划以及上级工会要求编制工会经费收支预算表。

工会经费收支决算表是反映工会预算执行情况的报表，它反映的是一个会计期间，工会开展各项业务活动形成的收支整体情况，反映收入、支出和结余情况。

工会经费收支决算汇总表是工会财务报表的一部分，对全国总工会指导省级工会财务管理，及时准确掌握全国经费收缴信息起到了较好的积极作用。基层工会上报到县一级工会，县级工会汇总后，上报到市级工会、省级工会，直到全国总工会，一共5级，最终形成“全国工会经费收支决算汇总表”，涵盖基层工会、县级工会、市级工会、省级工会、全国总工会5级的数据，使全国总工会掌握了各个省级工会的收支总额和结余总体情况。各级单位都可以汇总工会经费收支决算汇总表和工会经费收支决算表，生成新的工会经费收支决算汇总表。上级单位也能够实现对下级单位工会经费收支决算表的汇总、统计以及数据分析，并能查询下级某一个工会单位的数据。

360. 工会财务会计报表编制有哪些要求

一、依法编制、合法合规。

二、格式统一、内容明确。

三、数据准确、钩稽清晰。

四、要素齐全。具体包括封面、编制单位、编制日期、填表人、审核人和财务负责人以及单位公章等。

五、工会要负责对所属单位财务报表和下级工会报送的年度财务报表进行审核、核批和汇总工作，定期向本级工会负责人和上级工会报告本级工会预算执行情况（工会经费收支决算表须逐级汇总到全国总工会）。

六、财务报表必须经会计主管人员和单位负责人审阅签章并加盖审查公章后上报。资产负债表、收入支出表随每月会计凭证装订归档。

七、资产负债表中资金结转结余科目采取“表结账不结”，即每月进行账务月结时，收支不转入资金结转结余科目，但在编制资产负债表时，需要手工把收入支出表“本收支差额期”+资产负债表“资金结转结余”年初数记入“资金结转结余”期末数，以使报表平衡（已实行电算化的单位则不需要，因为报表内定了公式可以自动结转）。

361. 基层工会和产业工会不用报国有资产情况表的依据

根据《财政部中华全国总工会关于各级总工会及所属事业单位资产产权界定问题的通知》(财行〔2008〕82号)：

一、凡由工会会员缴纳的会费，建立工会组织的企业、事业单位、机关按每月全部职工工资总额的2%向工会拨缴的经费，工会所属企业、事业单位上缴的收入，及工会自筹资金等其他收入形成的资产，属于工会资产，应作为工会资产登记入账。

二、凡由国家拨给各级总工会及所属事业单位使用的资产，属于国有资产，应作为国有资产登记入账。

三、凡由国家拨付资金形成的资产，属于国有资产，应作为国有资产登记入账。

四、由不同资金来源形成的资产，应根据不同资金来源所占份额，明确其产权性质，分别作为国有资产和工会资产登记入账。

362. 实行电算化的单位，怎样利用工会经费收支决算表，来分析每个月的预算执行情况

工会经费收入决算表属于年报，实行电算化的单位，可以新建工会经费收入决算表月报。利用工会经费收支决算月报即可分析每个月预算执行的情况，这是因为工会

经费收支决算一般取数时是取的收入类科目的贷方余额和支出类科目的借方余额。预算数和期末余额相比较，即可得出每个月预算的完成率。

363. 基层工会报表编制金额到底是用元为单位还是万元为单位

《工会会计制度》第四部分规定，会计报表格式，基层工会需要编报的资产负债表、收入支出表，表样中的金额单位一律用“元”。

364. 工会财务报表的编审与上报

工会财务报表要根据登记完整、核对无误的账簿记录和其他有关资料编制，做到数字准确、内容完整、报送及时。工会财务应当由各级工会的法定代表人和主管会计工作的负责人、会计机构负责人（会计主管人员）签名并盖章。

XI　工会经费收支科目使用规范

365. 工会经费收入科目使用

工会经费收入科目表

科目名称		核算内容	会计分录	规范化要求	适用工会性质
一级科目	明细科目				
401 会费收入		会员每月按本人工资收入的0.5%计算缴纳会费，工资尾数不足10元部分以及各种奖金、津贴、稿费收入等，均不计算缴纳会费。至于企业工会会员的工资收入和奖金津贴收入问题，可按各企业的支付办法掌握处理：凡是企业作为工资发给的，应计算缴纳会费；凡是作为津贴奖金发给的，不计算缴纳会费	收到会费现款后，当日全额存入开户行，借记“库存现金”科目，贷记“会费收入”科目，同时借记“银行存款”科目，贷记“库存现金”科目	会费收入全部留在基层工会使用，基层以上工会不适用此科目	基层工会
402 拨缴经费收入		基层单位行政拨缴、下级工会按规定上缴及上级工会按规定转拨的工会经费中归属于本级工会的经费。拨缴经费收入只反映归属于本级工会的经费	收到工会经费，借记“银行存款”科目，贷记“应付上级经费”和“拨缴经费收入”科目	基层工会收到本单位行政拨缴的工会经费时，应及时开具《工会经费收入专用收据》；下级工会向上级工会（含地方工会）按比例上缴经费后，上级工会（含地方工会）须向下级工会开具《工会经费收入专用收据》	基层工会、县级以上工会
403 上级补助收入	40301 一般性转移支付补助	上级工会按照有关规定拨付给下级工会的未指定专门用途的补助	收到上级工会拨付给本级工会的补助，收入相关明细科目		基层工会、县级以上工会
	40302 专项转移支付	上级工会拨付的指定专门用途的项目补助，包括帮扶困难职工的补助、用于开展向困难职工和家庭送温暖活动的补助、救灾补助等	年终决算前，收到上级工会补助对账通知，借记“应收上级经费—应收上级补助”，贷记“上级补助收入”相关明细科目		基层工会、县级以上工会

（续表）

<table>
<tr><th colspan="2">科目名称</th><th colspan="2" rowspan="2">核算内容</th><th rowspan="2">会计分录</th><th rowspan="2">规范化要求</th><th rowspan="2">适用工会性质</th></tr>
<tr><th>一级科目</th><th>明细科目</th></tr>
<tr><td rowspan="8">404政府补助收入</td><td rowspan="7">财政拨款收入</td><td rowspan="3">财政直接支付方式下</td><td>未形成非货币性资产的</td><td>借：维权支出/行政支出等
贷：政府补助收入——财政拨款收入</td><td>基层工会一般不涉及该科目</td><td>县级以上工会</td></tr>
<tr><td>形成非货币性资产的</td><td>借：资本性支出等
贷：政府补助收入——财政拨款收入
借：库存物品/固定资产/在建工程等
贷：资产基金</td><td>基层工会一般不涉及该科目</td><td>县级以上工会</td></tr>
<tr><td>年末，根据本年度财政直接支付预算指标数与当年财政直接支付实际支出数的差额</td><td>借：财政应返还额度——财政直接支付
贷政府补助收入——财政拨款收入</td><td>基层工会一般不涉及该科目</td><td>县级以上工会</td></tr>
<tr><td rowspan="2">财政授权支付方式下</td><td>根据收到的“授权支付到账通知书”</td><td>借：零余额账户用款额度
贷：政府补助收入——财政拨款收入</td><td>基层工会一般不涉及该科目</td><td>县级以上工会</td></tr>
<tr><td>年末，根据本年度财政授权支付预算指标数大于零余额账户用款额度下达的差额</td><td>借：财政应返还额度——财政授权支付
贷：政府补助收入——财政拨款收入</td><td></td><td></td></tr>
<tr><td>其他方式下</td><td>按照本期预算收到财政拨款收入时</td><td>借：银行存款
贷：政府补助收入——财政拨款收入</td><td>基层工会一般不涉及该科目</td><td>县级以上工会</td></tr>
<tr><td colspan="2">因差错更正、购货退回等发生国库直接支付款项退回的（属于本年度支付的款项）</td><td>借：政府补助收入——财政拨款收入
贷：维权支出/资本性支出等</td><td>基层工会一般不涉及该科目</td><td>县级以上工会</td></tr>
<tr><td>非同级财政拨款收入</td><td colspan="2">取得非同级财政拨款收入时</td><td>借：银行存款
贷：政府补助收入——非同级财政拨款收入</td><td>基层工会一般不涉及该科目</td><td>县级以上工会</td></tr>
</table>

（续表）

科目名称		核算内容	会计分录	规范化要求	适用工会性质
一级科目	明细科目				
405 行政补助收入		行政补助收入指基层工会取得的所在单位行政方面按照《工会法》和国家有关规定给予工会的补助款项。包括工会收到行政拨付的劳动竞赛经费、工会开展活动的费用补助等，不包括行政方面按规定向工会拨缴的工会经费。工会收到这部分经费时，应当出具《工会经费收入专用收据》，根据税务部门有关规定，此部分补助经费应在税后利润中列支	收到行政补助时，借记“银行存款”等科目，贷记“行政补助收入”科目		基层工会
406 附属单位上缴收入		附属单位上缴收入指工会所属的企事业单位按规定上缴的收入。工会所属的企事业单位是指具有独立法人资格的单位，包括附属的事业单位和附属的企业单位。上缴的收入包括附属的事业单位上缴的收入和附属的企业上缴的利润等。工会应当对其附属单位上缴款项实行计划管理，并加强调控与监督	收到各项事业收入时，借记“银行存款”等科目，贷记“附属单位上缴收入”科目	基层工会一般不涉及该科目	县级以上工会
407 投资收益		工会对外投资发生的损益	收到投资收益时，借记“银行存款”科目，贷记“投资收益”科目；收回投资时，按照实际收到的价款，借记“银行存款”科目，按照该项投资的账面价值，贷记“投资”科目，按照两者之差额，贷记或者借记“投资收益”科目，同时借记“投资基金”科目，贷记“工会资金结余”科目		县级以上工会

（续表）

科目名称		核算内容	会计分录	规范化要求	适用工会性质
一级科目	明细科目				
408 其他收入		其他收入指工会除会费收入、拨缴经费收入、上级补助收入、政府补助收入、行政补助收入、附属单位上缴收入和投资收益之外的各项收入。其他收入包括资产盘盈、固定资产处置净收入、接受捐赠收入、银行存款利息收入等	盘盈库存物品，借记"库存物品"科目，贷记"其他收入"科目；处置固定资产，按账面原值，借记"资产基金——固定资产"科目，贷记"固定资产"科目；清理过程中的净收入，借记"银行存款""库存现金"等科目，贷记"其他收入"科目；取得银行存款利息收入，借记"银行存款"等科目，贷记"其他收入"科目		基层工会、县级以上工会
411 动用预算稳定调节基金		核算县级以上工会按照工会预算管理规定动用的预算稳定调节基金	按规定动用预算稳定调节基金时，按照动用的金额，借记"预算稳定调节基金"科目，贷记科目		县级以上工会

366. 工会经费支出科目使用

工会经费支出科目表

<table>
<tr><th colspan="2">科目名称</th><th rowspan="2">核算内容</th><th rowspan="2">会计分录</th><th rowspan="2">规范化要求</th><th rowspan="2">适用工会性质</th></tr>
<tr><th>一级科目</th><th>明细科目</th></tr>
<tr><td rowspan="2">501
职工活动支出</td><td>50101
职工教育支出</td><td>核算基层工会用于开展政治、法律、科技、业务等专题培训和职工技能培训所需的教材资料、教学用品、场地租金等方面的支出，用于支付职工教育活动聘请授课人员的酬金，用于基层工会开展的职工素质提升补助和职工教育培训优秀学员的奖励</td><td rowspan="2">发生支出时，借记“职工活动支出”相关明细科目，贷记“银行存款”“库存现金”科目</td><td>对优秀学员的奖励应以精神鼓励为主、物质激励为辅。授课人员酬金标准参照国家有关规定执行</td><td rowspan="2">基层工会</td></tr>
<tr><td>50102
文体活动支出</td><td>核算基层工会用于开展或参加上级工会组织的职工业余文体活动所需器材、服装、用品等购置、租赁与维修方面的支出以及活动场地、交通工具的租金支出等，用于文体活动优胜者的奖励支出，用于文体活动中必要的伙食补助费</td><td>体育比赛按上级规定购买运动服装。文体活动奖励应以精神鼓励为主、物质激励为辅。奖励范围不得超过参与人数的三分之二；不设置奖项的，可为参加人员发放少量纪念品。文体活动中开支的伙食补助费，不得超过当地差旅费中的伙食补助标准。可以以现金或实物形式对因参与活动而误餐的工会干部和会员给予补助。基层工会可以用会员会费组织会员观看电影、文艺演出和体育比赛等，开展春游秋游，为会员购买当地公园年票。会费不足部分可以用工会经费弥补，弥补部分不超过基层工会当年会费收入的三倍。基层工会组织会员春游秋游应当日往返，不得到有关部门明令禁止的风景名胜区开展春游秋游活动</td></tr>
</table>

（续表）

科目名称		核算内容	会计分录	规范化要求	适用工会性质
一级科目	明细科目				
501 职工活动支出	50103 宣传活动支出	核算基层工会用于开展重点工作、重大主题和重大节日宣传活动所需的材料消耗、场地租金、购买服务等方面的支出，用于培育和践行社会主义核心价值观，弘扬劳模精神、劳动精神、工匠精神等经常性宣传活动方面的支出，用于基层工会开展或参加上级工会举办的知识竞赛、宣讲、演讲比赛、展览等宣传活动的支出	发生支出时，借记“职工活动支出”相关明细科目，贷记“银行存款”“库存现金”科目		基层工会
	50104 劳模职工疗休养支出	核算基层工会用于组织和开展的劳动模范和先进职工疗休养活动的公杂费等补助			
	50105 会员活动支出	核算基层工会用于组织会员观看电影、文艺演出、开展春游秋游，为会员购买当地公园年票等的支出；用于基层工会在重大节日（传统节日）和会员生日、婚丧嫁娶、退休离岗的慰问支出		基层工会逢年过节可以向全体会员发放节日慰问品。逢年过节的年节是指国家规定的法定节日（新年、春节、清明节、劳动节、端午节、中秋节和国庆节）和经自治区以上人民政府批准设立的少数民族节日。 节日慰问品原则上为符合中国传统节日习惯的用品和职工群众必需的生活用品等，基层工会可结合实际采取便捷灵活的发放方式。 工会会员生日慰问可以发放生日蛋糕等实物慰问品，也可以发放指定蛋糕店的蛋糕券。 工会会员结婚生育时，可以给予一定金额的慰问品。工会会员生病住院、工会会员或其直系亲属去世时，可以给予一定金额的慰问金。 工会会员退休离岗，可以发放一定金额的纪念品	

（续表）

科目名称		核算内容	会计分录	规范化要求	适用工会性质
一级科目	明细科目				
501职工活动支出	50106其他活动支出	核算基层工会用于开展其他活动的各项职工活动支出			基层工会
502职工活动组织支出	50201职工教育支出	详见“50101职工教育支出”	发生支出时，借记“职工活动组织支出”相关明细科目，贷记“银行存款”“库存现金”科目		县级以上工会
	50202文体活动支出	详见“50102文体活动支出”			
	50203宣传活动支出	详见“50103宣传活动支出”			
	50204劳模职工疗休养支出	详见“50104劳模职工疗休养支出”			
	50205其他活动支出	详见“50105其他活动支出”			
503职工服务支出	50301劳动和技能竞赛活动支出	核算工会组织开展合理化建议、技术革新、发明创造、岗位练兵、技术比武、技术培训等劳动和技能竞赛活动支出及其奖励支出	发生上述支出时，借记“职工服务支出”相关明细科目，贷记“银行存款”“库存现金”科目		基层工会、县级以上工会
	50302建家活动支出	核算工会组织建设、建家活动方面的支出			
	50303职工创新活动支出	核算工会开展的劳模和工匠人才创新工作、职工创新工作活动发生的支出			

（续表）

科目名称		核算内容	会计分录	规范化要求	适用工会性质
一级科目	明细科目				
503 职工服务支出	50304 职工书屋活动支出	核算工会为建设职工书屋而发生的图书购置以及维护的支出			基层工会、县级以上工会
	50305 职工书屋活动支出	核算工会组织和开展会员和职工普惠制服务、心理咨询、互助保障等其他方面的职工服务支出			
504 维权支出	50401 劳动关系协调支出	核算工会用于推进创建劳动关系和谐企业活动、加强劳动争议调解和队伍建设、开展劳动合同咨询活动、集体合同示范文本印制与推广等方面的支出	发生上述支出时，借记“维权支出”相关明细科目，贷记“银行存款”“库存现金”科目	只适用于劳动保护宣传、教育发生的费用支出，不能列支劳保用品	基层工会、县级以上工会
	50402 劳动保护支出	核算工会用于开展群众性安全生产和职业病防治活动、加强群众安全监督检查员队伍建设、开展职工心理健康维护等以促进安全健康生产、保护职工生命安全为宗旨开展的职工劳动保护发生的支出		只适用于劳动保护宣传、教育发生的费用支出，不能列支劳保用品	
	50403 法律援助支出	核算工会用于向职工群众提供法律咨询、法律服务等发生的支出			
	50404 困难职工帮扶支出	核算工会用于对困难职工提供资金和物质帮助等发生的支出		工会会员本人及家庭因大病、意外事故、子女就学等原因致困时，基层工会可给予一定金额的慰问	

（续表）

科目名称		核算内容	会计分录	规范化要求	适用工会性质
一级科目	明细科目				
504 维权支出	50405 送温暖支出	核算工会用于开展春送岗位、夏送清凉、金秋助学和送温暖等活动发生的支出	发生上述支出时，借记“业务支出”相关明细科目，贷记“银行存款”“库存现金”科目	送温暖发生的工作经费不能在此科目列支，应在业务支出—其他业务支出（50504）中核算	基层工会、县级以上工会
	50406 其他维权支出	核算工会用于补助职工等其他方面的维权支出			
505 业务支出	50501 培训支出	核算工会用于开展工会干部和积极分子培训发生的支出		涉及个人收入应执行《个人所得税管理办法》	基层工会、县级以上工会
	50502 会议支出	核算工会用于工会会员大会或会员代表大会、委员会、常委会、经费审查委员会以及其他专业工作会议的各项支出		会议费支出标准按照《中央和国家机关会议费管理办法》执行	
	50503 专项业务支出	核算工会用于开展组织建设、专题调研、专项工作、劳模津贴、劳模专项补助、扶贫活动及外事活动的支出		涉及个人收入应执行《个人所得税管理办法》	
	50504 其他业务支出	核算工会发生的不属于以上业务开支的其他业务支出，如工会用于发放兼职工会干部和专职社会化工会工作者补贴的支出等		基层工会兼职工会干部和专职社会化工会工作者发放补贴的管理办法由省级工会制定	
506 行政支出	50601 工资福利支出	核算工会开支的专职工作人员和长期聘用人员的各类劳动报酬，以及为上述人员缴纳的各项社会保险费等。包括：基本工资、津贴补贴、奖金、社会保障缴费、伙食补助费、住房公积金等		基层工会不适用该科目	县级以上工会

（续表）

科目名称		核算内容	会计分录	规范化要求	适用工会性质
一级科目	明细科目				
506 行政 支出	50602 商品和 服务支 出	核算工会购买商品和服务的支出（不包括用于购置固定资产、无形资产的支出）。包括：办公费、印刷费、咨询费、手续费、水费、电费、邮电费、物业管理费、公务用车运行维护费（燃料费、维修费、过桥过路费、保险费、安全奖励费用等）、其他交通费用、差旅费(住宿费、城市间交通费、市内交通费、伙食补助费、杂费)、维修（护）费、租赁费、公务接待费、专用材料费、劳务费、委托业务费、工会经费、福利费等	发生上述支出时，借记“行政支出”相关明细科目，贷记“银行存款”“库存现金”科目	基层工会不适用该科目	县级以上工会
	50603 对个人和 家庭的 补助支 出	核算工会用于对个人和家庭的补助支出。包括：离休费、退休费、退职费、抚恤金、生活补助、医疗费补助等			
	50604 其他行 政支出	核算不能划分到上述明细科目的其他行政支出			

（续表）

<table>
<tr><th colspan="2">科目名称</th><th rowspan="2">核算内容</th><th rowspan="2">会计分录</th><th rowspan="2">规范化要求</th><th rowspan="2">适用工会性质</th></tr>
<tr><th>一级科目</th><th>明细科目</th></tr>
<tr><td rowspan="7">507
资本性支出</td><td>50701
房屋建筑物购建</td><td>核算工会用于购买、自行建造办公用房、仓库、食堂等建筑物（含附属设施，如电梯、通信线路、电缆、水气管道等）的支出</td><td rowspan="7">购入固定资产，借记“资本性支出”科目，贷记“银行存款”科目，同时借记“固定资产”科目，贷记“资产基金——固定资产”科目。同时，须建立《固定资产卡片》，并计入《固定资产明细账》，按物登卡、凭卡记账。当月新增固定资产，当月计提折旧，当月减少固定资产，当月不再计提折旧</td><td rowspan="7">《工会法》规定各级人民政府和企业、事业单位、机关应当为工会办公和开展活动，提供必要的设施和活动场所等物质条件。在行政方面承担资本性支出的经费不足，并且基层工会有经费结余的情况下，工会经费可以用于必要的资本性支出。凡达不到固定资产确认标准的支出，不得计入该科目。自 2016 年 7 月 1 日起，可执行新的固定资产价值标准，即一般设备单位价值在 1 000 元以上，专用设备单位价值在 1 500 元以上，并在使用过程中基本保持原来物质形态的资产</td><td rowspan="7">基层工会、县级以上工会</td></tr>
<tr><td>50702
办公设备购置</td><td>核算工会购置纳入固定资产核算范围的办公家具和办公设备的支出</td></tr>
<tr><td>50703
专用设备购置</td><td>核算工会购置具有专门用途、纳入固定资产核算范围的各类专用设备的支出</td></tr>
<tr><td>50704
交通工具购置</td><td>核算工会用于购置各类交通工具的支出（含车辆购置税）</td></tr>
<tr><td>50705
大型修缮</td><td>核算工会各类设备、建筑物等的大型修缮支出</td></tr>
<tr><td>50706
信息网络购建</td><td>核算工会用于信息网络方面的支出。如计算机硬件、软件购置、开发、应用支出等。购建的计算机硬件、软件等不符合固定资产、无形资产确认标准的，不在此科目核算</td></tr>
<tr><td>50707
其他资本性支出</td><td>核算工会其他上述科目中未包括的资本性支出</td></tr>
</table>

（续表）

科目名称		核算内容	会计分录	规范化要求	适用工会性质
一级科目	明细科目				
508 补助下级支出	50801 一般性转移支付补助	核算工会按有关规定对下级未指定用途的补助	发生上述支出时，借记“补助下级支出”相关明细科目，贷记“银行存款”“库存现金”科目		县级以上工会
	50802 专项转移支付补助	核算工会按有关规定对下级指定专门用途的项目补助，包括对下级的帮扶困难职工的补助、用于开展向困难职工和家庭送温暖活动的补助、救灾补助等			
509 对附属单位的支出		核算工会按规定对所属企事业单位的补助	发生上述支出时，借记“对附属单位的支出”科目，贷记“银行存款”“库存现金”科目		县级以上工会
510 其他支出		核算工会除上述支出以外的各项支出，如资产盘亏、资产处置净损失、捐赠支出、汇兑损益以及按规定计提有关专用基金等	发生上述支出时，借记“其他支出”科目，贷记“银行存款”“库存现金”科目	固定资产捐赠通常发生在工会之间，工会资产一般不宜对外捐赠，如必须对外捐赠，一定要慎重	基层工会、县级以上工会

（续表）

科目名称		核算内容	会计分录	规范化要求	适用工会性质
一级科目	明细科目				
521 安排预算稳定调节基金		核算县级以上工会按照工会预算管理规定使用超收的拨缴经费收入安排的预算稳定调节基金	发生上述支出时，借记“安排预算稳定调节基金”科目，贷记“预算稳定调节基金”科目		县级以上工会

XII 案例分析

367. 内部控制制度案例

金融系统某基层工会仅建立了简单的财务管理制度，由工会专干兼任出纳和工会会计资料保管，工会主席仅负责原始凭证签批，财务印章、网银U盾均由出纳一人保管。未建立本级经审会。

审计要点

（1）是否建立健全经费管理制度，建立相关内部控制制度；

（2）相关岗位设置、人员配备是否合理；

（3）本级经审监督是否到位。

案例解析

该基层单位在内控方面存在以下问题：

（1）工会内部控制不健全，未建立切实可行的内控制度。《金融系统基层工会经费收支管理实施办法》第十八条规定，要加强财务管理制度建设，健全完善财务报销、资产管理、资金使用等内部管理制度。

（2）不相容岗位未分离，由出纳一人保管支付所需的全部印章及网银U盾，存在财务风险。《工会财务会计管理规范》规定，各级工会应当根据财务会计业务的需要，建立健全内部财务会计管理制度。明确相关岗位的职责权限，确保不相容岗位相互分离、制约和监督……出纳人员不得兼任稽核、会计档案保管等工作。单位不得由一人办理货币资金业务的全过程……财务专用章由专人保管，个人名章由本人或其授权人保管。严禁一人保管支付款项所需的全部印章。

（3）本级工会审计监督缺失。《中国工会章程》第十三条规定，各级工会代表大会选举产生同级经费审查委员会。经费审查委员会负责审查同级工会组织及其直属企业、事业单位的经费收支和财产管理情况，监督财经法纪的贯彻执行和工会经费的使用，并接受上级工会经费审查委员会的指导和监督。

368. 会计核算案例

某基层工会将兼职工会干部津贴、代理记账等业务支出错记入“行政支出”科目，将职工普通住院慰问、节日慰问等支出错记入“维权支出”科目。

审计要点

（1）会计科目使用是否正确；

（2））财务核算是否符合工会会计制度的要求。

案例解析

会计核算不准确，会计科目使用错误。

《工会会计制度》规定，“行政支出”科目核算县级以上工会为行政管理、后勤保障等发生的各项日常支出。基层工会不能使用“行政支出”科目核算。

《工会会计制度》规定，会员活动支出用于组织会员观看电影、文艺演出、开展春游秋游，为会员购买当地公园年票等的支出；用于基层工会在重大节日（传统节日）和会员生日、婚丧嫁娶、退休离岗的慰问支出。

369. 往来款案例

查看某基层工会财务报表，其他应收款科目有期末余额 4 000 元，为 2015 年应收某单位欠款。经审计问询该欠款单位已注销。

审计要点

（1）是否按债务单位或个人设置明细账；

（2）是否及时结清，有无长期挂账，如有长期挂账，应查明原因，有无坏账及坏账的可能；

（3）重要的往来款应向对方函证，以判断其真实性。

案例解析

往来款项未及时清理结转，应及时核实报批，按规定作为坏账处理。《工会会计制度》关于其他应收款的管理中规定，逾期三年以上、因债务人原因尚未收回的其他应收款，报经批准认定确实无法收回的，应作为呆账及时进行账务处理，借记“其他支出”，贷记本科目。核销的呆账，应保留备查账簿中登记已核销呆账重新收回的，按照实际收到的款项，借记“银行存款”，贷记“其他收入”科目。

370. 固定资产审计案例

某基层工会购文体用品 1 800 元，记入“职工活动支出——文体活动支出”科目，未进行固定资产登记。入账附件为文体用品发票一张。工会负责人表示因职工运动会购买乒乓球拍 1 800 元。

审计现场对部分固定资产进行了实物抽查盘点，发现部分资产已账存实无，负责人表示，因工作繁忙，近三年未对固定资产进行盘点。

审计要点

（1）是否建立固定资产日常管理制度，是否至少每年进行一次固定资产盘点；

（2）是否安排专人管理固定资产，及时登记固定资产，是否存在漏记现象；

（3）抽查盘点确认固定资产管理责任落实情况；

（4）盘点盈损处置是否到位，已处理的固定资产是否及时销账；

（5）是否按规定办理政府采购手续，手续是否齐全，有无验收入库手续；

（6）固定资产核算是否规范，是否按资产类别进行明细分类。捐赠的固定资产是否入账，出售收入是否按实计入“其他收入”，有否挂“暂存款”或私分现象；通过盘点抽查确认固定资产管理责任落实情况，并编制盘点表，确定固定资产的期末余额是否真实，同时关注固定资产的完好情况及使用情况。

案例解析

上述固定资产购入、管理存在以下问题：一是账务处理不正确；二是申购手续不完善，购固定资产无申购单、资产明细、入库单、固定资产卡片；三是未按要求进行清理盘点，固定资产账实不符。

《工会会计制度》第三十二条规定，通用设备单位价值在 1 000 元以上，专用设备单位价值在 1 500 元以上的，应当确认为固定资产。单位价值虽未达到规定标准，但是使用时间超过 1 年（不含 1 年）的大批同类物资，应当按照固定资产进行核算和管理。本案例中乒乓球拍价值已满足要求，应作为固定资产入账。

账务处理：借记“有关支出”科目，贷记“银行存款”科目，同时借记“固定资产”科目，贷记“资产基金——固定资产”科目。

《工会会计制度》第三十七条规定，工会应当定期对固定资产进行清查盘点，每年至少全面盘点一次。

371 会费收入案例

某基层单位实有职工 200 人，每人每月按 10 元缴纳会费。

审计要点

（1）应缴会费的人数是否漏掉；

（2）缴纳标准是否遵守全国总工会的规定；

（3）会费计算是否正确。

案例解析

会费收入指工会会员依照全国总工会的规定向所在基层工会组织缴纳的会费。本案例中，工会会员未按规定的工资收入和比例收缴会费。

根据《中华全国总工会关于收缴工会会费的通知》（工发〔1978〕101 号）规定，工会会员每月应向工会组织缴纳本人每月工资收入 0.5% 的会费。

全国总工会财务部《关于机关和事业单位工会会员缴纳会费问题的通知》（工财字〔1994〕69 号）规定，机关的工会会员：职务工资，级别工资，基础工资，工龄工资；事业单位的工会会员：职务工资，等级工资；机关、事业单位的工会会员：岗位工资，等级工资。

《全国总工会财务部、组织部关于会员缴纳会费问题的答复》（工财字〔1994〕69 号）规定，会员每月按本人工资收入的 0.5% 计算缴纳会费，工资尾数不足 10 元部分以及各种奖金、津贴、稿费收入等，均不计算缴纳会费。至于企业工会会员的工资收入和奖金津贴收入如何区分问题，可按各企业的支付办法掌握处理：凡是企业作为工资发给的，应计算缴纳会费，凡是作为津贴奖金发给的，不计算缴纳会费。

372. 拨缴经费收入案例

某企业工会 2021 年基本情况报表显示职工数 86 人，职工工资总额 340 万元，通过地税上缴上级工会经费 2.72 万元，计提留成工会经费 4.08 万元。计提的留成经费实际未拨付工会账户，由工会按照“一事一申请”原则申请使用。审计查看企业劳动情况年报显示其在岗职工 92 人，月工资总额 348 万元，年终绩效奖金 190 万元，实际职工工资总额应为 538 万元。进一步核实得知有 6 人下派到下级单位上班，未核算计提其工会经费。

审计要点

（1）是否依法、及时、足额计提拨缴经费收入，并按规定上缴和转拨工会账户；留存与上解经费的比例是否正确，有否擅自截留经费或只按上级工会核定指标上解经费的现象；

（2）构成全部职工工资总额的内容是否漏项。根据有关规定，职工的收入不论是否通过应付工资科目核算，不论是否列入成本费用，是现金还是实物发放，不论是税前还是税后列支，都应计入工资总额。审计中应特别关注奖金、补贴、实物的发放，非正式人员的工资、外资企业中外籍员工的工资等是否计入工资总额。

（3）账务处理、收据使用是否规范。

案例解析

拨缴经费收入是指建立工会组织的基层单位按每月全部职工工资总额的 2% 向工会拨缴的经费中按规定比例留成部分。

本案例一是拨缴经费收入计提拨缴不足额、不及时。应按全部职工 92 人的工资总额 538 万元的 2% 计提拨缴工会经费 10.76 万元，应补缴经费 3.96 万元，本级工会应补得留成经费 2.376 万元。二是计提的留成工会经费未及时拨付至工会账户。

根据《工会法》、《中国工会章程》和《浙江省基层工会经费收支管理实施细则》等相关规定，建立工会组织的企业、事业单位、机关应按每月全部职工工资总额的 2% 向工会拨缴经费，其中 40% 上缴上级工会，60% 部分本级留成作为拨缴经费收入。工会经费按照经费独立原则进行管理，应设立工会经费银行账户进行单独核算。

《关于工资总额组成的规定》（国家统计局 1990 年 1 号令）规定，工资总额是指各单位在一定时期内直接支付给本单位全部职工的劳动报酬总额，包括计时工资、计件工资、奖金、津贴和补贴、加班加点工资、其他工资和单位发放的职工生活费等。

> 提示：劳动关系决定会员关系，会员关系决定会员待遇，抽、借调、兼、挂职人员的会费缴纳、工会福利待遇随会员关系走；工会经费计拨随工资关系走；劳务派遣人员的会费缴纳、工会经费计拨、工会福利等按派遣协议的约定执行。劳务派遣协议没有约定的，用工单位有责任保障。

373. 行政补助收入案例

某金融基层工会本年度行政补助收入 96 万元，其中 65 万元为收到的行政门面出租租金收入，31 万元为单位职工出勤奖、提成奖等各类补助。

审计要点

（1）相关的补助收入是否全额入账，有否挂账、转移资金、设置“小金库”的现象；

（2）是否正确核算，有否将行政委托工会代管的经费混淆。

案例解析

行政补助收入是指各级人民政府和企事业机关行政按《工会法》和国家有关规定给予工会的补助款项。

本案例中存在利用行政补助收入设立“小金库”，接受超越工会经费支出范围的行政补助的情况。

《关于在党政机关和事业单位开展“小金库”专项治理工作的实施办法》（中纪发〔2009〕7 号）第二条第 4 款对于“小金库”的定义包括：用资产处置、出租收入设立“小金库”。

《金融系统基层工会经费收支管理实施办法》第二十三条规定，严禁将应计入收入的经费在往来科目核算，形成“小金库”。

374. 职工活动开展案例

某证券公司工会在奥林匹克森林公园举办健步走活动，相关支出如下：

（1）参赛运动员 100 人，购运动鞋花费 118 000 元；每人发交通补助 200 元，共 20 000 元；晚餐消费 18 000 元。

（2）比赛设置一、二、三等奖，奖金分别为 1 000 元 /800 元 /500 元。对未获奖人员设置参与奖，人均 200 元。

审计要点

（1）活动举办费用开支程序是否符合要求；

（2）活动奖项和奖金设置是否合规，奖金和纪念品发放范围是否正确，是否存在设置奖项同时发放纪念品的情况；

（3）文体活动购置服装费用是否遵照有关标准执行。

案例解析

该会文体活动经费开支存在以下问题：

（1）奖项设置不合规。《金融系统基层工会经费收支管理实施办法》第八条规定，文体活动奖励应以精神鼓励为主、物质激励为辅。奖励范围不得超过参与人数的三分之二，个人最高名次奖励标准每人每项不超过 1 000 元，集体最高名次奖励标准每人每项不超过 600 元。不设置奖项的，可为参加者每人发放价值不超过 200 元的纪念品。

（2）服装购置超标准。《金融系统基层工会经费收支管理实施办法》第八条规定，文体活动确需购置服装的，按每人不超过 1 000 元的标准购买，所购服装应以节俭、实用为原则，同一人在一年内参加同类活动不得重复购买。

（3）滥发交通补助。中央已经进行“车改”，文体活动不应发放交通补助。

（4）餐费超标准。《金融系统基层工会经费收支管理实施办法》第八条规定，文体活动中开支的伙食补助费，不得超过所在单位差旅费伙食补助标准。本次活动餐费已超过差旅费伙食补助标准。

375. 春秋游案例

某金融基层工会开支春游活动费用 20 000 元，发放午餐费 1 200 元，附件为某旅行社发票一张。经审计发现，该笔支出为组织全单位职工 30 人利用周六赴八达岭长城进行春游。

审计要点

（1）春秋游是否当日往返；

（2）春秋游是否到中纪委明令禁止的 21 个风景名胜区；

（3）春秋游误餐费是否超标准；

（4）有无预算开支。

案例解析

春秋游活动的地点选择违反相关规定。

（1）《金融系统基层工会经费收支管理实施办法》第八条规定，基层工会组织会员春游秋游应当日往返，不得到有关部门明令禁止的风景名胜区开展春游秋游活动。

（2）《关于严禁党政机关到风景名胜区开会的通知》第一条规定，各级党政机关一律不得到八达岭—十三陵、承德避暑山庄外八庙、五台山、太湖、普陀山、黄山、九华山、武夷山、庐山、泰山、嵩山、武当山、武陵源（张家界）、白云山、桂林漓江、三亚热带海滨、峨眉山—乐山大佛、九寨沟—黄龙、黄果树、西双版纳、华山21个风景名胜区召开会议，禁止召开会议的区域范围以风景名胜区总体规划确定的核心景区地域范围为准。

376. 培训会议费用案例

某行政单位机关工会报销单位职工培训费21 000元，仅附某酒店会务费发票一张。经审计核实，此次培训参加人数为30人，培训时间为半天，培训老师为副高级，其中授课费7 000元。

审计要点

（1）费用报销附件是否齐全；

（2）开支范围和标准是否参照《中央和国家机关培训费管理办法》（财行〔2016〕540号）文件执行。

案例解析

报账手续不规范，附件不全，培训支出和授课费超标准。

培训费报销应附举办培训班请示、负责人审批、培训预算、培训通知，培训日程、参加培训人员实名签到表，培训班开支各种明细清单等。注意核查培训签到人数和结算人数。会议费报销应附有召开会议请示、负责人审批、会议预算、会议通知、会议日程，参加会议人员实名签到表、会议开支各种明细清单等。

依照《中央和国家机关培训费管理办法》文件，综合定额标准如下：

单位：元

培训类别	住宿费	伙食费	场地、资料、交通费	其他费用	合计
一类培训	500	150	80	30	760
二类培训	400	150	70	30	650
三类培训	340	130	50	30	550

一类培训是指参训人员主要为省部级及相应人员的培训项目。

二类培训是指参训人员主要为司、局级人员的培训项目。

三类培训是指参训人员主要为处级及以下人员的培训项目。以其他人员为主的培训项目参照上述标准分类执行。

综合定额标准是培训费开支的上限，各项费用之间可以调剂使用。各单位应在综合定额标准以内结算报销。

讲课费（税后）执行以下标准：副高级技术职称专业人员每学时最高不超过 500 元，正高级技术职称专业人员每学时最高不超过 1 000 元，院士、全国知名专家每学时一般不超过 1 500 元。讲课费按实际发生的学时计算，每半天最多按 4 学时计算。

377. 退休职工欢送案例

某金融基层工会副主席退休，举办欢送座谈会时购买水果鲜花花费 200 元，纪念品 3 500 元，聚餐费 3 000 元。

审计要点

（1）纪念品是否符合标准；

（2）欢送活动形式是否合规。

案例解析

以上案例存在欢送形式不合规，聚餐方式不符合文件规定，纪念品金额超标准的问题。

《金融系统基层工会经费收支管理实施办法》第八条规定，会员退休离岗（不含调动、辞职），可组织座谈会予以欢送，座谈会可购买适当的干鲜水果等食品，同时可为本人发放不超过 2 000 元的纪念品；退休人员在职期间荣获过全国劳动模范、先进工作者，全国金融劳动模范，全国五一劳动奖章和全国金融五一劳动奖章，地方省级劳动模范、先进工作者和省级五一劳动奖章的，以及在工会岗位任职满 15 年且被上级工会表彰为优秀工会工作者的，可为本人发放不超过 3 000 元的纪念品。

378. 财务报销流程案例

某金融基层工会2022年8月18日，支付接待餐费1 200元，仅凭发票入账；支付羽毛球馆卡费5 000元，仅附手写收据；支付职工书屋设计费4 000元，仅附设计方签收表。

审计要点

（1）经费支出是否严格执行财务支出审批程序，经办人，证明人、审批人等内控环节有无缺漏；

（2）是否存在发票不符合规定，要素不全、信息不符等问题。

案例解析

以上费用支出存在以下问题：一是费用开支附件不全。未附接待函、未附菜单和用餐人员名单；二是存在用其他票据冲抵费用现象，未真实反映工会业务内容；三是部分费用开支未取得合法票据。

《金融系统基层工会经费收支管理实施办法》第二十条规定，工会开展活动要有具体活动方案，并按规定办理审批手续；购物发票要符合会计制度要求，并附购物清单及参与人员名单；奖励物品发放要有签领名单，集体活动用餐要有用餐人员名单。

XIII　电算化类

379.BS 常见问题

1. 输入用户名和密码后，点“登录”按钮没反应。

答：计算机的系统时间应与网络时间一致。

2. 固定资产初始化时提示存在旧资产类型未承接。

答：在“新资产类型”页面中点“+”选编号，直至没有编号选择。

右边旧资产类型没有蓝色框，点击“保存”按钮，保存资产类型承接。

3. 已经年结到下一年了，怎样反结账到上一年？

答：跨财务制度不可以直接反结账。

操作：用财务主管身份登录—用户中心—数据备份 / 恢复—找到年结前备份—恢复。

4. 录入数据时，部门选择不了。

答：用户中心—部门管理—新增。

用户中心—操作员管理—添加员工—选择部门。

5. 固定资产没有初始化界面

答：初始设置—资产初始化。

6. 进行增加操作员时，系统提示当前登录名已存在，应如何解决？

答：当前添加的“登录名”系统中已存在，请更换（可以设置工号，或者更换登录名称）。

7. 年初申报的项目库需要设置吗？

答：年初申报的项目库等同于模板，可以不设置。

8. 预算名称必须填写吗？

答：系统中红色 * 为必填项。

9. 凭证录入时，辅助核算如何选择部门？

答：初始设置—科目期初—选择科目（例：102 银行存款）—操作—修改—勾选核算单位，点击“保存”；

凭证录入用到此科目（102 银行存款）会弹出选择。

10. 如何新增子科目？

答：初始设置—科目期初—选择科目（例：101 库存现金）—操作—新增（选择

一级科目新增的是二级科目）—输入名称。

（新增科目页面左上角会提示新增的是几级科目，如一级 101；二级 10101；三级 1010101；以此类推。）

11. 已经完成初始化后，如何修改科目的期初余额?

答：用财务主管身份登录—初始设置—科目期初—反初始化—开始初始化—（修改后）—完成初始化。

12. 当月进行结账时提示当前已结账，无须再次结账，应如何操作?

答：勾选反结账至—1 月—确定。

再勾选结账至—12 月—确定。

13. 预算年初申报为什么没有 2023 年呢?

答：预决算管理—年初申报—做下一年预算。

14. 要设置凭证分类，应该如何操作?

答：如需凭证分类请设置，不需要设置分类请选择普通记账凭证。

操作：用财务主管身份登录—初始设置—科目期初—反初始化—凭证分类设置。

提示：下面的不需要可以都禁用，普通设为默认。设置好不要忘了再点开始初始化—结束初始化。

15. 年初申报的上年决算数能不能更改?

答：年初申报可以手工设置上年决算数金额（年中调整与年末决算不可以更改上年）。

16. 固定资产启用日期是否指发票日期，发票开具的月份可能与入账月份不一致，此情况应如何处理?

答：固定资产启用日期应在发票日期之前，发票日期和入账日期不一致可以按实际录入，正常是按发票日期，其他日期没有具体的标准。

17. 登录系统时，系统要求输入的登录名是什么?

答：登录名是在添加操作员时设置的名字，可在“用户中心”的“操作员管理”页面查看登录名。

18. 三级科目中本级工会的辅助核算想删除，系统不让删，应该如何操作?

答：取消末级科目的辅助核算。

操作：初始设置—科目期初（有年初数时，需要先修改金额为 0）—选中科目，操作—修改—辅助核算去掉勾选后保存。

19. 收入、支出类科目如何取消辅助核算？

答：初始设置—科目期初—右上角操作—修改—辅助核算去掉后保存。

20. 凭证录入，可以跨月份操作吗？

答：可以。在凭证录入页面右侧会计期选择，选择对应的月份录入。

21. 固定资产卡片入账后如何修改？

答：往年资产：资产初始化，反初始化的重新初始化修改。

本年资产：资产列表，勾选资产，批量取消复核后修改。

22. 科目余额表在哪里查看？

答：账务管理—账簿管理—科目余额表。

23. 同一个用户如何切换不同权限登录？

答：在右上角账套中，重新选择财务主管的权限。

24. 恢复备份数据怎样操作？

答：登录主管账号：用户中心—数据备份 / 恢复—上传—选择技术发您的文件，上传后点恢复按钮，恢复成功后重新登录。

25. 科目不正确，应如何改正？

答：请您在科目余额表中查询，确认科目编码与科目名称，科目期初搜索的是其他制度下的科目，所以名称会出现与您当前科目名称不一致。

26. 经费核算应如何取消？

答：关闭方式：初始设置—科目期初—选中 402—操作—修改—去掉经费核算打勾—保存；

然后，进行凭证录入时选择 402 就不会弹出选择经费核算的提示了。

27. 新增县以上科目，应如何操作？

答：初始设置—科目期初—操作—添加县以上科目—勾选 508 补助下级支出后保存。

28. 固定资产实物编码是什么？

答：原来编的号码贴在您的固定资产上的那个号码就是实物编号。

29. 录入凭证时提示“科目 / 金额 / 摘要不能为空！”该怎么办？

答：科目摘要或者金额有空行，需要补齐或退出重新录入。

30. 历史资产当时初始化未补录，需要做反初始化再补录吗？

答：需要，而且如果上月有凭证须删除并在资产折旧反折旧才能进行反初始化操作。

31. 登录系统出现“404”页面，应该如何解决？

答：返回首页，刷新页面，然后再次打开。

32. 取消辅助核算，应如何操作？

答：初始设置—科目期初—取消辅助核算的勾选。

33. 银行存款余额调节表也是系统生成吗？

答：银行对账日记账通过凭证取数，银行对账流水单导入数据，银行对账中一对账完成，银行余额表自动生成数据。

34. 忘记反结账到 11 月，直接结账到 12 月确定了，现在“确定”是灰色，应该如何操作？

答：跨财务制度不可以反结账。

操作：用户中心—数据备份 / 恢复—找到年结前备份—恢复。

35. 如何进行凭证排序？

答：凭证查询—更多—自动排序 / 手工排序。

36. 做预算申报时，发现上年决算数翻倍，编辑修改时发现项目呈灰色，无法修改，应该如何处理？

答：登录财务主管的账号：预决算管理—年初申报—更多—重置后再编辑上报。

37. 打印报表时，发现 1—9 月是未结账状态，10—12 月是已结账状态，应如何解决？

答：清空浏览器缓存后再次查询导出或打印。

38. 导入固定资产清单时，提示“请检查是否存在该部门”，该怎么操作？

答：检查下用户中心—部门管理是否已存在表格内所需要部门，如果没有请添加后再导入。

39. 如何打印凭证？

答：凭证查询—更多—打印。

40. 工会财务系统一般需要设置哪些必要的角色呢？现在记账没有办法复核应该如何解决？

答：最少两个账号，分别为：制单人（会计）和审核记账（主管）。

41. 出纳是非必需的角色吗？

答：系统内没有强制要求。

42. 财务主管已点反初始化，并修改了2022年的期初金额，这样就可以正常记账了吗？

答：修改后记得点“结束”初始化，完成初始化后可以开始记账。

43. 账务中有现金业务，将凭证分类改成“普通”或“记账”，系统不允许，应该如何操作？

答：初始设置—科目期初—反初始化—凭证分类设置一下。

下面的不需要可以都禁用，普通设为默认。

> 提示：设置好不要忘了点开始初始化—结束初始化。

44. 为什么结账后资产负债表里的货币资金余额和科目明细账里的银行存款余额不一致？

答：账务管理—账簿管理—科目余额表—操作—重置发生额后查询一下。

45. 做初始设置—科目期初—开始初始化—结束初始化后显示借贷不平，应如何解决？

答：导出上年的余额表，对照一下上年年末金额。

46. 收入支出表里的支出数据和明细账不一致，明细账是对的，但是收入支出表是错的，应该如何解决？

答：账务管理—账簿管理—科目余额表—操作—重置发生额后查询一下。

47. 可以补录以前的固定资产吗？

答：可以，资产管理—资产列表新增。

48. 预算修改上年决算数，应如何操作？

答：预算报表中上年决算数通过上年年末决算金额自动取数。

49. 录入凭证时，系统提示“请选择末级科目”，应该如何处理?

答：当前选择科目存在下级科目，请选择末级科目。

50. 科目余额表打印操作员名字显示不全，如何解决?

答：财务主管账号下打印，名字只会显示制单人，会计账号打印会显示财务主管姓名（基本信息打开开关）。

51. 用户角色应如何修改?

答：用户中心—操作员管理—选择需要更改的账号—修改。

52. 应如何进行反结账操作?

答：首页月末快速结账，年度切换至 2022 年，勾选反结账至 12 月，点击确定。

380.CS 常见问题

1. 内网机器（或不联网）GHCAIWU 目录里有 SERIAL.SN 文件还是无法进行月结操作，应该如何处理?

答：让客户把 SERIAL.SN 文件发给客服，技术员会按年度制作加密包，安装重启电脑即可进行凭证月结。

2. 打印凭证时文字显示不全，应如何操作?

答：凭证打印设置—改变录入框的行高，改好之后右下角保存，相同文字的大小也是全选中进行设置。

3. 一张 A4 纸如何打印两张凭证?

答：凭证打印设置“每张打印一张凭证”改为“每张打印两张凭证”。

4. 进行 20×× 年 12 月月结时，系统提示“收入支出类科目年初余额不为 0，请在上一年进行结转”，应该如何操作?

答：查看上年度科目余额表收入支出科目是否有科目余额，如果有余额可能是没结转全，需打开设置自动转账凭证，点击“修改”按钮，勾选没有结转的科目—保存，重新点击“生成自动转账凭证”，进行结转月结。

5. 明细科目添加后不显示，再次添加时显示已存在，应如何处理?

答：添加时有可能没有注意到不“启用”的标识，直接点了确定；进入日常账务—设置—科目设置，这时需要点击最下方中间的全部科目找到刚才添加的科目，双击将启用标识改为“启用”。

6. 如何进行 2022 年初始化？

答：在 2021 年 12 月结选完工会时，结转到 2022 年点击“初始设置”新旧制度科目设置—承接科目余额—对应完成。

提示：如需打印新旧科目承接表需要点击打印预览，打印完成后再点对应完成。

7. 进行新旧科目承接操作时，提示“某科目没有对应需要查看没有对应科目”，应如何解决？

答：2022 年初始设置里点开科目设置—全部科目，找到没有对应的科目将启用标识由不启用改为启用，然后重新返回承接界面进行承接。

8. 财务主管换人了，应如何在系统中进行更换？

答：用原财务主管身份登录账务管理系统，系统管理—用户权限设置—添加新的财务主管，然后切换新财务主管登录，系统管理—用户权限设置，相同界面把旧的财务主管进行删除。

9. 审核凭证的时，提示“制单人不能审核自己的凭证”，应如何操作？

答：登录会计的账号—日常账务—凭证修改，然后查询想要修改的凭证，进入后点击“修改”，修改后再点击“完成”，这样下边凭证显示的制单人就会改变，可以重新切换审核人登录进行审核。

10. 如何反结账把已经审核的凭证删除？

答：系统管理—取消月结—取消记账（取消审核的框也勾选）—凭证修改查询 选中想要删除的凭证删除。

11. 旧系统已经年结到 2022 年，科目还是旧科目，已经升级过系统，应如何处理？

答：系统管理切换到 2021 年取消 12 月月结提示的时候，选择删除 2022 年所有数据，重新月结并进行新年度初始化。

12. 如何插入凭证？

答：记账录入凭证号改成想要插入凭证号的前一号，保存的时候进行保存，日期也要进行修改。

13. 进行 2022 年账务 1 月月结时，提示“固定资产未初始化”，应如何解决？

答：进入固定资产系统—固定资产初始化—开始初始化—初始化完成。

14. 固定资产承接时，点开大类小类不显示。

答：打开左边固定资产分类表，点击加载默认配置出来资产类型后，返回承接界面重新承接。

15. 每次登录系统时，选择账套，所有账套都跳动，应如何解决?

答: sql 版本账套多，登录的时候需要默认成自己账套的话，右击账务系统有个打开文件位置，目录下有个 config 文件，双击打开，把最下边的账套信息 LASTZTNO 修改成自己单位的账套号。

16. 固定资产初始化时，导入不进去。

答：按照导入模板，红色是必填，其他类似折旧的只须改为 0 导入即可。

17. 固定资产补提生成凭证，模板显示为空，应如何解决?

答：打开左边固定资产凭证模板，加载默认配置下，然后返回重新生成传到账务。

18. 打开系统时，提示“检测不到密钥”，是什么原因?

答：系统升级后从红色密钥变成蓝色密钥，只须把蓝色密钥插上即可打开软件，红色密钥自行保存，或交付软件公司。

19. 登录不了固定资产系统，以前都是旧用户的密码。

答：联系技术人员查找密码。

20. 卡片管理界面为何看不到已完成折旧资产?

答：卡片管理只显示在用资产，点击右下筛选在用，全部日期改为最早资产日期进行筛选。

21. 固定资产报废，应如何操作?

答：卡片管理，选择要报废的资产，点击下方【处置】按钮选择报废类型，并生成生成固定报废凭证。

22. 月结提示固定资产计提未生成凭证。

答：如果当月有提完折旧的资产，点全选的时候会有漏掉资产没有生成凭证，所以在生成凭证的时候需要先勾上所有资产—全选—筛选月份—批量生成凭证。

23. 计提已生成凭证，应如何删除计提?

答：删除凭证，需要先从账务系统删除凭证，返回固定资产系统筛选想要删除月份的计提进行删除。

24. 库存物品如何进行入库操作?

答：添加库存物品的信息，保存后点入库单进行选择刚才添加的物品，选择完后进行入库确认。

25. 如何启用经费核算?

答：账务系统中打开科目设置，双击进行修改启用经费核算，然后进入经费核算模块进行设置比例。

26. 新旧承接时 2021 年年结有什么注意事项?

答：12 月月结前，先做自动转账凭证，做好审核记账后，再做年结。

27.2022 年初始化承接时，科目显示不全是什么原因?

答：查看下是否未启用科目；科目设置—全部科目—启用。

28. 账务系统录入资产前提是什么?

答：科目设置处启用资产科目。

29. 如何做数据备份?

答：账务系统—系统管理—数据备份，可通过切换年度，对相应年度的数据备份。

30. 如何添加用户、分配权限?

答：账务系统—系统管理—用户权限设置可添加人员或修改权限。

31. 资产录入后变灰处如何修改?

答：只能删除重建，无法进行修改。

32. 卡片录入时的启用日期早于录入当月时间，如何补上之前的计提?

答：需要取消前几个月的月结，再去资产系统生成凭证，账务系统审核记账月结。

33. 如何设置快速摘要?

答：在摘要设置处新增助记码及摘要内容，凭证录入时可输入助记码，填写摘要。

34. 资产管理系统怎样增加用户，是否需要与账务系统用户名一致?

答：操作员管理处增加，因为凭证的关系，需要和账务系统制单员姓名一致。

35. 科目代码科目设置代表什么?

答：代表各个级别科目代码数值的位数，最多七级，涉及不到则无须设置。

36. 初始化时提示“借贷不平衡”，应如何处理?

答：初始科目余额表查看所填初始余额的借贷情况，根据会计第一等式：资产＝负债＋净资产，调整为借贷金额相等即可。

37. 系统可否建立多个账套？在哪建立？数据是否冲突?

答：可以建立多个，在核算单位处建立，各个账套都是单独的，数据并无影响。建议单机版用户一个单位建立一个账套。

38. 核算单位处的数据备份和账务系统有什么区别?

答：核算单位处是整体备份，账务系统须切换各个年度，按年度备份，推存在账务系统完成备份。

39. 如何修改核算单位管理员密码?

答：首先登录核算单位，之后在系统服务处修改管理员密码，完成修改。

40. 如何修改账务系统用户的密码?

答：使用用户登录后，在系统管理处，点击“修改密码”，输入旧密码和新密码完成修改。

41. 数据恢复怎么操作?

答：进入系统管理—数据恢复，引用到备份所在的路径，点击恢复，即可恢复数据（没有口令，点确定就可以）。

42. 凭证如何修改?

答：已审核的凭证须先取消审核才可进行修改，在凭证审核处找到对应凭证，点击“取消本张凭证”取消。

43. 报表处理系统中没有决算报表、预算报表，应如何操作?

答：预决算表是2023年度加入系统的，向技术员要升级包，安装后，点击“更新报表”，预算表、决算表就有了。

XIV　全年活动规划类

381. 元旦“健步迎新岁·乘风创新篇”健步迎新年活动

活动背景：新年的钟声即将敲响，时光的车轮又留下了一道深深的印痕。伴随着冬日里温暖的阳光，满怀着喜悦的心情，新一年的元旦如约而至。

活动目的：丰富工会职工的精神文化生活，倡导积极健康、文明环保的生活方式，用健康运动姿态迈向新年，让职工在活动中感受新力量。

活动时间：12 月 20 日—1 月 5 日

活动形式：健步迎新年

活动规则：网络健步走，平台将设置每日步数上限，参与活动的工会职工每日步数达到 ×××× 步即为达标。根据达标天数获得元旦奖章和提货券奖励（或普奖）。

参与方式：微信搜索并关注公众号：“工福云工惠”，点击“云工惠”，或下载“工福云工惠”App，用手机账号密码，或采用手机号验证码登录。登录成功后，点击“服务大厅”—“职工活动”—“健步迎新年”参与活动。

382. 元旦“跃进新程·各显绳通”智能跳绳活动

活动背景：年岁将至，新一年的帷幕即将拉开，以绳健体，以绳促德，以绳润心，一根绳子把硕果累累的这一年和充满希冀的新年联结起来，寓意非凡。

活动目的：充分展示工会职工文明、和谐、拼搏、奋进的良好精神风貌，提高职工参与跳绳活动的热情和追求健康生活方式的意识，以昂扬向上的面貌投入下一阶段的工作中，向“新”而行，真正让党的二十大精神在本单位落地生根、开花结果。

活动时间：12 月 25 日—1 月 5 日

活动形式：微信小程序“工福全民健身”

活动规则：平台将设置每日跳绳个数上限，参与活动的工会职工每日跳绳个数达到 ×××× 个即为达标。同时，排行榜实时更新，计数标准：单次跳绳需不低于 100 个，低于计数标准则无法计入累计总数。

参与方式：微信搜索小程序：“工福全民健身”，工会职工选择手机号验证码登录或微信授权登录。登录成功后，进入首页，点击“开始跳绳”。

383. 春节“年味依旧·不负‘食’光”厨艺大赛活动

活动背景：随着春节假期临近，过年喜庆的氛围越发浓厚，职工们满心欢喜置办年货，为营造一场和谐充满年味的春节，引导职工们在春节期间大展厨艺，增添浓厚的欢乐氛围。

活动目的：鼓励工会职工大显身手，大秀厨艺，制作美味新年餐，用一道道美食点亮生活，让职工体味喜庆美好。

活动时间：1 月 15 日—2 月 28 日

活动形式：厨艺大赛

活动规则：工会职工上传自己过年的厨艺展示照片或视频至工福云平台“厨艺大赛”模块，审核通过后进行投票，可设置每个账户每天的可投票数；票数累积越多，排名越靠前。

参与方式：微信搜索并关注公众号：“工福云工惠”，点击“工福云工惠”，或下载“工福云工惠”App，用手机账号密码，或采用手机号验证码登录。登录成功后，点击“服务大厅”—“职工活动”—“厨艺大赛”参与活动。

384. 春节“年味正浓·欢度春节”书法展活动

活动背景：爆竹声中一岁除，春风送暖入屠苏。千门万户曈曈日，总把新桃换旧符。春节俗称“年节”“过年”，是我国民间隆重而又富有特色的古老节日，也是最热闹的传统节日。

活动目的：丰富工会职工的精神文化生活，展现工会职工书法爱好者丰富多彩的精神世界和高超的艺术才华，助力广大职工在享受艺术创造的同时，增强参与感、认同感，坚定追求美好新生活的信心和决心。

活动时间：1 月 15 日—2 月 28 日

活动形式：书法展

活动规则：工会职工上传自己的书法作品至“工福云工惠”平台“书法展”模块，审核通过后进行投票，可设置每个账户每天的可投票数；票数累积越多，排名越靠前。

参与方式：微信搜索并关注公众号："工福云工惠"，点击"工福云工惠"，或下载"工福云工惠"App，用手机账号密码，或采用手机号验证码登录。登录成功后，点击"服务大厅"—"职工活动"—"书法展"参与活动。

385. 元宵节"线上智趣·喜乐元宵"猜灯谜活动

活动背景：元宵节，中国的传统节日之一，又称"上元节""小正月""元夕"或"灯节"，时间为每年农历正月十五。

活动目的：通过"线上智趣·喜乐元宵"猜灯谜活动，弘扬民族文化，营造元宵佳节欢乐、祥和、文明、喜庆、幸福的节日氛围，共庆节日团圆。

活动时间：2 月 5 日—2 月 28 日

活动形式：猜灯谜

活动规则：可设置不同的灯谜类型，点击"猜灯谜"后，系统将自动随机生成谜题，猜完后点击提交，系统自动评分并进行排名。

参与方式：微信搜索并关注公众号："工福云工惠"，点击"云工惠"，或下载"工福云工惠"App，用手机账号密码，或采用手机号验证码登录。登录成功后，点击"服务大厅"—"职工活动"—"猜灯谜"参与活动。

386.《共产党宣言》周年纪念"学党章守初心·强党性担使命"学悟党章活动

活动背景：在近代，没有哪一本书能像《共产党宣言》那样，如此深刻地影响着百年中国历史的发展进程。它直接催生了中国共产党的成立。这个作品在此后一个多世纪的漫长时光里，一直深刻地改变着中国的命运，持续影响着无数人的选择，而且还将继续下去。

活动目的：增强工会职工贯彻党章的自觉性和坚定性，始终把学习党章、遵守党章、贯彻党章、维护党章作为一项重要政治任务抓紧抓好，切实维护党章的严肃性和权威性，把党章体现到各项工作之中，用实际行动推动工会工作高质量发展。

活动时间：2 月 15 日—2 月 21 日

活动形式：学悟党章

活动规则：可设置不同的题目类型，点击“开始学习”后，系统将自动随机生成试卷，学习完毕点击提交后，系统自动评分并进行排名。

参与方式：微信搜索并关注公众号：“工福云工惠”，点击“云工惠”，或下载“工福云工惠”App，用手机账号密码，或采用手机号验证码登录。登录成功后，点击“服务大厅”—“职工活动”—“学悟党章”参与活动。

387. 三八妇女节“巾帼气韵美·花香满芳华”线下插花活动

活动背景：她们奋斗在各行各业，用无私无畏展现女性风采，以担当作为贡献巾帼力量。国际劳动妇女节将至，女性的风采值得被看见，致敬每一个了不起的“她”！

活动目的：展示工会女职工事业蓬勃发展的美好和昂扬向上的精神风貌，团结引领广大女职工激扬巾帼之志，凝聚巾帼力量，争做伟大事业的建设者、文明风尚的倡导者、敢于追梦的奋斗者。

活动时间：3 月 1 日—3 月 8 日

活动形式：线下插花

活动规则：花艺师现场进行花艺基础知识讲解及插花技巧教学、示范，职工在掌握插花基础知识前提下，按照自己的构想将花插在容器中，形成自己的插花雏形；花艺师帮助职工将插花作品变成精美的工艺品。

参与方式：工福会为工会成立线下插花活动对接专员，成立需求对接群，全方位、全流程保障活动的顺利开展，包括物料准备、场地确认、插花老师时间协调等。

388. 五一劳动节“致敬劳动者·礼赞劳动美”演讲比赛活动

活动背景：劳动是最光荣的，也是最圣洁的。劳动是一切财富和一切文化的源泉，也是人的生命之所以能兴旺、美丽的源泉。

活动目的：迎接五一劳动节的到来，同时丰富广大工会职工的休闲生活，提高职工的工作热情，展示职工良好的精神风貌。

活动时间：4 月 25 日—5 月 10 日

活动形式：演讲比赛

活动规则：职工录制关于主题的演讲视频后，上传至平台“演讲比赛”模块，审核通过后进行投票，每个账户每天可投三票，但不能给同一个参赛职工投票；票数累积越多，排名越靠前。

参与方式：微信搜索并关注公众号：“工福云工惠”，点击“云工惠”，或下载“工福云工惠”App，用手机账号密码，或采用手机号验证码登录。登录成功后，点击“服务大厅”—“职工活动”—“演讲比赛”参与活动。

389. 六一儿童节“最好的时光·与你在一起”绘画大赛活动

活动背景：儿童是祖国的花朵，是民族的未来，是散落人间的天使，他们对这个世界充满了渴望。这个“六一”，用爱和温暖，为孩子们带去美好的“六一”礼物。

活动目的：丰富儿童精神文化生活，营造浓厚的节日氛围，让孩子们在感受节日快乐的同时享受绘画的乐趣以及成长和陪伴。

活动时间：5 月 20 日—6 月 1 日

活动形式：绘画大赛

活动规则：工会职工上传与主题相关的亲子绘画作品至工福云平台“绘画大赛”模块，审核通过后进行投票，可设置每个账户每天的可投票数；票数累积越多，排名越靠前。

参与方式：微信搜索并关注公众号：“工福云工惠”，点击“云工惠”，或下载“工福云工惠”App，用手机账号密码，或采用手机号验证码登录。登录成功后，点击“服务大厅”—“职工活动”—“绘画大赛”参与活动。

390. 六一儿童节“寓教于乐·阳光成长”心理健康咨询活动

活动背景：儿童的自我认识和自我指导能力非常薄弱，因此我们成人必须对儿童进行教育、关注并引导他们的成长。

活动目的：帮助工会职工子女缓解学习产生的负面情绪，用积极的态度和健康的心理面对学习和生活中的问题，提高其心理防护水平和学习质量。

活动时间：5月20日—6月1日

活动形式：心理健康咨询

活动规则：工会职工通过“心理健康咨询”模块，根据自身需求选择自己所需咨询选项，如父母支持、青少年烦恼、育儿难题等类别，确认后进入咨询界面，仔细阅读相关信息，完成咨询后点击提交即可。

参与方式：微信搜索并关注公众号：“工福云工惠”，点击“云工惠”，或下载“工福云工惠”App，用手机账号密码，或采用手机号验证码登录。登录成功后，点击“服务大厅”—“职工活动”—“心理健康咨询”参与活动。

391. 端午节“情系工会职工·端午送福”工会职工慰问品发放活动

活动背景：艾草又飘香，每年农历五月初五为传统节日——端午节，品粽子、挂艾草、赛龙舟、佩香囊……几千年的历史传承，积淀出了丰厚民俗传统和文化内涵。端午节是弘扬和传承中华优秀传统文化魅力，涵养家国情怀，培育爱国主义精神的四大传统节日之一。

活动目的：向工会职工传递节日的温馨，为他们送去一个安康、幸福的端午节，让工会职工们在坚守岗位挥汗如雨、思乡心切的同时，感受到家的温暖。

活动时间：6月10日—6月25日

活动形式：首页发放提货券

参与方式：微信搜索并关注公众号：“工福云工惠”，点击“云工惠”，或下载“工福云工惠”App，用手机账号密码，或采用手机号验证码登录。登录成功后，点击“服务大厅”，领取首页弹出的纪念品提货券，点击进入商城“端午节专区”模块，选择心仪的慰问品。

392. 建党节“观红色影片·敬革命先烈”观影分享会活动

活动背景：又一个七月来临，中国共产党成立至今，所获得的成就证明并将继续证明，中国共产党是用马克思主义武装起来的觉悟者，是最广大人民利益的守护者，是人类社会发展方向的引领者，是最光明最正义最壮丽事业的奋斗者。

活动目的：为庆祝中国共产党成立，进一步激励全体工会职工坚定理想信念，传承红色基因，提升职工队伍的幸福感和战斗力。

活动时间：6 月 20 日—7 月 1 日

活动形式：观影分享会

活动规则：自主选择红色电影观看，结束后上传自己的观后感至工福云平台“观影分享会”模块，审核通过后进行投票，可设置每个账户每天的可投票数；票数累积越多，排名越靠前。

参与方式：微信搜索并关注公众号：“工福云工惠”，点击“云工惠”，或下载“工福云工惠”App，用手机账号密码，或采用手机号验证码登录。登录成功后，点击“服务大厅”—“职工活动”—“观影分享会”参与活动。

393. 建军节“红歌嘹亮·强我国防”红歌赛活动

活动背景：战争年代，他们流血捐躯；和平年代，他们每次都冲在救灾第一线。训练场上，他们苦练军事技能，把“听党指挥、能打胜仗、作风优良”的强军目标落到实处；他们置生死于度外，用生命和鲜血维护国家安全和稳定。他们，是中国人民解放军，是我们最可爱的人。

活动目的：讴歌人民解放军对伟大祖国和人民做出的贡献，继承和发扬解放军的光荣传统和优良作风，激发广大工会职工的历史责任感，弘扬爱国主义精神。

活动时间：7 月 20 日—8 月 1 日

活动形式：红歌赛

活动规则：系统中随机抽取红歌，并以视频的形式呈现，让工会职工观看视频，从视频中听红歌、唱红歌。

参与方式：微信搜索并关注公众号："工福云工惠"，点击"云工惠"，或下载"工福云工惠"App，用手机账号密码，或采用手机号验证码登录。登录成功后，点击"服务大厅"—"职工活动"—"红歌赛"参与活动。

394. 中秋国庆双节"双节享健康·欢乐好时光"云趣运动会活动

活动背景：中秋、国庆两大节日齐聚，假日气氛更浓烈。中秋国庆黄金周长假期间，合理安排自己的健康计划很有必要。

活动目的：给予工会职工一个热闹的节日氛围，鼓励职工以线上运动的方式与身边人一起在有限的空间里提高身体素质，营造欢乐和谐的节日氛围，更好地引导职工树立健康生活理念。

活动时间：9月15日—10月15日

活动形式：云趣运动会

活动规则：平台上有大量高质量详细的运动教学视频，参与活动的工会职工可以个人或家庭围绕双节主题进行运动拍摄，职工运动视频作品完成后，可展示在平台上并参与投票及评论。

参与方式：微信搜索并关注公众号："工福云工惠"，点击"云工惠"，或下载"工福云工惠"App，用手机账号密码，或采用手机号验证码登录。登录成功后，点击"服务大厅"—"职工活动"—"云趣运动会"参与活动。

395. 消防日"关注消防安全·共筑平安防线"随手拍活动

活动背景：消防日，学消防。消防安全事关你我他，大家需要提高防火意识，从身边的每一件小事做起，把消防知识牢牢记在心间。

活动目的：引导工会职工共抓消防安全，提高广大职工群众消防安全防范意识，展示良好的消防安全态度。

活动时间：11 月 1 日—11 月 9 日

活动形式：随手拍

活动规则：工会职工上传与消防相关的随手拍、家庭工作等作品至工福云平台“随手拍”模块，审核通过后进行投票，可设置每个账户每天的可投票数；票数累积越多，排名越靠前。

参与方式：微信搜索并关注公众号：“工福云工惠”，点击“云工惠”，或下载“工福云工惠”App，用手机账号密码，或采用手机号验证码登录。登录成功后，点击“服务大厅”—“职工活动”—“随手拍”参与活动。

396. 国家宪法日“弘扬法治精神·服务科学发展”宪法课堂活动

活动背景：法治中国，与每个公民休戚相关。改革开放 40 多年来，我国在全社会范围内开展了普及法律常识工作，取得了很大的成绩。

活动目的：培养工会职工的法治意识，从多方面来弘扬我国的法治精神，树立法治理念，为构建法治国家贡献一份力量。

活动时间：12 月 1 日—12 月 5 日

活动形式：宪法课堂

活动规则：可设置不同的题目类型，点击“开始学法”后，系统将自动随机生成试卷，学法完毕点击提交后，系统自动评分并进行排名。

参与方式：微信搜索并关注公众号：“工福云工惠”，点击“云工惠”，或下载“工福云工惠”App，用手机账号密码，或采用手机号验证码登录。登录成功后，点击“服务大厅”—“职工活动”—“宪法课堂”参与活动。

397. 活动规划总结与方案领取方式

一、活动宣传策略

公众号：活动开始前提前预热，通过微信公众号发布官宣稿，吸引工会职工关注活动并传播活动。活动开始中，再次发布稿件，形成效果，将活动推向高潮，活动结束后，发布总结稿，展示最终活动成果及影响。

H5：活动结束后，与微信公众号同步宣传，最终排行榜生成后朋友圈可发，引导工会职工转发宣传。

海报：提供活动中所需的各种海报及图片。（根据活动规模进行策略性宣传，海报或微信公众号推文为主要宣传形式）

二、策划理念

本次活动规划方案，整体思路按照时事政治、全年热门节点，从多维度、多样性、不重复等方面展开主题活动策划，根据“工福云工惠”台数据显示，此类活动形式以及功能模块各工会组织使用率高、职工参与度高、综合好评率高，深受客户的喜爱。结合国内相关政策精神，推动活动顺利展开的同时，可吸引工会职工关注官方微信，便于其他文体活动、宣传事务等工作的曝光、传播等。

三、活动优势

（1）所有活动依托热门应用模块，均是当下参与率高、互动性高、玩法多样不单一，同类型活动不超过 2 种，尽可能保障职工活动体验的新鲜感，深受工会职工喜爱。

（2）每场主题活动皆可满足工会职工的精神文化需求，不仅涵盖时事政治、热门节点、传统习俗等主流活动，还包含网络流行、时下热点等个性化活动，且均支持定制化。

（3）活动所有规则及活动设置的专业、合规；符合国家政策文件的规定。

（4）活动数据实时同步更新，支持一键创建数据抽取任务，及时对数据进行总结分析。

（5）专设项目运维服务小组，负责全流程服务工作、技术支持。

XV 附录类

398. 中华人民共和国工会法

（2022年1月1日起实施）

（1992年4月3日第七届全国人民代表大会第五次会议通过　根据2001年10月27日第九届全国人民代表大会常务委员会第二十四次会议《关于修改〈中华人民共和国工会法〉的决定》第一次修正　根据2009年8月27日第十一届全国人民代表大会常务委员会第十次会议《关于修改部分法律的决定》第二次修正　根据2021年12月24日第十三届全国人民代表大会常务委员会第三十二次会议《关于修改〈中华人民共和国工会法〉的决定》第三次修正）

目　录

第一章　总　则

第一条　为保障工会在国家政治、经济和社会生活中的地位，确定工会的权利与义务，发挥工会在社会主义现代化建设事业中的作用，根据宪法，制定本法。

第二条　工会是中国共产党领导的职工自愿结合的工人阶级群众组织，是中国共产党联系职工群众的桥梁和纽带。

中华全国总工会及其各工会组织代表职工的利益，依法维护职工的合法权益。

第三条　在中国境内的企业、事业单位、机关、社会组织（以下统称用人单位）中以工资收入为主要生活来源的劳动者，不分民族、种族、性别、职业、宗教信仰、教育程度，都有依法参加和组织工会的权利。任何组织和个人不得阻挠和限制。

工会适应企业组织形式、职工队伍结构、劳动关系、就业形态等方面的发展变化，依法维护劳动者参加和组织工会的权利。

第四条 工会必须遵守和维护宪法，以宪法为根本的活动准则，以经济建设为中心，坚持社会主义道路，坚持人民民主专政，坚持中国共产党的领导，坚持马克思列宁主义、毛泽东思想、邓小平理论、“三个代表”重要思想、科学发展观、习近平新时代中国特色社会主义思想，坚持改革开放，保持和增强政治性、先进性、群众性，依照工会章程独立自主地开展工作。

工会会员全国代表大会制定或者修改《中国工会章程》，章程不得与宪法和法律相抵触。

国家保护工会的合法权益不受侵犯。

第五条 工会组织和教育职工依照宪法和法律的规定行使民主权利，发挥国家主人翁的作用，通过各种途径和形式，参与管理国家事务、管理经济和文化事业、管理社会事务；协助人民政府开展工作，维护工人阶级领导的、以工农联盟为基础的人民民主专政的社会主义国家政权。

第六条 维护职工合法权益、竭诚服务职工群众是工会的基本职责。工会在维护全国人民总体利益的同时，代表和维护职工的合法权益。

工会通过平等协商和集体合同制度等，推动健全劳动关系协调机制，维护职工劳动权益，构建和谐劳动关系。

工会依照法律规定通过职工代表大会或者其他形式，组织职工参与本单位的民主选举、民主协商、民主决策、民主管理和民主监督。

工会建立联系广泛、服务职工的工会工作体系，密切联系职工，听取和反映职工的意见和要求，关心职工的生活，帮助职工解决困难，全心全意为职工服务。

第七条 工会动员和组织职工积极参加经济建设，努力完成生产任务和工作任务。教育职工不断提高思想道德、技术业务和科学文化素质，建设有理想、有道德、有文化、有纪律的职工队伍。

第八条 工会推动产业工人队伍建设改革，提高产业工人队伍整体素质，发挥产业工人骨干作用，维护产业工人合法权益，保障产业工人主人翁地位，造就一支有理想守信念、懂技术会创新、敢担当讲奉献的宏大产业工人队伍。

第九条 中华全国总工会根据独立、平等、互相尊重、互不干涉内部事务的原则，加强同各国工会组织的友好合作关系。

第二章　工会组织

第十条　工会各级组织按照民主集中制原则建立。

各级工会委员会由会员大会或者会员代表大会民主选举产生。企业主要负责人的近亲属不得作为本企业基层工会委员会成员的人选。

各级工会委员会向同级会员大会或者会员代表大会负责并报告工作，接受其监督。

工会会员大会或者会员代表大会有权撤换或者罢免其所选举的代表或者工会委员会组成人员。

上级工会组织领导下级工会组织。

第十一条　用人单位有会员二十五人以上的，应当建立基层工会委员会；不足二十五人的，可以单独建立基层工会委员会，也可以由两个以上单位的会员联合建立基层工会委员会，也可以选举组织员一人，组织会员开展活动。女职工人数较多的，可以建立工会女职工委员会，在同级工会领导下开展工作；女职工人数较少的，可以在工会委员会中设女职工委员。

企业职工较多的乡镇、城市街道，可以建立基层工会的联合会。

县级以上地方建立地方各级总工会。

同一行业或者性质相近的几个行业，可以根据需要建立全国的或者地方的产业工会。

全国建立统一的中华全国总工会。

第十二条　基层工会、地方各级总工会、全国或者地方产业工会组织的建立，必须报上一级工会批准。

上级工会可以派员帮助和指导企业职工组建工会，任何单位和个人不得阻挠。

第十三条　任何组织和个人不得随意撤销、合并工会组织。

基层工会所在的用人单位终止或者被撤销，该工会组织相应撤销，并报告上一级工会。

依前款规定被撤销的工会，其会员的会籍可以继续保留，具体管理办法由中华全国总工会制定。

第十四条　职工二百人以上的企业、事业单位、社会组织的工会，可以设专职工会主席。工会专职工作人员的人数由工会与企业、事业单位、社会组织协商确定。

第十五条　中华全国总工会、地方总工会、产业工会具有社会团体法人资格。

基层工会组织具备民法典规定的法人条件的，依法取得社会团体法人资格。

第十六条 基层工会委员会每届任期三年或者五年。各级地方总工会委员会和产业工会委员会每届任期五年。

第十七条 基层工会委员会定期召开会员大会或者会员代表大会，讨论决定工会工作的重大问题。经基层工会委员会或者三分之一以上的工会会员提议，可以临时召开会员大会或者会员代表大会。

第十八条 工会主席、副主席任期未满时，不得随意调动其工作。因工作需要调动时，应当征得本级工会委员会和上一级工会的同意。

罢免工会主席、副主席必须召开会员大会或者会员代表大会讨论，非经会员大会全体会员或者会员代表大会全体代表过半数通过，不得罢免。

第十九条 基层工会专职主席、副主席或者委员自任职之日起，其劳动合同期限自动延长，延长期限相当于其任职期间；非专职主席、副主席或者委员自任职之日起，其尚未履行的劳动合同期限短于任期的，劳动合同期限自动延长至任期期满。但是，任职期间个人严重过失或者达到法定退休年龄的除外。

第三章 工会的权利和义务

第二十条 企业、事业单位、社会组织违反职工代表大会制度和其他民主管理制度，工会有权要求纠正，保障职工依法行使民主管理的权利。

法律、法规规定应当提交职工大会或者职工代表大会审议、通过、决定的事项，企业、事业单位、社会组织应当依法办理。

第二十一条 工会帮助、指导职工与企业、实行企业化管理的事业单位、社会组织签订劳动合同。

工会代表职工与企业、实行企业化管理的事业单位、社会组织进行平等协商，依法签订集体合同。集体合同草案应当提交职工代表大会或者全体职工讨论通过。

工会签订集体合同，上级工会应当给予支持和帮助。

企业、事业单位、社会组织违反集体合同，侵犯职工劳动权益的，工会可以依法要求企业、事业单位、社会组织予以改正并承担责任；因履行集体合同发生争议，经协商解决不成的，工会可以向劳动争议仲裁机构提请仲裁，仲裁机构不予受理或者对仲裁裁决不服的，可以向人民法院提起诉讼。

第二十二条 企业、事业单位、社会组织处分职工，工会认为不适当的，有权提出意见。

用人单位单方面解除职工劳动合同时，应当事先将理由通知工会，工会认为用人单位违反法律、法规和有关合同，要求重新研究处理时，用人单位应当研究工会的意见，并将处理结果书面通知工会。

职工认为用人单位侵犯其劳动权益而申请劳动争议仲裁或者向人民法院提起诉讼的，工会应当给予支持和帮助。

第二十三条 企业、事业单位、社会组织违反劳动法律法规规定，有下列侵犯职工劳动权益情形，工会应当代表职工与企业、事业单位、社会组织交涉，要求企业、事业单位、社会组织采取措施予以改正；企业、事业单位、社会组织应当予以研究处理，并向工会作出答复；企业、事业单位、社会组织拒不改正的，工会可以提请当地人民政府依法作出处理：

（一）克扣、拖欠职工工资的；

（二）不提供劳动安全卫生条件的；

（三）随意延长劳动时间的；

（四）侵犯女职工和未成年工特殊权益的；

（五）其他严重侵犯职工劳动权益的。

第二十四条 工会依照国家规定对新建、扩建企业和技术改造工程中的劳动条件和安全卫生设施与主体工程同时设计、同时施工、同时投产使用进行监督。对工会提出的意见，企业或者主管部门应当认真处理，并将处理结果书面通知工会。

第二十五条 工会发现企业违章指挥、强令工人冒险作业，或者生产过程中发现明显重大事故隐患和职业危害，有权提出解决的建议，企业应当及时研究答复；发现危及职工生命安全的情况时，工会有权向企业建议组织职工撤离危险现场，企业必须及时作出处理决定。

第二十六条 工会有权对企业、事业单位、社会组织侵犯职工合法权益的问题进行调查，有关单位应当予以协助。

第二十七条 职工因工伤亡事故和其他严重危害职工健康问题的调查处理，必须有工会参加。工会应当向有关部门提出处理意见，并有权要求追究直接负责的主管人员和有关责任人员的责任。对工会提出的意见，应当及时研究，给予答复。

第二十八条 企业、事业单位、社会组织发生停工、怠工事件，工会应当代表职工同企业、事业单位、社会组织或者有关方面协商，反映职工的意见和要求并提出解决意见。对于职工的合理要求，企业、事业单位、社会组织应当予以解决。工会协助企业、事业单位、社会组织做好工作，尽快恢复生产、工作秩序。

第二十九条 工会参加企业的劳动争议调解工作。

地方劳动争议仲裁组织应当有同级工会代表参加。

第三十条 县级以上各级总工会依法为所属工会和职工提供法律援助等法律服务。

第三十一条 工会协助用人单位办好职工集体福利事业，做好工资、劳动安全卫生和社会保险工作。

第三十二条 工会会同用人单位加强对职工的思想政治引领，教育职工以国家主人翁态度对待劳动，爱护国家和单位的财产；组织职工开展群众性的合理化建议、技术革新、劳动和技能竞赛活动，进行业余文化技术学习和职工培训，参加职业教育和文化体育活动，推进职业安全健康教育和劳动保护工作。

第三十三条 根据政府委托，工会与有关部门共同做好劳动模范和先进生产（工作）者的评选、表彰、培养和管理工作。

第三十四条 国家机关在组织起草或者修改直接涉及职工切身利益的法律、法规、规章时，应当听取工会意见。

县级以上各级人民政府制定国民经济和社会发展计划，对涉及职工利益的重大问题，应当听取同级工会的意见。

县级以上各级人民政府及其有关部门研究制定劳动就业、工资、劳动安全卫生、社会保险等涉及职工切身利益的政策、措施时，应当吸收同级工会参加研究，听取工会意见。

第三十五条 县级以上地方各级人民政府可以召开会议或者采取适当方式，向同级工会通报政府的重要的工作部署和与工会工作有关的行政措施，研究解决工会反映的职工群众的意见和要求。

各级人民政府劳动行政部门应当会同同级工会和企业方面代表，建立劳动关系三方协商机制，共同研究解决劳动关系方面的重大问题。

第四章 基层工会组织

第三十六条 国有企业职工代表大会是企业实行民主管理的基本形式，是职工行使民主管理权力的机构，依照法律规定行使职权。

国有企业的工会委员会是职工代表大会的工作机构，负责职工代表大会的日常工作，检查、督促职工代表大会决议的执行。

第三十七条 集体企业的工会委员会，应当支持和组织职工参加民主管理和民主监督，维护职工选举和罢免管理人员、决定经营管理的重大问题的权力。

第三十八条 本法第三十六条、第三十七条规定以外的其他企业、事业单位的工会委员会，依照法律规定组织职工采取与企业、事业单位相适应的形式，参与企业、事业单位民主管理。

第三十九条 企业、事业单位、社会组织研究经营管理和发展的重大问题应当听取工会的意见；召开会议讨论有关工资、福利、劳动安全卫生、工作时间、休息休假、女职工保护和社会保险等涉及职工切身利益的问题，必须有工会代表参加。

企业、事业单位、社会组织应当支持工会依法开展工作，工会应当支持企业、事业单位、社会组织依法行使经营管理权。

第四十条 公司的董事会、监事会中职工代表的产生，依照公司法有关规定执行。

第四十一条 基层工会委员会召开会议或者组织职工活动，应当在生产或者工作时间以外进行，需要占用生产或者工作时间的，应当事先征得企业、事业单位、社会组织的同意。

基层工会的非专职委员占用生产或者工作时间参加会议或者从事工会工作，每月不超过三个工作日，其工资照发，其他待遇不受影响。

第四十二条 用人单位工会委员会的专职工作人员的工资、奖励、补贴，由所在单位支付。社会保险和其他福利待遇等，享受本单位职工同等待遇。

第五章 工会的经费和财产

第四十三条 工会经费的来源：

（一）工会会员缴纳的会费；

（二）建立工会组织的用人单位按每月全部职工工资总额的百分之二向工会拨缴

的经费；

（三）工会所属的企业、事业单位上缴的收入；

（四）人民政府的补助；

（五）其他收入。

前款第二项规定的企业、事业单位、社会组织拨缴的经费在税前列支。

工会经费主要用于为职工服务和工会活动。经费使用的具体办法由中华全国总工会制定。

第四十四条 企业、事业单位、社会组织无正当理由拖延或者拒不拨缴工会经费，基层工会或者上级工会可以向当地人民法院申请支付令；拒不执行支付令的，工会可以依法申请人民法院强制执行。

第四十五条 工会应当根据经费独立原则，建立预算、决算和经费审查监督制度。

各级工会建立经费审查委员会。

各级工会经费收支情况应当由同级工会经费审查委员会审查，并且定期向会员大会或者会员代表大会报告，接受监督。工会会员大会或者会员代表大会有权对经费使用情况提出意见。

工会经费的使用应当依法接受国家的监督。

第四十六条 各级人民政府和用人单位应当为工会办公和开展活动，提供必要的设施和活动场所等物质条件。

第四十七条 工会的财产、经费和国家拨给工会使用的不动产，任何组织和个人不得侵占、挪用和任意调拨。

第四十八条 工会所属的为职工服务的企业、事业单位，其隶属关系不得随意改变。

第四十九条 县级以上各级工会的离休、退休人员的待遇，与国家机关工作人员同等对待。

第六章 法律责任

第五十条 工会对违反本法规定侵犯其合法权益的，有权提请人民政府或者有关部门予以处理，或者向人民法院提起诉讼。

第五十一条 违反本法第三条、第十二条规定，阻挠职工依法参加和组织工会或者阻挠上级工会帮助、指导职工筹建工会的，由劳动行政部门责令其改正；拒不改正的，由劳动行政部门提请县级以上人民政府处理；以暴力、威胁等手段阻挠造成严重后果，构成犯罪的，依法追究刑事责任。

第五十二条 违反本法规定，对依法履行职责的工会工作人员无正当理由调动工作岗位，进行打击报复的，由劳动行政部门责令改正、恢复原工作；造成损失的，给予赔偿。

对依法履行职责的工会工作人员进行侮辱、诽谤或者进行人身伤害，构成犯罪的，依法追究刑事责任；尚未构成犯罪的，由公安机关依照治安管理处罚法的规定处罚。

第五十三条 违反本法规定，有下列情形之一的，由劳动行政部门责令恢复其工作，并补发被解除劳动合同期间应得的报酬，或者责令给予本人年收入二倍的赔偿：

（一）职工因参加工会活动而被解除劳动合同的；

（二）工会工作人员因履行本法规定的职责而被解除劳动合同的。

第五十四条 违反本法规定，有下列情形之一的，由县级以上人民政府责令改正，依法处理：

（一）妨碍工会组织职工通过职工代表大会和其他形式依法行使民主权利的；

（二）非法撤销、合并工会组织的；

（三）妨碍工会参加职工因工伤亡事故以及其他侵犯职工合法权益问题的调查处理的；

（四）无正当理由拒绝进行平等协商的。

第五十五条 违反本法第四十七条规定，侵占工会经费和财产拒不返还的，工会可以向人民法院提起诉讼，要求返还，并赔偿损失。

第五十六条 工会工作人员违反本法规定，损害职工或者工会权益的，由同级工会或者上级工会责令改正，或者予以处分；情节严重的，依照《中国工会章程》予以罢免；造成损失的，应当承担赔偿责任；构成犯罪的，依法追究刑事责任。

第七章 附 则

第五十七条 中华全国总工会会同有关国家机关制定机关工会实施本法的具体办法。

第五十八条　本法自公布之日起施行。1950 年 6 月 29 日中央人民政府颁布的《中华人民共和国工会法》同时废止。

399. 中国工会章程

（中国工会第十八次全国代表大会部分修改，二〇二三年十月十二日通过）

总　　则

中国工会是中国共产党领导的职工自愿结合的工人阶级群众组织，是党联系职工群众的桥梁和纽带，是国家政权的重要社会支柱，是会员和职工利益的代表。

中国工会以宪法为根本活动准则，按照《中华人民共和国工会法》和本章程独立自主地开展工作，依法行使权利和履行义务。

工人阶级是我国的领导阶级，是先进生产力和生产关系的代表，是中国共产党最坚实最可靠的阶级基础，是改革开放和社会主义现代化建设的主力军，是维护社会安定的强大而集中的社会力量。中国工会高举中国特色社会主义伟大旗帜，坚持马克思列宁主义、毛泽东思想、邓小平理论、“三个代表”重要思想、科学发展观，全面贯彻习近平新时代中国特色社会主义思想，贯彻执行党的以经济建设为中心，坚持四项基本原则，坚持改革开放的基本路线，保持和增强政治性、先进性、群众性，坚定不移地走中国特色社会主义工会发展道路，推动党的全心全意依靠工人阶级的根本指导方针的贯彻落实，全面履行工会的社会职能，在维护全国人民总体利益的同时，更好地表达和维护职工的具体利益，团结和动员全国职工自力更生、艰苦创业，坚持和发展中国特色社会主义，为全面建成社会主义现代化强国、实现第二个百年奋斗目标，以中国式现代化全面推进中华民族伟大复兴而奋斗。

中国工会坚持自觉接受中国共产党的领导，承担团结引导职工群众听党话、跟党走的政治责任，巩固和扩大党执政的阶级基础和群众基础。

中国工会的基本职责是维护职工合法权益、竭诚服务职工群众。

中国工会按照中国特色社会主义事业“五位一体”总体布局和“四个全面”战略布局，贯彻创新、协调、绿色、开放、共享的新发展理念，把握为实现中华民族伟大复兴的中国梦而奋斗的工人运动时代主题，弘扬劳模精神、劳动精神、工匠精神，动员和组织职工积极参加建设和改革，努力促进经济、政治、文化、社会和生态文明建设；发展全过程人民民主，代表和组织职工参与管理国家事务、管理经济和文化事业、管理社会事务，参与企业、事业单位、机关、社会组织的民主管理；教育职工践行社会主义核心价值观，不断提高思想道德素质、科学文化素质和技术技能素质，建设有理想、有道德、有文化、有纪律的职工队伍，不断发展工人阶级先进性。

中国工会以忠诚党的事业、竭诚服务职工为己任，坚持组织起来、切实维权的工作方针，坚持以职工为本、主动依法科学维权的维权观，促进完善社会主义劳动法律，维护职工的经济、政治、文化和社会权利，参与协调劳动关系和社会利益关系，推动构建和谐劳动关系，促进经济高质量发展和社会的长期稳定，维护工人阶级和工会组织的团结统一，为构建社会主义和谐社会作贡献。

中国工会维护工人阶级领导的、以工农联盟为基础的人民民主专政的社会主义国家政权，协助人民政府开展工作，依法发挥民主参与和社会监督作用。

中国工会推动产业工人队伍建设改革，强化产业工人思想政治引领，提高产业工人队伍整体素质，发挥产业工人骨干作用，维护产业工人合法权益，保障产业工人主人翁地位，造就一支有理想守信念、懂技术会创新、敢担当讲奉献的宏大产业工人队伍。

中国工会在企业、事业单位、社会组织中，按照促进企事业和社会组织发展、维护职工权益的原则，支持行政依法行使管理权力，组织职工参与本单位民主选举、民主协商、民主决策、民主管理和民主监督，与行政方面建立协商制度，保障职工的合法权益，调动职工的积极性，促进企业、事业单位、社会组织的发展。

中国工会实行产业和地方相结合的组织领导原则，坚持民主集中制。

中国工会坚持以改革创新精神加强自身建设，健全联系广泛、服务职工的工作体系，增强团结教育、维护权益、服务职工的功能，坚持群众化、民主化，保持同会员群众的密切联系，依靠会员群众开展工会工作。各级工会领导机关坚持把工作重点放到基层，着力扩大覆盖面、增强代表性，着力强化服务意识、提高维权能力，着力加强队伍建设、提升保障水平，坚持服务职工群众的工作生命线，全心全意为基层、为职工服务，构建智慧工会，增强基层工会的吸引力凝聚力战斗力，把工会组织建设得更加充满活力、更加坚强有力，成为深受职工群众信赖的学习型、服务型、创新型“职工之家”。

工会兴办的企业、事业单位，坚持公益性、服务性，坚持为改革开放和发展社会生产力服务，为职工群众服务，为推进工运事业服务。

中国工会努力巩固和发展工农联盟，坚持最广泛的爱国统一战线，加强包括香港特别行政区同胞、澳门特别行政区同胞、台湾同胞和海外侨胞在内的全国各族人民的大团结，促进祖国的统一、繁荣和富强。

中国工会在国际事务中坚持独立自主、互相尊重、求同存异、加强合作、增进友谊的方针，在独立、平等、互相尊重、互不干涉内部事务的原则基础上，广泛建立和发展同国际和各国工会组织的友好关系，积极参与“一带一路”建设，增进我国工人阶级同各国工人阶级的友谊，同全世界工人和工会一起，在推动构建人类命运共同体中发挥作用，为世界的和平、发展、合作、工人权益和社会进步而共同努力。

中国工会深入学习贯彻习近平总书记关于党的建设的重要思想，落实新时代党的建设总要求，贯彻全面从严治党战略方针，以党的政治建设为统领，加强党的建设，深刻领悟“两个确立”的决定性意义，增强“四个意识”、坚定“四个自信”、做到“两个维护”，在思想上政治上行动上同以习近平同志为核心的党中央保持高度一致。

第一章 会 员

第一条 凡在中国境内的企业、事业单位、机关、社会组织中，以工资收入为主要生活来源或者与用人单位建立劳动关系的劳动者，不分民族、种族、性别、职业、宗教信仰、教育程度，承认工会章程，都可以加入工会为会员。

工会适应企业组织形式、职工队伍结构、劳动关系、就业形态等方面的发展变化，依法维护劳动者参加和组织工会的权利。

第二条 职工加入工会，由本人自愿申请，经基层工会委员会批准并发给会员证。

第三条 会员享有以下权利：

（一）选举权、被选举权和表决权。

（二）对工会工作进行监督，提出意见和建议，要求撤换或者罢免不称职的工会工作人员。

（三）对国家和社会生活问题及本单位工作提出批评与建议，要求工会组织向有关方面如实反映。

（四）在合法权益受到侵犯时，要求工会给予保护。

（五）工会提供的文化、教育、体育、旅游、疗休养、互助保障、生活救助、法律服务、就业服务等优惠待遇；工会给予的各种奖励。

（六）在工会会议和工会媒体上，参加关于工会工作和职工关心问题的讨论。

第四条　会员履行下列义务：

（一）认真学习贯彻习近平新时代中国特色社会主义思想，学习政治、经济、文化、法律、科技和工会基本知识等。

（二）积极参加民主管理，努力完成生产和工作任务，立足本职岗位建功立业。

（三）遵守宪法和法律，践行社会主义核心价值观，弘扬中华民族传统美德，恪守社会公德、职业道德、家庭美德、个人品德，遵守劳动纪律。

（四）正确处理国家、集体、个人三者利益关系，向危害国家、社会利益的行为作斗争。

（五）维护中国工人阶级和工会组织的团结统一，发扬阶级友爱，搞好互助互济。

（六）遵守工会章程，执行工会决议，参加工会活动，按月交纳会费。

第五条　会员组织关系随劳动（工作）关系变动，凭会员证明接转。

第六条　会员有退会自由。会员退会由本人向工会小组提出，由基层工会委员会宣布其退会并收回会员证。

会员没有正当理由连续六个月不交纳会费、不参加工会组织生活，经教育拒不改正，应当视为自动退会。

第七条　对不执行工会决议、违反工会章程的会员，给予批评教育。对严重违法犯罪并受到刑事处罚的会员，开除会籍。开除会员会籍，须经工会小组讨论，提出意见，由基层工会委员会决定，报上一级工会备案。

第八条　会员离休、退休和失业，可保留会籍。保留会籍期间免交会费。

工会组织要关心离休、退休和失业会员的生活，积极向有关方面反映他们的愿望和要求。

第二章　组织制度

第九条　中国工会实行民主集中制，主要内容是：

（一）个人服从组织，少数服从多数，下级组织服从上级组织。

（二）工会的各级领导机关，除它们派出的代表机关外，都由民主选举产生。

（三）工会的最高领导机关，是工会的全国代表大会和它所产生的中华全国总工会执行委员会。工会的地方各级领导机关，是工会的地方各级代表大会和它所产生的总工会委员会。

（四）工会各级委员会，向同级会员大会或者会员代表大会负责并报告工作，接受会员监督。会员大会和会员代表大会有权撤换或者罢免其所选举的代表和工会委员会组成人员。

（五）工会各级委员会，实行集体领导和分工负责相结合的制度。凡属重大问题由委员会民主讨论，作出决定，委员会成员根据集体的决定和分工，履行自己的职责。

（六）工会各级领导机关，加强对下级组织的领导和服务，经常向下级组织通报情况，听取下级组织和会员的意见，研究和解决他们提出的问题。下级组织应及时向上级组织请示报告工作。

第十条 工会各级代表大会的代表和委员会的产生，要充分体现选举人的意志。候选人名单，要反复酝酿，充分讨论。选举采用无记名投票方式，可以直接采用候选人数多于应选人数的差额选举办法进行正式选举，也可以先采用差额选举办法进行预选，产生候选人名单，然后进行正式选举。任何组织和个人，不得以任何方式强迫选举人选举或不选举某个人。

第十一条 中国工会实行产业和地方相结合的组织领导原则。同一企业、事业单位、机关、社会组织中的会员，组织在一个基层工会组织中；同一行业或者性质相近的几个行业，根据需要建立全国的或者地方的产业工会组织。除少数行政管理体制实行垂直管理的产业，其产业工会实行产业工会和地方工会双重领导，以产业工会领导为主外，其他产业工会均实行以地方工会领导为主，同时接受上级产业工会领导的体制。各产业工会的领导体制，由中华全国总工会确定。

省、自治区、直辖市，设区的市和自治州，县（旗）、自治县、不设区的市建立地方总工会。地方总工会是当地地方工会组织和产业工会地方组织的领导机关。全国建立统一的中华全国总工会。中华全国总工会是各级地方总工会和各产业工会全国组织的领导机关。

中华全国总工会执行委员会委员和产业工会全国委员会委员实行替补制，各级地方总工会委员会委员和地方产业工会委员会委员，也可以实行替补制。

第十二条 县和县以上各级地方总工会委员会，根据工作需要可以派出代表机关。

县和县以上各级工会委员会，在两次代表大会之间，认为有必要时，可以召集代表会议，讨论和决定需要及时解决的重大问题。代表会议代表的名额和产生办法，由召集代表会议的总工会决定。

全国产业工会、各级地方产业工会、乡镇工会、城市街道工会和区域性、行业性工会联合会的委员会，可以按照联合制、代表制原则，由下一级工会组织民主选举的主要负责人和适当比例的有关方面代表组成。

上级工会可以派员帮助和指导用人单位的职工组建工会。

第十三条　各级工会代表大会选举产生同级经费审查委员会。中华全国总工会经费审查委员会设常务委员会，省、自治区、直辖市总工会经费审查委员会和独立管理经费的全国产业工会经费审查委员会，应当设常务委员会。经费审查委员会负责审查同级工会组织及其直属企业、事业单位的经费收支和资产管理情况，监督财经法纪的贯彻执行和工会经费的使用，并接受上级工会经费审查委员会的指导和监督。工会经费审查委员会向同级会员大会或会员代表大会负责并报告工作；在大会闭会期间，向同级工会委员会负责并报告工作。

上级经费审查委员会应当对下一级工会及其直属企业、事业单位的经费收支和资产管理情况进行审查。

中华全国总工会经费审查委员会委员实行替补制，各级地方总工会经费审查委员会委员和独立管理经费的产业工会经费审查委员会委员，也可以实行替补制。

第十四条　各级工会建立女职工委员会，表达和维护女职工的合法权益。女职工委员会由同级工会委员会提名，在充分协商的基础上组成或者选举产生，女职工委员会与工会委员会同时建立，在同级工会委员会领导下开展工作。企业工会女职工委员会是县或者县以上妇联的团体会员，通过县以上地方工会接受妇联的业务指导。

第十五条　县和县以上各级工会组织应当建立法律服务机构，为保护职工和工会组织的合法权益提供服务。

各级工会组织应当组织和代表职工开展劳动法律监督。

第十六条　成立或者撤销工会组织，必须经会员大会或者会员代表大会通过，并报上一级工会批准。基层工会组织所在的企业终止，或者所在的事业单位、机关、社会组织被撤销，该工会组织相应撤销，并报上级工会备案。其他组织和个人不得随意撤销工会组织，也不得把工会组织的机构撤销、合并或者归属其他工作部门。

第三章 全国组织

第十七条 中国工会全国代表大会，每五年举行一次，由中华全国总工会执行委员会召集。在特殊情况下，由中华全国总工会执行委员会主席团提议，经执行委员会全体会议通过，可以提前或者延期举行。代表名额和代表选举办法由中华全国总工会决定。

第十八条 中国工会全国代表大会的职权是：

（一）审议和批准中华全国总工会执行委员会的工作报告。

（二）审议和批准中华全国总工会执行委员会的经费收支情况报告和经费审查委员会的工作报告。

（三）修改中国工会章程。

（四）选举中华全国总工会执行委员会和经费审查委员会。

第十九条 中华全国总工会执行委员会，在全国代表大会闭会期间，负责贯彻执行全国代表大会的决议，领导全国工会工作。

执行委员会全体会议选举主席一人、副主席若干人、主席团委员若干人，组成主席团。

执行委员会全体会议由主席团召集，每年至少举行一次。

第二十条 中华全国总工会执行委员会全体会议闭会期间，由主席团行使执行委员会的职权。主席团全体会议，由主席召集。

主主席团闭会期间，由主席、副主席组成的主席会议行使主席团职权。主席会议由中华全国总工会主席召集并主持。

主席团下设书记处，由主席团在主席团成员中推选第一书记一人，书记若干人组成。书记处在主席团领导下，主持中华全国总工会的日常工作。

第二十一条 产业工会全国组织的设置，由中华全国总工会根据需要确定。

产业工会全国委员会的建立，经中华全国总工会批准，可以按照联合制、代表制原则组成，也可以由产业工会全国代表大会选举产生。全国委员会每届任期五年。任期届满，应当如期召开会议，进行换届选举。在特殊情况下，经中华全国总工会批准，可以提前或者延期举行。

产业工会全国代表大会和按照联合制、代表制原则组成的产业工会全国委员会全体会议的职权是：审议和批准产业工会全国委员会的工作报告；选举产业工会全国委员会或者产业工会全国委员会常务委员会。独立管理经费的产业工会，选举经费审查委员会，并向产业工会全国代表大会或者委员会全体会议报告工作。产业工会全国委员会常务委员会由主席一人、副主席若干人、常务委员若干人组成。

第四章　地方组织

第二十二条　省、自治区、直辖市，设区的市和自治州，县（旗）、自治县、不设区的市的工会代表大会，由同级总工会委员会召集，每五年举行一次。在特殊情况下，由同级总工会委员会提议，经上一级工会批准，可以提前或者延期举行。工会的地方各级代表大会的职权是：

（一）审议和批准同级总工会委员会的工作报告。

（二）审议和批准同级总工会委员会的经费收支情况报告和经费审查委员会的工作报告。

（三）选举同级总工会委员会和经费审查委员会。

各级地方总工会委员会，在代表大会闭会期间，执行上级工会的决定和同级工会代表大会的决议，领导本地区的工会工作，定期向上级总工会委员会报告工作。

根据工作需要，省、自治区总工会可在地区设派出代表机关。直辖市和设区的市总工会在区一级建立总工会。

县和城市的区可在乡镇和街道建立乡镇工会和街道工会组织，具备条件的，建立总工会。

第二十三条　各级地方总工会委员会选举主席一人、副主席若干人、常务委员若干人，组成常务委员会。工会委员会、常务委员会和主席、副主席以及经费审查委员会的选举结果，报上一级总工会批准。

各级地方总工会委员会全体会议，每年至少举行一次，由常务委员会召集。各级地方总工会常务委员会，在委员会全体会议闭会期间，行使委员会的职权。

第二十四条　各级地方产业工会组织的设置，由同级地方总工会根据本地区的实际情况确定。

第五章　基层组织

第二十五条　企业、事业单位、机关、社会组织等基层单位，应当依法建立工会组织。社区和行政村可以建立工会组织。从实际出发，建立区域性、行业性工会联合会，推进新经济组织、新社会组织工会组织建设。

有会员二十五人以上的，应当成立基层工会委员会；不足二十五人的，可以单独建立基层工会委员会，也可以由两个以上单位的会员联合建立基层工会委员会，也可以选举组织员或者工会主席一人，主持基层工会工作。基层工会委员会有女会员十人以上的建立女职工委员会，不足十人的设女职工委员。

职工二百人以上企业、事业单位、社会组织的工会设专职工会主席。工会专职工作人员的人数由工会与企业、事业单位、社会组织协商确定。

基层工会组织具备民法典规定的法人条件的，依法取得社会团体法人资格，工主席为法定代表人。

第二十六条 基层工会会员大会或者会员代表大会，每年至少召开一次。经基层工会委员会或者三分之一以上的工会会员提议，可以临时召开会员大会或者会员代表大会。工会会员在一百人以下的基层工会应当召开会员大会。

工会会员大会或者会员代表大会的职权是：

（一）审议和批准基层工会委员会的工作报告。

（二）审议和批准基层工会委员会的经费收支情况报告和经费审查委员会的工作报告。

（三）选举基层工会委员会和经费审查委员会。

（四）撤换或者罢免其所选举的代表或者工会委员会组成人员。（五）讨论决定工会工作的重大问题。

基层工会委员会和经费审查委员会每届任期三年或者五年，具体任期由会员大会或者会员代表大会决定。任期届满，应当如期召开会议，进行换届选举。在特殊情况下，经上一级工会批准，可以提前或者延期举行。

会员代表大会的代表实行常任制，任期与本单位工会委员会相同。

第二十七条 基层工会委员会的委员，应当在会员或者会员代表充分酝酿协商的基础上选举产生；主席、副主席，可以由会员大会或者会员代表大会直接选举产生，也可以由基层工会委员会选举产生。大型企业、事业单位的工会委员会，根据工作需要，经上级工会委员会批准，可以设立常务委员会。基层工会委员会、常务委员会和主席、副主席以及经费审查委员会的选举结果，报上一级工会批准。

第二十八条　工会基层委员会的基本任务是：

（一）执行会员大会或者会员代表大会的决议和上级工会的决定，主持基层工会的日常工作。

（二）代表和组织职工依照法律规定，通过职工代表大会、厂务公开和其他形式，参与本单位民主选举、民主协商、民主决策、民主管理和民主监督，保障职工知情权、参与权、表达权和监督权，在公司制企业落实职工董事、职工监事制度。企业、事业单位工会委员会是职工代表大会工作机构，负责职工代表大会的日常工作，检查、督促职工代表大会决议的执行。

（三）参与协调劳动关系和调解劳动争议，与企业、事业单位、社会组织行政方面建立协商制度，协商解决涉及职工切身利益问题。帮助和指导职工与企业、事业单位、社会组织行政方面签订和履行劳动合同，代表职工与企业、事业单位、社会组织行政方面签订集体合同或者其他专项协议，并监督执行。

（四）组织职工开展劳动和技能竞赛、合理化建议、技能培训、技术革新和技术协作等活动，培育工匠、高技能人才，总结推广先进经验。做好劳动模范和先进生产（工作）者的评选、表彰、培养和管理服务工作。

（五）加强对职工的政治引领和思想教育，开展法治宣传教育，重视人文关怀和心理疏导，鼓励支持职工学习文化科学技术和管理知识，开展健康的文化体育活动。推进企业文化职工文化建设，办好工会文化、教育、体育事业。

（六）监督有关法律、法规的贯彻执行。协助和督促行政方面做好工资、安全生产、职业病防治和社会保险等方面的工作，推动落实职工福利待遇。办好职工集体福利事业，改善职工生活，对困难职工开展帮扶。依法参与生产安全事故和职业病危害事故的调查处理。

（七）维护女职工的特殊权益，同歧视、虐待、摧残、迫害女职工的现象作斗争。

（八）搞好工会组织建设，健全民主制度和民主生活。建立和发展工会积极分子队伍。做好会员的发展、接收、教育和会籍管理工作。加强职工之家建设。

（九）收好、管好、用好工会经费，管理好工会资产和工会的企业、事业。

第二十九条　教育、科研、文化、卫生、体育等事业单位和机关工会，从脑力劳动者比较集中的特点出发开展工作，积极了解和关心职工的思想、工作和生活，推动党的知识分子政策的贯彻落实。组织职工搞好本单位的民主选举、民主协商、民主决策、民主管理和民主监督，为发挥职工的聪明才智创造良好的条件。

第三十条 基层工会委员会根据工作需要，可以在分厂、车间（科室）建立分厂、车间（科室）工会委员会。分厂、车间（科室）工会委员会由分厂、车间（科室）会员大会或者会员代表大会选举产生，任期和基层工会委员会相同。

基层工会委员会和分厂、车间（科室）工会委员会，可以根据需要设若干专门委员会或者专门小组。

按照生产（行政）班组建立工会小组，民主选举工会小组长，积极开展工会小组活动。

第六章 工会干部

第三十一条 各级工会组织按照革命化、年轻化、知识化、专业化的要求，落实新时代好干部标准，努力建设一支坚持党的基本路线，熟悉本职业务，热爱工会工作，受到职工信赖的干部队伍。

第三十二条 工会干部要努力做到：

（一）认真学习马克思列宁主义、毛泽东思想、邓小平理论、“三个代表”重要思想、科学发展观、习近平新时代中国特色社会主义思想，学习党的基本知识和党的历史，学习政治、经济、历史、文化、法律、科技和工会业务等知识，提高政治能力、思维能力、实践能力，增强推动高质量发展本领、服务群众本领、防范化解风险本领。

（二）执行党的基本路线和各项方针政策，遵守国家法律、法规，在改革开放和社会主义现代化建设中勇于开拓创新。

（三）信念坚定，忠于职守，勤奋工作，敢于担当，廉洁奉公，顾全大局，维护团结。

（四）坚持实事求是，认真调查研究，如实反映职工的意见、愿望和要求。

（五）坚持原则，不谋私利，热心为职工说话办事，依法维护职工的合法权益。

（六）作风民主，联系群众，增强群众意识和群众感情，自觉接受职工群众的批评和监督。

第三十三条 各级工会组织根据有关规定管理工会干部，重视发现培养和选拔优秀年轻干部、女干部、少数民族干部，成为培养干部的重要基地。

基层工会主席、副主席任期未满不得随意调动其工作。因工作需要调动时，应事先征得本级工会委员会和上一级工会同意。

县和县以上工会可以为基层工会选派、聘用社会化工会工作者等工作人员。

第三十四条　各级工会组织建立与健全干部培训制度。办好工会干部院校和各种培训班。

第三十五条　各级工会组织关心工会干部的思想、学习和生活，督促落实相应的待遇，支持他们的工作，坚决同打击报复工会干部的行为作斗争。

县和县以上工会设立工会干部权益保障金，保障工会干部依法履行职责。

第七章　工会经费和资产

第三十六条　工会经费的来源：

（一）会员交纳的会费。

（二）企业、事业单位、机关、社会组织按全部职工工资总额的百分之二向工会拨缴的经费或者建会筹备金。

（三）工会所属的企业、事业单位上缴的收入。

（四）人民政府和企业、事业单位、机关、社会组织的补助。

（五）其他收入。

第三十七条　工会经费主要用于为职工服务和开展工会活动。各级工会组织应坚持正确使用方向，加强预算管理，优化支出结构，开展监督检查。

第三十八条　县和县以上各级工会应当与税务、财政等有关部门合作，依照规定做好工会经费收缴和应当由财政负担的工会经费拨缴工作。

未成立工会的企业、事业单位、机关、社会组织，按工资总额的百分之二向上级工会拨缴工会建会筹备金。

具备社会团体法人资格的工会应当依法设立独立经费账户。

第三十九条　工会资产是社会团体资产，中华全国总工会对各级工会的资产拥有终极所有权。各级工会依法依规加强对工会资产的监督、管理，保护工会资产不受损害，促进工会资产保值增值。根据经费独立原则，建立预算、决算、资产监管和经费审查监督制度。实行“统一领导、分级管理”的财务体制、“统一所有、分级监管、单位使用”的资产监管体制和“统一领导、分级管理、分级负责、下审一级”的经费审查监督体制。工会经费、资产的管理和使用办法以及工会经费审查监督制度，由中华全国总工会制定。

第四十条 各级工会委员会按照规定编制和审批预算、决算，定期向会员大会或者会员代表大会和上一级工会委员会报告经费收支和资产管理情况，接受上级和同级工会经费审查委员会审查监督。

第四十一条 工会经费、资产和国家及企业、事业单位等拨给工会的不动产和拨付资金形成的资产受法律保护，任何单位和个人不得侵占、挪用和任意调拨；不经批准，不得改变工会所属企业、事业单位的隶属关系和产权关系。

工会组织合并，其经费资产归合并后的工会所有；工会组织撤销或者解散，其经费资产由上级工会处置。

第八章 会　　徽

第四十二条 中国工会会徽，选用汉字"中"、"工"两字，经艺术造型呈圆形重叠组成，并在两字外加一圆线，象征中国工会和中国工人阶级的团结统一。会徽的制作标准，由中华全国总工会规定。

第四十三条 中国工会会徽，可在工会办公地点、活动场所、会议会场悬挂，可作为纪念品、办公用品上的工会标志，也可以作为徽章佩戴。

第九章 附　　则

第四十四条 本章程解释权属于中华全国总工会

400. 工会预算管理办法

第一章 总　　则

第一条 为了规范各级工会收支行为，强化预算约束，加强对预算的管理和监督，建立全面规范透明、标准科学、约束有力的预算制度，保障工运事业的健康发展和工会职能的有效发挥，根据《中华人民共和国工会法》《中华人民共和国预算法》等法律法规，制定本办法。

第二条 工会预算是各级工会组织及所属事业单位按照一定程序核定的年度收支

计划。

第三条　预算、决算的编制、审查、批准、监督，以及预算的执行和调整，依照本办法规定执行。

第四条　工会系统实行一级工会一级预算，预算管理实行下管一级的原则。

工会预算一般分为五级，即全国总工会、省级工会、市级工会、县级工会和基层工会。省级工会可根据乡镇（街道）工会、开发区（工业园区）工会发展的实际，确定省级以下工会的预算管理级次，并报全国总工会备案。

经全国总工会批准，中华全国铁路总工会、中国民航工会全国委员会、中国金融工会全国委员会依法独立管理经费，根据各自管理体制，确定所属下级工会的预算管理级次，并报全国总工会备案。

第五条　全国工会预算由全国总工会总预算和省级工会总预算组成。

全国总工会总预算由全国总工会本级预算和与全国总工会建立经费拨缴关系的企业工会汇总预算组成。

省级工会总预算由省（自治区、直辖市）总工会、中央和国家机关工会联合会、中华全国铁路总工会、中国民航工会全国委员会、中国金融工会全国委员会本级预算和汇总的下一级工会总预算组成。下一级工会只有本级预算的，下一级工会总预算即指下一级工会的本级预算。

本级预算是指各级工会本级次范围内所有收支预算，包括本级所属单位的单位预算和本级工会的转移支付预算。

单位预算是指本级工会机关、所属事业单位的预算。转移支付预算是指本级工会对下级工会的补助预算。

第六条　拨缴的工会经费实行分成制。

第七条　工会预算应当遵循统筹兼顾、勤俭节约、量力而行、讲求绩效和收支平衡的原则。

第八条　各级工会的预算收入和预算支出实行收付实现制，特定事项按照相关规定实行权责发生制。

第九条　预算年度自公历 1 月 1 日起，至 12 月 31 日止。

第十条　预算收入和预算支出以人民币元为计算单位。

第二章 预算管理职权

第十一条 各级工会、各预算单位财务管理部门是预算归口管理的职能部门。

第十二条 全国总工会财务管理部门的职权：

（一）具体负责汇总编制全国工会预算；

（二）具体负责编制全国总工会本级预（决）算草案，报全总领导同志签批后，经中华全国总工会经费审查委员会审查，提交全总党组会议审议；

（三）具体负责编制全国总工会本级预算调整方案，经中华全国总工会经费审查委员会履行审查程序后，提交全总党组会议审议；

（四）批复全国总工会本级预算单位预（决）算，对省级工会的预（决）算和预算调整方案实行备案管理；

（五）提出全国总工会本级预算预备费动用方案，提交全总党组会议审议；

（六）具体负责汇总编制全国工会决算；

（七）定期向中华全国总工会经费审查委员会或其常委会报告全国总工会本级预算执行情况。

第十三条 省级工会的职权：

（一）汇总编制省级工会总预算，报全国总工会备案；

（二）编制省级工会本级预（决）算草案，经必要程序审查、审议通过后报全国总工会备案；

（三）编制省级工会本级预算调整方案，经必要程序审查、审议通过后报全国总工会备案；

（四）批复省级工会本级预算单位的预（决）算，对下一级工会的本级预（决）算和预算调整方案实行审批或备案管理；

（五）决定本级预备费的动用；

（六）汇总本级及以下各级工会决算，报全国总工会。

第十四条 市级工会的职权：

（一）汇总编制市级工会总预算，报省级工会备案；

（二）编制市级工会本级预（决）算草案，经必要程序审查、审议通过后报省级工会审批或备案；

（三）编制市级工会本级预算调整方案，经必要程序审查、审议通过后报省级工会审批或备案；

（四）审批市级工会本级预算单位的预（决）算，对县级工会的本级预（决）算和预算调整方案实行审批或备案管理；

（五）决定本级预备费的动用；

（六）汇总本级及以下各级工会决算，报省级工会。

第十五条　县级工会的职权：

（一）汇总编制县级工会总预算，报市级工会备案；

（二）编制县级工会本级预（决）算草案，经必要程序审查、审议通过后报市级工会审批或备案；

（三）编制县级工会本级预算调整方案，经必要程序审查、审议通过后报市级工会审批或备案；

（四）审批县级工会本级预算单位的预（决）算，对下一级工会的本级预（决）算和预算调整方案实行审批或备案管理；

（五）决定本级预备费的动用；

（六）汇总本级及以下各级工会决算，报市级工会。

第十六条　乡镇（街道）工会、开发区（工业园区）工会预算管理职权由省级工会确定。

第十七条　基层工会的职责：

（一）负责编制本级工会预（决）算草案和预算调整方案，经本级经费审查委员会审查后，由本级工会委员会审批，报上级工会备案；

（二）组织本级预算的执行；

（三）定期向本级工会经费审查委员会报告本级工会预算执行情况；

（四）批复本级所属预算单位的预（决）算；

（五）编制本级工会决算，报上级工会。

第三章　预算收支范围

第十八条　预算由预算收入和预算支出组成。工会及所属预算单位的全部收入和支出都应当纳入预算。

第十九条　县级以上工会预算收入包括：拨缴经费收入、上级补助收入、政府补助收入、附属单位上缴收入、投资收益、其他收入。

基层工会预算收入包括：会费收入、拨缴经费收入、上级补助收入、行政补助收入、附属单位上缴收入、投资收益、其他收入。

第二十条 工会所属事业单位预算收入包括：财政拨款收入、事业收入、上级补助收入、附属单位上缴收入、经营收入、债务收入、非同级财政拨款收入、投资收益、其他收入。

第二十一条 县级以上工会预算支出包括：职工活动组织支出、职工服务支出、维权支出、业务支出、行政支出、资本性支出、补助下级支出、对附属单位的支出、其他支出。

基层工会预算支出包括：职工活动支出、职工服务支出、维权支出、业务支出、资本性支出、对附属单位的支出、其他支出。

第二十二条 工会所属事业单位的预算支出包括：行政支出、事业支出、经营支出、上缴上级支出、对附属单位补助支出、投资支出、债务还本支出、其他支出。

第四章 预算编制与审批

第二十三条 根据国家财政预算管理要求和工会预算管理实际，全国总工会及时印发下一年度预算草案编制的通知。

省、市、县级工会应根据全国总工会预算编制的有关要求，结合实际情况进行部署，编制本级预算，汇总下一级工会总预算，按规定时限报上一级工会。

第二十四条 各级工会、各预算单位应当围绕党和国家工作大局，紧扣工会中心工作，参照国务院财政部门制定的政府收支分类科目、预算支出标准和预算绩效管理的规定，根据跨年度预算平衡的原则，参考上一年预算执行情况、存量资产情况和有关支出绩效评价结果，编制预算草案。

前款所称政府收支分类科目，收入分为类、款、项、目；支出按其功能分类分为类、款、项，按其经济性质分类为类、款。

第二十五条 各级工会、各预算单位应当按照本办法规定的收支范围，依法、真实、完整、合理地编制年度收支预算。

第二十六条 根据《中华人民共和国工会法》等法律法规的规定，各级工会办公场所和工会活动设施等物质条件应由各级人民政府和单位行政提供。各级工会应积极争取同级政府或行政支持，将政府或行政补助纳入预算管理。在政府或行政补助不足的情况下，可以动用经费弥补不足，上级工会也可根据情况给予适当补助。

第二十七条 县级以上工会可根据所属事业单位分类情况，结合同级财政保障程度，对所属事业单位实行定额补助或定项补助。

第二十八条 各级工会支出预算的编制，应当贯彻勤俭节约的原则，优化经费支出结构，保障日常运行经费，从严控制“三公”经费和一般行政性支出，重点支持维护职工权益、为职工服务和工会活动等工会中心工作。

第二十九条 支出预算的编制按基本支出、项目支出进行分类。基本支出是预算单位为保障其正常运转、完成日常工作任务而编制的年度基本支出计划，按其性质分为人员经费和日常公用经费。基本支出之外为完成特定任务和事业发展目标所发生的支出为项目支出。

第三十条 县级以上工会的基本支出预算，应参照同级政府有关部门的有关规定、制度、费用标准以及核定的人员编制编列，当年未执行完毕的基本支出预算可在下年继续使用。

基层工会在单位行政不能足额保障的情况下，可根据需要从严编制基本支出预算。

第三十一条 各级工会上一年度未全部执行或未执行、下年需按原用途继续使用的项目资金，作为项目结转资金，纳入下一年度预算管理，用于结转项目的支出。

第三十二条 各级工会当年预算收入不足以安排当年预算支出的，可以动用以前年度结余资金弥补不足。各级工会一般不得对外举债，县级以上工会由于特殊原因确需向金融机构申请借款的，必须经过党组会议集体研究决定。

结转结余资金使用管理办法由全国总工会另行制定。

第三十三条 上级工会对下级工会的转移支付分为一般性转移支付和专项转移支付。

一般性转移支付是上级工会给下级工会未指定用途的补助，应当根据全国总工会的有关规定，结合下级工会的财力状况和工作需要编制。

专项转移支付是上级工会给下级工会用于专项工作的补助，应当根据工作需要，分项目编制。

县级以上工会应当将对下级工会的转移支付预计数提前下达下级工会。各级工会应当将上级工会提前下达的转移支付预计数编入本级预算。

第三十四条 县级以上工会应根据实际情况建立本级预算项目库。

第三十五条 县级以上工会应根据基本建设类项目立项批复确定的资金渠道编制年度支出预算。

第三十六条 各级工会、各预算单位编制预算时，应根据政府采购和工会资金采购的相关规定，编制年度采购预算。

第三十七条 县级以上工会可以按照本级预算支出额的百分之一至百分之三设置预备费，用于当年预算执行中因处理突发事件、政策性增支及其他难以预见的开支。

第三十八条 县级以上工会可以设置预算稳定调节基金，用于弥补以后年度预算资金的不足。

第三十九条 省级（含）以下总工会预算必须由党组集体审议决定，同级经费审查委员会履行相应审查职责，其他审查、审议的必要程序由各级工会确定。

第四十条 上一级工会认为下一级工会预算与法律法规、上级工会预算编制要求不符的，有权提出修订意见，下级工会应予调整。

第四十一条 各级工会本级预算经批准后，应当在二十日内批复所属预算单位。

第五章 预算执行与调整

第四十二 条各级工会预算由本级工会组织执行，具体工作由财务管理部门负责。

各级工会所属预算单位是本单位预算执行的主体，对本单位预算执行结果负责。

第四十三条 各级工会应按照年度预算积极组织收入。按照规定的比例及时、足额拨缴工会经费，不得截留、挪用。

第四十四条 预算批准前，上一年结转的项目支出和必要的基本支出可以提前使用。送温暖支出、突发事件支出和本级工会已确定年度重点工作支出等需提前使用的，必须经集体研究决定。预算批准后，按照批准的预算执行。

第四十五条 各级工会应根据年度支出预算和用款计划拨款。未经批准，不得办理超预算、超计划的拨款。

第四十六条 县级以上工会必须根据国家法律法规和全国总工会的相关规定，及时、足额拨付预算资金，加强对预算支出的管理和监督。各预算单位的支出必须按照预算执行，不得擅自扩大支出范围，提高开支标准，不得擅自改变预算资金用途，不得虚假列支。

第四十七条　当年预算执行中，县级以上工会因处理突发事件、政策性增支及其他难以预见的开支，需要增加预算支出的，可以由本级工会财务管理部门提出预备费的动用方案，报本级工会集体研究决定。

第四十八条　各级工会预算一经批准，原则上不作调整。

下列事项应当进行预算调整：

（一）需要增加或减少预算总支出的；

（二）动用预备费仍不足以安排支出的；

（三）需要调减预算安排的重点支出数额的；

（四）动用预算稳定调节基金的。

预算调整的程序按照预算编制的审批程序执行。

在预算执行中，各级工会因上级工会和同级财政增加不需要本级工会提供配套资金的补助而引起的预算收支变化，不属于预算调整。

第四十九条　各级工会、各预算单位的预算支出应当按照预算科目执行，严格控制不同预算科目、预算级次或项目间的预算资金调剂。确需调剂使用的，按照有关规定办理。

第五十条　县级以上工会在预算执行中有超收收入的，只能用于补充预算稳定调节基金。县级以上工会在预算年度中出现短收，应通过减少支出、调入预算稳定调节基金来解决。以上变化情况应在决算说明中进行反映。

第五十一条　县级以上工会和具备条件的基层工会应全面实施预算绩效管理。

第六章　决　算

第五十二条　各级工会应在每一预算年度终了后，按照全国总工会的有关规定编制本级工会收支决算草案和汇总下一级工会收支决算。

第五十三条　编制决算草案，必须符合法律法规和相关制度规定，做到收支真实、数据准确、内容完整、报送及时。

第五十四条　全国总工会和省、市、县级工会决算编制的职权按照本办法有关规定执行。

基层工会决算草案经本级经费审查委员会审查后，由本级工会委员会审批，并报上级工会备案。

第五十五条 各级工会所属预算单位的决算草案，应在规定的期限内报本级财务管理部门审核汇总。本级财务管理部门审核决算草案发现有不符合法律法规和工会规定的，有权责令其纠正。

第五十六条 各级工会应当将经批准的本级决算及下一级工会的决算汇总，在规定时间内报上一级工会备案。

第五十七条 上一级工会认为下一级工会决算与法律法规、上级工会决算编制要求不符的，有权提出修订意见，下级工会应予调整。

第五十八条 各级工会本级决算批准后，应当在十五个工作日内批复所属预算单位。

第七章 监督及法律责任

第五十九条 各级工会财务管理部门按照相关规定，对本级所属单位及下一级工会预（决）算进行财务监督。

第六十条 各级工会的预（决）算接受同级工会经费审查委员会的审查审计监督。预算执行情况同时接受上一级工会经费审查委员会的审计监督。

第六十一条 各级工会预算执行情况、决算依法接受政府审计部门的审计监督。

第六十二条 各级工会、各预算单位有下列行为之一的，责令改正，对负有直接责任的主管人员和其他直接责任人员追究行政责任。

（一）未按本办法规定编报本级预（决）算草案、预算调整方案和批复预（决）算的；

（二）虚列收入和支出的；

（三）截留、挪用、拖欠拨缴经费收入的；

（四）未经批准改变预算支出用途的。

第六十三条 各级工会、各预算单位及其工作人员存在下列行为之一的，责令改正，追回骗取、使用的资金，有违法所得的没收违法所得，对单位给予警告或者通报批评；对负有直接责任的主管人员和其他直接责任人员依法给予处分：

（一）虚报、冒领预算资金的；

（二）违反规定扩大开支范围、提高开支标准的。

第六十四条　县级以上工会预（决）算应在工会内部公开，经单位批准可向社会公开。

基层工会预（决）算应向全体工会会员公开。

涉密事项的预（决）算不得公开。

第八章　附　　则

第六十五条　本办法由全国总工会财务部负责解释。

第六十六条　省级工会应根据本办法，结合本地区本产业的实际，制定具体实施细则，并报全国总工会财务部备案。

第六十七条　本办法自2020年6月1日施行。2009年8月14日颁发的《工会预算管理办法》同时废止。

401. 基层工会预算管理办法

第一章　总　则

第一条　为规范基层工会收支行为，加强基层工会预算管理和监督，保障基层工会健康发展和职能有效发挥，不断提高基层工会经费使用效益，根据《工会预算管理办法》的有关规定，制定本办法。

第二条　基层工会是指企业、事业单位、机关和其他社会组织单独或联合建立的基层工会委员会。

第三条　基层工会预算是指经一定程序核定的年度收支计划。

第四条　基层工会应当根据统筹兼顾、勤俭节约、量力而行、讲求绩效和收支平衡的原则，统筹组织各项收入，合理安排各项支出，科学编制年度收支预算。

第五条　基层工会的预算年度自公历1月1日起至12月31日止。

第六条　基层工会的预算收入和预算支出以人民币元为计算单位。

第二章　预算收支范围

第七条 基层工会预算由预算收入和预算支出组成。基层工会的全部收入和支出都应当纳入预算。

第八条 预算收入包括：会费收入、拨缴经费收入、上级补助收入、行政补助收入、附属单位上缴收入、投资收益、其他收入。

（一）会费收入是指工会会员依照中华全国总工会规定按本人工资收入的5‰向所在基层工会缴纳的会费。

（二）拨缴经费收入是指建立工会组织的单位按全部职工工资总额2%依法向工会拨缴的经费中的留成部分。

基层工会的经费分成比例不低于单位全部职工工资总额2%中的60%。按照省级工会确定省以下各级工会经费分成比例的原则，具体比例由省级工会确定后报全国总工会备案。

（三）上级补助收入是指基层工会收到的上级工会拨付的各类补助款项。

（四）行政补助收入是指基层工会所在单位依法对工会组织给予的各项经费补助。

（五）附属单位上缴收入是指基层工会所属独立核算的企事业单位上缴的收入和所属非独立核算事业单位的各项事业收入。

（六）投资收益是指基层工会对外投资发生的损益。

（七）其他收入是指基层工会取得的资产盘盈、固定资产处置净收入、接受捐赠收入和利息收入等。

第九条 预算支出包括：职工活动支出、职工服务支出、维权支出、业务支出、资本性支出、对附属单位的支出、其他支出。

（一）职工活动支出是指基层工会开展职工教育活动、文体活动、宣传活动、劳模疗休养活动，会员活动等活动发生的支出。包括：

1. 职工教育支出。用于基层工会开展的政治、法律、科技、业务等专题培训和职工技能培训所需的教材资料、教学用品、场地租金等方面的支出，用于支付职工教育活动聘请授课人员的酬金，用于基层工会开展的职工素质提升补助和职工教育培训优秀学员的奖励。

2. 文体活动支出。用于基层工会开展或参加上级工会组织的职工业余文体活动所需器材、服装、用品等购置、租赁与维修方面的支出以及活动场地、交通工具的租金支出等，用于文体活动优胜者的奖励支出，用于文体活动中必要的伙食补助费。

3. 宣传活动支出。用于基层工会开展重点工作、重大主题和重大节日宣传活动所需的材料消耗、场地租金、购买服务等方面的支出，用于培育和践行社会主义核心价值观，弘扬劳模精神、劳动精神、工匠精神等经常性宣传活动方面的支出，用于基层工会开展或参加上级工会举办的知识竞赛、宣讲、演讲比赛、展览等宣传活动支出。

4. 劳模职工疗休养支出。用于基层工会组织和开展的劳动模范和先进职工疗休养活动的公杂费等补助。

5. 会员活动支出。用于基层工会组织会员观看电影、文艺演出、开展春游秋游，为会员购买当地公园年票等的支出。用于基层工会在重大节日（传统节日）和会员生日、婚丧嫁娶、退休离岗的慰问支出。

基层工会在重大节日（传统节日）可以向全体会员发放节日慰问品。重大节日（传统节日）是指国家规定的法定节日（新年、春节、清明节、劳动节、端午节、中秋节和国庆节）和经自治区以上人民政府批准设立的少数民族节日。节日慰问品原则上为符合中国传统节日习惯的用品和职工群众必需的生活用品等。

6. 其他活动支出。用于工会开展的其他活动的各项支出。

（二）职工服务支出是指基层工会开展职工劳动和技能竞赛活动、职工创新活动、建家活动、职工书屋、职工互助保障、心理咨询等工作发生的支出。

1. 劳动和技能竞赛活动支出。用于基层工会开展合理化建议、技术革新、发明创造、岗位练兵、技术比武、技术培训等劳动和技能竞赛活动支出及其奖励支出。

2. 建家活动支出。用于基层工会组织建设、建家活动方面的支出。

3. 职工创新活动支出。用于基层工会开展的劳模和工匠人才创新工作、职工创新工作活动发生的支出。

4. 职工书屋活动支出。用于基层工会为建设职工书屋而发生的图书购置以及维护的支出。

5. 其他服务支出。用于基层工会工会开展会员和职工普惠制服务、心理咨询、互助保障等其他方面的支出。

（三）维权支出是指基层工会用于维护职工权益的支出。包括：

1. 劳动关系协调支出。用于基层工会推进创建劳动关系和谐企业活动、加强劳动争议调解和队伍建设、开展劳动合同咨询活动、集体合同示范文本印制与推广等方面的支出。

2. 劳动保护支出。用于基层工会开展群众性安全生产和职业病防治活动、加强群众安全监督检查员队伍建设、开展职工心理健康维护等以促进安全健康生产、保护职工生命安全为宗旨开展的职工劳动保护发生的支出。

3. 法律援助支出。用于基层工会向职工群众提供法律咨询、法律服务等发生的支出。

4. 困难职工帮扶支出。用于基层工会对困难职工提供资金和物质帮助等发生的支出。

5. 送温暖支出。用于基层工会开展春送岗位、夏送清凉、金秋助学和送温暖等活动发生的支出。

6. 其他维权支出。用于基层工会补助职工等其他方面的维权支出。

（四）业务支出是指基层工会培训工会干部、加强自身建设以及开展业务工作发生的各项支出。包括：

1. 培训支出。用于基层工会开展工会干部和积极分子培训发生的支出。

2. 会议支出。用于基层工会代表大会、委员会、经审会以及其他专业工作会议的各项支出。

3. 专项业务支出。用于基层工会开展基层工会组织建设所发生的支出，用于基层工会开展专题调研所发生的支出，用于基层工会开展女职工工作性支出，用于基层工会开展外事活动方面的支出。

4. 其他业务支出。用于基层工会发放由省级工会制定标准的兼职工会干部和专职社会化工会工作者补贴，用于经上级批准评选表彰的优秀工会干部和积极分子的奖励支出，用于基层工会必要的办公费、差旅费，用于基层工会支付代理记账、中介机构审计等购买服务方面的支出。

（五）资本性支出是指基层工会从事工会建设工程、设备工具购置、大型修缮和信息网络购建而发生的支出。

（六）对附属单位的支出是指基层工会对独立核算的附属企事业单位的补助。

（七）其他支出是指基层工会除上述支出以外的其他各项支出。包括：资产盘亏、固定资产处置净损失、捐赠、赞助等。

第十条　根据《中华人民共和国工会法》的有关规定，基层工会专职工作人员的工资、奖励、补贴由所在单位承担。基层工会办公和开展活动必要的设施和活动场所等物质条件由所在单位提供，所在单位保障不足且基层工会能够承担的，可以工会经费适当补充。

第三章　预算编制与审批

第十一条　基层工会应根据上级工会的要求，结合本单位实际，制定年度工会工作计划。

第十二条　基层工会应按照上级工会规定的经费开支标准，科学测算完成工作计划的资金需求，统筹落实各项收入，准确编制工会经费年度预算。

第十三条　基层工会应根据本单位实有会员全年工资收入和全国总工会确定的缴交比例，计算会费收入，编列会费收入预算。

第十四条　基层工会应根据本单位全部职工工资总额的2%计算拨缴工会经费总额。其中：属于基层工会分成的拨缴经费列入本单位拨缴经费收入预算；属于应上缴上级工会的拨缴经费不纳入基层工会预算管理。

第十五条　基层工会应将对外投资收益、所属独立核算的企事业单位上缴的收入、非独立核算的企事业单位的各项收入和其他收入纳入预算管理。其中：对外投资收益和所属独立核算的企事业单位上缴的收入以双方协议约定金额为预算数。

第十六条　基层工会应根据上级工会确定的专项工作，参考上年经费补助标准，编列上级工会补助收入预算。

第十七条　基层工会在会费收入、拨缴经费收入、上级工会补助收入、附属单位上缴收入、投资收益和其他收入等当年预算收入不能满足完成全年工作任务资金需求的情况下，应优先动用以前年度结余资金进行弥补。结余资金不足的，可向单位申请行政补助，编列基层工会行政补助收入预算。

第十八条　基层工会不得编制赤字预算。

第十九条　基层工会年度收支预算经必要程序审查、批准后报上一级工会备案。

第二十条　上一级工会认为基层工会预算与法律法规、上级工会预算编制要求不符的，有权提出修订意见，基层工会应予调整。

第四章　预算执行与调整

第二十一条　经批准的预算是基层工会预算执行的依据。基层工会不得无预算、超预算列支各项支出。

第二十二条 基层工会应根据经批准的年度支出预算和年度工作任务安排，合理安排支出进度，严格预算资金使用。

基层工会各项支出实行工会委员会集体领导下的主席负责制，重大收支需集体研究决定。

第二十三条 基层工会预算一经批准，原则上不得随意调整。确因工作需要调整预算的，需详细说明调整原因、预算资金来源等，经必要程序审查、批准后报上级工会备案。

因上级工会增加不需要本工会配套资金的补助而引起的预算收支变化，不需要履行预算调整程序。

第二十四条 基层工会在预算执行过程中，对原实施方案进行调整优化，导致支出内容调整但不改变原预算总额的，不属于预算调整，不需要履行预算调整程序。

第二十五条 具备条件的基层工会应全面实施预算绩效管理。

第五章 决 算

第二十六条 年度终了基层工会应按照真实、准确、完整、及时的原则，根据上级工会的要求，编制本单位年度收支决算。基层工会所属独立核算事业单位和独立核算企业年度收支决算（或会计报告）的编制，按照《工会决算报告制度》的有关规定执行。

第二十七条 基层工会决算经必要程序审查、批准后报上一级工会备案。

第二十八条 上一级工会认为基层工会决算与法律法规、上级工会决算编制要求不符的，有权提出修订意见，下级工会应予调整。基层工会应严格执行会计档案管理的有关规定，加强预算、决算的档案管理。

第六章 监督检查

第二十九条 省级工会负责本地区、本行业工会经费收支预（决）算的监督管理，督促省以下各级工会建立健全工作机制。

第三十条 基层工会经费收支预（决）算编制和预算执行情况应接受同级工会经费审查委员会审查审计监督，同时接受上级工会和上级工会经费审查委员会的审计监督，并依法接受国家审计监督。

第三十一条　基层工会预（决）算应向全体工会会员公开。

第七章　附　则

第三十二条　省级工会可根据本办法和基层工会经费收支管理的相关规定，并结合实际制定具体实施细则。

第三十三条　本办法由中华全国总工会财务部负责解释。

第三十四条　本办法自印发之日起施行。

402. 基层工会经费收支管理办法

第一章　总　则

第一条　为加强基层工会收支管理，规范基层工会经费使用，根据《中华人民共和国工会法》和《中国工会章程》、《工会会计制度》、《工会预算管理办法》的有关规定，结合中华全国总工会（以下简称“全国总工会”）贯彻落实中央有关规定的相关要求，制定本办法。

第二条　本办法适用于企业、事业单位、机关和其他经济社会组织单独或联合建立的基层工会委员会。

第三条　基层工会经费收支管理应遵循以下原则：

（一）遵纪守法原则。基层工会应依据《中华人民共和国工会法》的有关规定，依法组织各项收入，严格遵守国家法律法规，严格执行全国总工会有关制度规定，严肃财经纪律，严格工会经费使用，加强工会经费收支管理。

（二）经费独立原则。基层工会应依据全国总工会关于工会法人登记管理的有关规定取得工会法人资格，依法享有民事权利、承担民事义务，并根据财政部、中国人民银行的有关规定，设立工会经费银行账户，实行工会经费独立核算。

（三）预算管理原则。基层工会应按照《工会预算管理办法》的要求，将单位各项收支全部纳入预算管理。基层工会经费年度收支预算（含调整预算）需经同级工会委员会和工会经费审查委员会审查同意，并报上级主管工会批准。

（四）服务职工原则。基层工会应坚持工会经费正确的使用方向，优化工会经费支出结构，严格控制一般性支出，将更多的工会经费用于为职工服务和开展工会活动，维护职工的合法权益，增强工会组织服务职工的能力。

（五）勤俭节约原则。基层工会应按照党中央、国务院关于厉行勤俭节约反对奢侈浪费的有关规定，严格控制工会经费开支范围和开支标准，经费使用要精打细算，少花钱多办事，节约开支，提高工会经费使用效益。

（六）民主管理原则。基层工会应依靠会员管好用好工会经费。年度工会经费收支情况应定期向会员大会或会员代表大会报告，建立经费收支信息公开制度，主动接受会员监督。同时，接受上级工会监督，依法接受国家审计监督。

第二章　工会经费收入

第四条　基层工会经费收入范围包括：

（一）会费收入。会费收入是指工会会员依照全国总工会规定按本人工资收入的5‰向所在基层工会缴纳的会费。

（二）拨缴经费收入。拨缴经费收入是指建立工会组织的单位按全部职工工资总额 2% 依法向工会拨缴的经费中的留成部分。

（三）上级工会补助收入。上级工会补助收入是指基层工会收到的上级工会拨付的各类补助款项。

（四）行政补助收入。行政补助收入是指基层工会所在单位依法对工会组织给予的各项经费补助。

（五）事业收入。事业收入是指基层工会独立核算的所属事业单位上缴的收入和非独立核算的附属事业单位的各项事业收入。

（六）投资收益。投资收益是指基层工会依据相关规定对外投资取得的收益。

（七）其他收入。其他收入是指基层工会取得的资产盘盈、固定资产处置净收入、接受捐赠收入和利息收入等。

第五条　基层工会应加强对各项经费收入的管理。要按照会员工资收入和规定的比例，按时收取全部会员应交的会费。要严格按照国家统计局公布的职工工资总额口径和所在省级工会规定的分成比例，及时足额拨缴工会经费；实行财政划拨或委托税务代收部分工会经费的基层工会，应加强与本单位党政部门的沟通，依法足额落实基层工会按照省级工会确定的留成比例应当留成的经费。要统筹安排行政补助收入，按照预算确定的用途开支，不得将与工会无关的经费以行政补助名义纳入账户管理。

第三章　工会经费支出

第六条　基层工会经费主要用于为职工服务和开展工会活动。

第七条　基层工会经费支出范围包括：职工活动支出、维权支出、业务支出、资本性支出、事业支出和其他支出。

第八条　职工活动支出是指基层工会组织开展职工教育、文体、宣传等活动所发生的支出和工会组织的职工集体福利支出。包括：

（一）职工教育支出。用于基层工会举办政治、法律、科技、业务等专题培训和职工技能培训所需的教材资料、教学用品、场地租金等方面的支出，用于支付职工教育活动聘请授课人员的酬金，用于基层工会组织的职工素质提升补助和职工教育培训优秀学员的奖励。对优秀学员的奖励应以精神鼓励为主、物质激励为辅。授课人员酬金标准参照国家有关规定执行。

（二）文体活动支出。用于基层工会开展或参加上级工会组织的职工业余文体活动所需器材、服装、用品等购置、租赁与维修方面的支出以及活动场地、交通工具的租金支出等，用于文体活动优胜者的奖励支出，用于文体活动中必要的伙食补助费。

文体活动奖励应以精神鼓励为主、物质激励为辅。奖励范围不得超过参与人数的三分之二；不设置奖项的，可为参加人员发放少量纪念品。

文体活动中开支的伙食补助费，不得超过当地差旅费中的伙食补助标准。

基层工会可以用会员会费组织会员观看电影、文艺演出和体育比赛等，开展春游秋游，为会员购买当地公园年票。会费不足部分可以用工会经费弥补，弥补部分不超过基层工会当年会费收入的三倍。

基层工会组织会员春游秋游应当日往返，不得到有关部门明令禁止的风景名胜区开展春游秋游活动。

（三）宣传活动支出。用于基层工会开展重点工作、重大主题和重大节日宣传活动所需的材料消耗、场地租金、购买服务等方面的支出，用于培育和践行社会主义核心价值观，弘扬劳模精神和工匠精神等经常性宣传活动方面的支出，用于基层工会开展或参加上级工会举办的知识竞赛、宣讲、演讲比赛、展览等宣传活动支出。

（四）职工集体福利支出。用于基层工会逢年过节和会员生日、婚丧嫁娶、退休离岗的慰问支出等。

基层工会逢年过节可以向全体会员发放节日慰问品。逢年过节的年节是指国家规定的法定节日（新年、春节、清明节、劳动节、端午节、中秋节和国庆节）和经自治区以上人民政府批准设立的少数民族节日。节日慰问品原则上为符合中国传统节日习惯的用品和职工群众必需的生活用品等，基层工会可结合实际采取便捷灵活的发放方式。

工会会员生日慰问可以发放生日蛋糕等实物慰问品，也可以发放指定蛋糕店的蛋糕券。

工会会员结婚生育时，可以给予一定金额的慰问品。工会会员生病住院、工会会员或其直系亲属去世时，可以给予一定金额的慰问金。

工会会员退休离岗，可以发放一定金额的纪念品。

（五）其他活动支出。用于工会组织开展的劳动模范和先进职工疗休养补贴等其他活动支出。

第九条　维权支出是指基层工会用于维护职工权益的支出。包括：劳动关系协调费、劳动保护费、法律援助费、困难职工帮扶费、送温暖费和其他维权支出。

（一）劳动关系协调费。用于推进创建劳动关系和谐企业活动、加强劳动争议调解和队伍建设、开展劳动合同咨询活动、集体合同示范文本印制与推广等方面的支出。

（二）劳动保护费。用于基层工会开展群众性安全生产和职业病防治活动、加强群监员队伍建设、开展职工心理健康维护等促进安全健康生产、保护职工生命安全为宗旨开展职工劳动保护发生的支出等。

（三）法律援助费。用于基层工会向职工群众开展法治宣传、提供法律咨询、法律服务等发生的支出。

（四）困难职工帮扶费。用于基层工会对困难职工提供资金和物质帮助等发生的支出。

工会会员本人及家庭因大病、意外事故、子女就学等原因致困时，基层工会可给予一定金额的慰问。

（五）送温暖费。用于基层工会开展春送岗位、夏送清凉、金秋助学和冬送温暖等活动发生的支出。

（六）其他维权支出。用于基层工会补助职工和会员参加互助互济保障活动等其他方面的维权支出。

第十条　业务支出是指基层工会培训工会干部、加强自身建设以及开展业务工作发生的各项支出。包括：

（一）培训费。用于基层工会开展工会干部和积极分子培训发生的支出。开支范围和标准以有关部门制定的培训费管理办法为准。

（二）会议费。用于基层工会会员大会或会员代表大会、委员会、常委会、经费审查委员会以及其他专业工作会议的各项支出。开支范围和标准以有关部门制定的会议费管理办法为准。

（三）专项业务费。用于基层工会开展基层工会组织建设、建家活动、劳模和工匠人才创新工作室、职工创新工作室等创建活动发生的支出，用于基层工会开办的图书馆、阅览室和职工书屋等职工文体活动阵地所发生的支出，用于基层工会开展专题调研所发生的支出，用于基层工会开展女职工工作性支出，用于基层工会开展外事活动方面的支出，用于基层工会组织开展合理化建议、技术革新、发明创造、岗位练兵、技术比武、技术培训等劳动和技能竞赛活动支出及其奖励支出。

（四）其他业务支出。用于基层工会发放兼职工会干部和专职社会化工会工作者补贴，用于经上级批准评选表彰的优秀工会干部和积极分子的奖励支出，用于基层工会必要的办公费、差旅费，用于基层工会支付代理记账、中介机构审计等购买服务方面的支出。

基层工会兼职工会干部和专职社会化工会工作者发放补贴的管理办法由省级工会制定。

第十一条　资本性支出是指基层工会从事工会建设工程、设备工具购置、大型修缮和信息网络购建而发生的支出。

第十二条　事业支出是指基层工会对独立核算的附属事业单位的补助和非独立核算的附属事业单位的各项支出。

第十三条　其他支出是指基层工会除上述支出以外的其他各项支出。包括：资产盘亏、固定资产处置净损失、捐赠、赞助等。

第十四条　根据《中华人民共和国工会法》的有关规定，基层工会专职工作人员的工资、奖励、补贴由所在单位承担，基层工会办公和开展活动必要的设施和活动场所等物质条件由所在单位提供。所在单位保障不足且基层工会经费预算足以保证的前提下，可以用工会经费适当弥补。

第四章　财务管理

第十五条　基层工会主席对基层工会会计工作和会计资料的真实性、完整性负责。

第十六条　基层工会应根据国家和全国总工会的有关政策规定以及上级工会的要求，制定年度工会工作计划，依法、真实、完整、合理地编制工会经费年度预算，依法履行必要程序后报上级工会批准。严禁无预算、超预算使用工会经费。年度预算原则上一年调整一次，调整预算的编制审批程序与预算编制审批程序一致。

第十七条　基层工会应根据批准的年度预算，积极组织各项收入，合理安排各项支出，并严格按照《工会会计制度》的要求，科学设立和登记会计账簿，准确办理经费收支核算，定期向工会委员会和经费审查委员会报告预算执行情况。基层工会经费年度财务决算需报上级工会审批。

第十八条　基层工会应加强财务管理制度建设，健全完善财务报销、资产管理、资金使用等内部管理制度。基层工会应依法组织工会经费收入，严格控制工会经费支出，各项收支实行工会委员会集体领导下的主席负责制，重大收支须集体研究决定。

第十九条　基层工会应根据自身实际科学设置会计机构、合理配备会计人员，真实、完整、准确、及时反映工会经费收支情况和财务管理状况。具备条件的基层工会，应当设置会计机构或在有关机构中设置专职会计人员；不具备条件的，由设立工会财务结算中心的乡镇（街道）、开发区（工业园区）工会实行集中核算，分户管理，或者委托本单位财务部门或经批准设立从事会计代理记账业务的中介机构或聘请兼职会计人员代理记账。

第五章　监督检查

第二十条　全国总工会负责对全国工会系统工会经费的收入、支出和使用管理情况进行监督检查。按照“统一领导、分级管理”的管理体制，省以下各级工会应加强对本级和下一级工会经费收支与使用管理情况的监督检查，下一级工会应定期向本级工会委员会和上一级工会报告财务监督检查情况。

第二十一条　基层工会应加强对本单位工会经费使用情况的内部会计监督和工会

预算执行情况的审查审计监督，依法接受并主动配合国家审计监督。内部会计监督主要对原始凭证的真实性合法性、会计账簿与财务报告的准确性及时性、财产物资的安全性完整性进行监督，以维护财经纪律的严肃性。审查审计监督主要对单位财务收支情况和预算执行情况进行审查监督。

第二十二条　基层工会应严格执行以下规定：

（一）不准使用工会经费请客送礼。

（二）不准违反工会经费使用规定，滥发奖金、津贴、补贴。

（三）不准使用工会经费从事高消费性娱乐和健身活动。

（四）不准单位行政利用工会账户，违规设立“小金库”。

（五）不准将工会账户并入单位行政账户，使工会经费开支失去控制。

（六）不准截留、挪用工会经费。

（七）不准用工会经费参与非法集资活动，或为非法集资活动提供经济担保。

（八）不准用工会经费报销与工会活动无关的费用。

第二十三条　各级工会对监督检查中发现违反基层工会经费收支管理办法的问题，要及时纠正。违规问题情节较轻的，要限期整改；涉及违纪的，由纪检监察部门依照有关规定，追究直接责任人和相关领导责任；构成犯罪的，依法移交司法机关处理。

第六章　附　则

第二十四条　各省级工会应根据本办法的规定，结合本地区、本产业和本系统工作实际，制定具体实施细则，细化支出范围，明确开支标准，确定审批权限，规范活动开展。各省级工会制定的实施细则须报全国总工会备案。基层工会制定的相关办法须报上级工会备案。

第二十五条　本办法自印发之日起执行。《中华全国总工会办公厅关于加强基层工会经费收支管理的通知》（总工办发〔2014〕23号）和《全总财务部关于〈关于加强基层工会经费收支管理的通知〉的补充通知》（工财发〔2014〕69号）同时废止。

第二十六条　基层工会预算编制审批管理办法由全国总工会另行制定。

第二十七条　本办法由全国总工会负责解释。

403. 中共中央关于加强对"一把手"和领导班子监督的意见

（2021年3月27日）

加强对主要领导干部和领导班子的监督，是新时代坚持和加强党的全面领导，提高党的建设质量，推动全面从严治党向纵深发展的必然要求。为深入贯彻党的十九大和十九届二中、三中、四中、五中全会精神，落实全面从严治党主体责任和监督责任，现就加强对"一把手"和领导班子监督提出如下意见。

一、充分认识加强对"一把手"和领导班子监督的重要性紧迫性

习近平总书记指出，党的委员会是党执政兴国的指挥部，"一把手"是党的事业发展的领头雁，在增强"四个意识"、坚定"四个自信"、做到"两个维护"上必须作表率、打头阵；强调对各级"一把手"来说，自上而下的监督最有效，党中央要加强对高级干部的监督，各级党委（党组）要加强对所管理的领导干部特别是主要领导干部的监督，上级"一把手"必须抓好下级"一把手"；强调破解同级监督难题，关键在党委常委会，要用好批评和自我批评武器，增强主动监督、相互监督的自觉。开启全面建设社会主义现代化国家新征程，向第二个百年奋斗目标进军，面临前所未有的复杂环境和风险挑战，只有毫不动摇坚持党中央集中统一领导，一以贯之推进党的伟大自我革命，以有效监督把"关键少数"管住用好，充分发挥党员领导干部的先锋模范作用和表率引领作用，才能团结带领广大干部群众战胜前进道路上的各种艰难险阻，不断取得中国特色社会主义事业新胜利。

党的十八大以来，以习近平同志为核心的党中央坚定不移推进全面从严治党，推动落实党委（党组）主体责任、书记第一责任人职责、领导班子其他成员"一岗双责"、纪检机关监督专责，形成了许多有效做法和经验。同时，必须清醒看到，对"一把手"监督仍是薄弱环节，完善党内监督体系、落实监督责任的任务依然十分紧迫。领导干部责任越重大、岗位越重要，越要加强监督。破解对"一把手"监督和同级监督难题，必须明确监督重点，压实监督责任，细化监督措施，健全制度机制。各级党委（党组）要充分认识加强对"一把手"和领导班子监督的极端重要性和现实紧迫性，强化上级党组织监督，做实做细同级监督，推动党员领导干部增强政治意识，不断提高政治判断力、政治领悟力、政治执行力，自觉践行忠诚干净担当，带头维护党中央权威和集中统一领导，确保全党步调一致向前进。

加强对“一把手”和领导班子监督，必须坚持以习近平新时代中国特色社会主义思想为指导，坚持和加强党的全面领导，落实管党治党政治责任，完善党和国家监督体系，促进主动开展监督、自觉接受监督，形成一级抓一级、层层抓落实的监督工作格局，不断增强党的自我净化、自我完善、自我革新、自我提高能力，推动中国特色监督制度优势更好转化为治理效能。

加强对“一把手”和领导班子监督，要全面落实党内监督制度，突出政治监督，重点强化对“一把手”和领导班子对党忠诚，践行党的性质宗旨情况的监督；强化对贯彻落实党的路线方针政策和党中央重大决策部署，践行“两个维护”情况的监督；强化对立足新发展阶段、贯彻新发展理念、构建新发展格局，推动高质量发展情况的监督；强化对落实全面从严治党主体责任和监督责任情况的监督；强化对贯彻执行民主集中制、依规依法履职用权、担当作为、廉洁自律等情况的监督，做到真管真严、敢管敢严、长管长严。

各级领导干部要从政治上认识领导职责中包含监督职责，增强监督意识，履行监督责任；正确对待党组织和群众的监督，勇于纠正错误，切实改进工作；习惯在受监督和约束的环境中工作生活，主动接受监督，决不能拒绝监督、逃避监督。“一把手”要自觉置身党组织和群众监督之下，强化责任担当，加强对领导班子其他成员和下级领导干部的监督。

二、加强对“一把手”的监督

（一）把对“一把手”的监督作为重中之重，强化监督检查。“一把手”被赋予重要权力，担负着管党治党重要政治责任，必须以强有力的监督促使其做到位高不擅权、权重不谋私。党委（党组）、纪检机关、党的工作机关要突出对“一把手”的监督，将“一把手”作为开展日常监督、专项督查等的重点，让“一把手”时刻感受到用权受监督。

（二）“一把手”要以身作则，自觉接受监督。“一把手”必须旗帜鲜明讲政治，带头做到“两个维护”，带头落实党内监督各项制度，在履行管党治党责任、严格自律上当标杆、作表率，既要自觉接受监督，又要敢于担当作为。各级领导干部特别是高级干部要带头遵守政治纪律和政治规矩，主动向党组织请示报告工作，严格落实中央八项规定及其实施细则精神，廉洁治家，自觉反对特权思想、特权现象，始终保持共产党人清正廉洁的政治本色。

（三）加强党组织自上而下的监督，上级“一把手”必须抓好下级“一把手”。中央政治局委员要注重了解分管部门、地方、领域党组织党风廉政建设情况，督促有关地方和部门“一把手”履行全面从严治党责任、做到廉洁自律，发现问题及时教育提醒。中央纪委、中央组织部应当加强对省级党委、中央单位“一把手”的监督，督促省级党委加强对下级“一把手”的管理。上级“一把手”要将监督下级“一把手”情况作为每年述职的重点内容；对下级新任职“一把手”应当开展任职谈话；同下级“一把手”定期开展监督谈话，对存在苗头性、倾向性问题的进行批评教育，对存在轻微违纪问题的及时予以诫勉。

（四）严格执行全面从严治党责任制度，落实“一把手”第一责任人职责。党委（党组）要加强对全面从严治党责任制度执行情况的监督检查，对下级“一把手”落实责任不到位、问题比较突出的及时约谈。纪检机关应当通过抓好组织实施和督促检查、提出整改建议等方式，推动第一责任人切实履行职责。健全落实全面从严治党主体责任考核制度，考核结果作为对“一把手”选拔任用、实绩评价、激励约束的重要依据。对履行第一责任人职责不担当、不作为的，依规依纪追究责任。

（五）贯彻执行民主集中制，完善“三重一大”决策监督机制。党委（党组）、纪检机关、组织部门要加强对下级党委（党组）“一把手”贯彻执行民主集中制情况的监督检查，防止出现搞一言堂甚至家长制问题。中央组织部应当对省级党委、中央单位“一把手”贯彻执行民主集中制情况进行重点监督。把“三重一大”决策制度执行情况作为巡视巡察、审计监督、专项督查的重要内容。纪委书记、派驻纪检监察组组长发现“一把手”违反决策程序的问题，应当及时提出意见，对纠正不力的要向上级纪委、派出机关反映。

（六）巡视巡察工作要紧盯“一把手”，及时发现问题。党委（党组）要坚持“发现问题、形成震慑，推动改革、促进发展”的巡视工作方针，坚守政治巡视定位，查找纠正政治偏差。巡视巡察组应当把被巡视巡察党组织“一把手”作为监督重点，进驻前向纪检机关、组织部门深入了解情况。巡视巡察谈话应当将“一把手”工作、生活情况作为必谈内容，对反映的重要问题深入了解。巡视巡察报告应当将“一把手”履行第一责任人职责和廉洁自律情况单独列出，提出明确意见和整改要求。

（七）及时掌握对“一把手”的反映，建立健全述责述廉制度。党委（党组）、纪检机关、组织部门要加强对下级党委（党组）“一把手”的日常监督，通过驻点调研、专项督查等方式，全面掌握其思想、工作、作风、生活状况。落实纪检机关、组织部门负责人同下级“一把手”谈话制度，发现一般性问题及时向本人提出，发现严重违纪违法问题向同级党委主要负责人报告。开展下级“一把手”在上级党委常委会（党组）扩大会议上述责述廉、接受评议工作，述责述廉报告在一定范围内公开。

三、加强同级领导班子监督

（八）加强领导班子成员相互监督，认真开展批评和自我批评。中央委员会成员必须严守政治纪律和政治规矩，发现其他成员有违反党章、破坏党的纪律、危害党的团结统一的行为，应当及时向党中央报告或者实名向中央纪委常委会反映。党委（党组）“一把手”要管好班子、带好队伍，经常开展谈心谈话，切实履行好教育、管理、监督责任；对负责人班子其他成员所作的函询说明签署意见时，要进行教育提醒，不能“一签了之”。领导班子成员之间应当经常交换意见，发现问题坦诚向对方提出，发现“一把手”存在重要问题的可直接向上级党组织报告。坚持民主生活会和组织生活会制度，“一把手”要带头开展批评和自我批评，领导班子成员按规定对个人有关事项以及群众反映、巡视巡察反馈、组织约谈函询的问题实事求是作出说明。

（九）发挥领导班子近距离常态化监督优势，提高发现和解决自身问题的能力。党委（党组）要全面履行加强和规范党内政治生活的领导责任，建立健全相关制度。领导班子成员应当本着对自己、对同志、对班子、对党高度负责的态度，相互提醒、相互督促，把加强和规范党内政治生活各项任务落到实处，增强领导班子战斗力；发现领导班子其他成员有违纪违法问题的，应当及时如实按程序向党组织反映和报告，对隐瞒不报、当“老好人”的要连带追究责任。

（十）坚持集体领导制度，严格按规则和程序办事。健全党委（党组）领导班子权力运行制约机制，合理分解、科学配置权力。坚决防止以专题会议代替常委会会议作出决策，坚决防止以党委集体决策名义集体违规，决不允许领导班子成员将分管工作、分管领域变成不受集体领导和监督的“私人领地”。完善领导班子议事规则，重要事项须提交领导班子会议讨论，领导班子成员应当充分发表意见，意见分歧较大时应当暂缓表决，对会议表决情况和不同意见应当如实记录、存档备查。

（十一）督促领导班子其他成员履行“一岗双责”，抓好职责范围内管党治党工作。党委（党组）要制定落实全面从严治党主体责任年度计划，分解工作任务。“一把手”要定期听取领导班子其他成员履行管党治党责任的情况汇报，发现责任落实不到位的及时约谈。纪委应当向同级党委领导班子其他成员通报其分管部门和单位负责人干部遵守党章党规、廉洁自律等情况，推动领导班子其他成员抓好分管部门和单位的党风廉政建设工作。

（十二）严格执行负责人干部插手干预重大事项记录制度，发现问题及时报告。党委（党组）要完善落实负责人干部插手干预重大事项记录制度的具体举措。对领导班子成员存在违规干预干部选拔任用、工程建设、执法司法等问题的，受请托人应当及时向所在部门和单位党组织报告。领导班子和领导干部对来自其他领导干部家属亲友的违规干预行为应当坚决抵制，及时向党组织报告。不按要求报告的，依规依纪严肃追究责任。

（十三）建立健全政治生态分析研判机制，分领域形成党风廉政建设情况报告。党委（党组）要定期分析本地区本部门本单位政治生态状况，经常听取纪检机关、党的工作机关相关报告，认真查找领导班子自身存在的突出问题，采取有力措施加以解决。纪检机关应当加强对审批监管、工程建设、资源开发、金融信贷等领域党风廉政建设情况的分析，注重发现普遍性问题，形成专题报告，促进同级党委领导班子加强对关键岗位的管理监督。

（十四）完善纪委书记谈话提醒制度，如实报告领导班子成员履职尽责和廉洁自律情况。纪委书记应当牢固树立报告问题是本职、该报告不报告是失职的意识。发现领导班子成员有苗头性、倾向性问题的，及时进行提醒。发现存在重要问题的，向上级纪委和同级党委主要负责人报告，全面准确反映情况。不报告或者不如实报告的，依规依纪严肃追究责任。

四、加强对下级领导班子的监督

（十五）落实上级党组织对下级党组织的监督责任，把管理和监督寓于实施领导的全过程。党委（党组）要切实管好自己的“责任田”，综合运用检查抽查、指导民主生活会、受理信访举报、督促问题整改等方式，加强对下级领导班子及其成员特别是“一把手”的监督，做到责任清晰、主体明确、措施管用、行之有效。

（十六）把制度的笼子扎得更紧更牢，推进监督工作规范化。党委（党组）要坚持用制度管权管事管人，健全任职回避、定期轮岗、干部交流制度，对“一把手”制定更严格的管理制度。坚持和完善领导干部报告个人有关事项制度，推进“一把手”个人有关事项在领导班子中公开工作。健全干部双重管理制度，明确主管方、协管方对双重管理干部的监督职责。

（十七）规范领导干部家属从业行为，推动构建亲清政商关系。高级干部要带头执行规范领导干部配偶、子女及其配偶经商办企业行为规定，为全党作出示范。党委（党组）要抓好相关规定落实，营造风清气正的政治生态。领导干部与企业家交往必须守住底线、把好分寸，“一把手”要带头落实“亲”“清”要求，不得以权谋私，搞暗箱操作和利益输送；管住管好自己的家属亲友，决不允许他们利用本人职权敛财谋利，防止居心不良者对家庭成员进行“围猎”。党委（党组）、纪检机关要加强对构建亲清政商关系情况的监督检查，及时处置投诉举报，发现问题依规依纪严肃处理。

（十八）加强上级党组织对下级单位领导班子民主生活会的指导，提高民主生活会质量。党委（党组）要履行组织开好民主生活会的领导责任，统一确定或者批准下级单位领导班子民主生活会主题，上级党组织领导班子成员有计划地参加下级单位领导班子民主生活会。组织部门应当会同纪检机关对下级单位领导班子民主生活会进行督促检查和指导，重点检查“一把手”开展批评和自我批评是否态度鲜明，民主生活会是否真正红脸出汗。对不按规定召开的严肃指出并纠正，对走过场的责令重新召开。对下级党组织所辖地区、部门、单位发生重大问题的，督促下级领导班子及时召开专题民主生活会。

（十九）强化选人用人的组织把关，落实干部考察考核制度。党委（党组）要加强对干部选拔任用工作全过程监督，强化对下级领导班子成员特别是“一把手”拟任人选的把关，压实分析研判和动议、民主推荐、考察、讨论决定等各环节的领导责任。组织部门应当按照好干部标准，严格“凡提四必”程序，全面考察干部。纪检机关应当动态更新领导干部廉政档案，严把党风廉政意见回复关。党委（党组）要对下级领导班子及其成员实行分级分类考核，同巡视巡察、经济责任审计、工作督查、相关业务部门考核发现的问题相结合，进行全面客观评价。每年可以选定部分“一把手”和领导班子进行重点考核，对问题反映较多的进行专项考核。

（二十）定期分析研判信访举报情况，对群众反映多的领导干部及时敲响警钟。党委（党组）要重视信访举报工作，了解掌握群众对领导干部特别是“一把手”的反映。领导干部要倾听群众呼声，严肃认真地对待群众的意见、批评。纪检机关、组织部门应当对信访举报情况定期开展分析研判，对反映的问题提出有针对性的处置意见，督促信访举报比较集中的地方、部门、单位党组织查找分析原因。对涉及下级“一把手”及领导班子其他成员的信访举报问题进行专题分析，对社会反映突出、群众评价较差的领导干部情况及时报告，对一般性问题开展谈心谈话。

（二十一）推动问题整改常态化，完善纪检监察建议制度。党委（党组）、纪检监察机关、组织部门要加强对问题整改情况的监督检查，通过审核整改报告、督办重点问题等方式，压实主体责任，督促整改落实到位。针对查处严重违纪违法案件暴露出的问题开展警示教育。完善纪检监察建议提出、督办、反馈和回访监督机制。对整改问题不及时不到位甚至拒不整改的，依规依纪严肃处理，对典型问题通报曝光。

五、切实加强党对监督工作的领导

（二十二）加强党委（党组）对监督工作的领导，完善党内监督体系。各级党委（党组）必须坚决落实党中央关于全面从严治党的决策部署，领导好本地区本部门本单位党内监督工作，抓好督促检查。把对“一把手”和领导班子监督摆在管党治党突出位置，通过抓好“关键少数”带动“绝大多数”。统筹党内各项监督，支持和监督纪检机关履行监督责任，督促党的工作机关加强职责范围内职能监督工作，注重发挥基层党组织日常监督和党员民主监督作用。

（二十三）以党内监督为主导，贯通各类监督。各级党委要切实发挥党内监督带动作用，推动人大监督、民主监督、行政监督、司法监督、审计监督、财会监督、统计监督、群众监督、舆论监督贯通协调、形成合力。加大统筹力度，整合各类监督信息资源，有效运用大数据，建立健全重大监督事项会商研判、违纪违法问题线索移送机制，定期听取工作情况汇报，使各类监督更加协同有效。

（二十四）发挥纪委监委专责机关作用，增强监督实效。纪委监委要强化政治监督，做实日常监督，督促各级“一把手”和领导班子履行好管党治党责任、落实好党中央重大决策部署。精准有效运用“四种形态”，以严格的执纪执法增强制度刚性，对滥用职权、以权谋私的坚决查处，对不抓不管、失职失责的严肃问责。加强对下级纪委监委的领导，大力支持下级纪委监委履行监督职责，推进纪律监督、监察监督、派驻监督、巡视监督统筹衔接，完善全覆盖的监督机制。加强纪检监察机关自身建设，健全内控机制，自觉接受监督，确保权力受到严格约束。

（二十五）积极探索创新，增强针对性、有效性。各级党组织和领导干部要切实抓好本意见的贯彻落实，对各项监督制度不折不扣执行到位。加强分类指导，细化监督举措。坚持顶层设计和基层创新相结合，鼓励地方、部门和单位探索强化监督的有效办法，及时总结经验，不断增强监督实效。

后　记

本书写作过程中，得到了团队成员沈鑫、付立杰、王海南、谭路英、孟菲、宗涵等人的支持与帮助，在此一并感谢。同时，本书配套“工会财务管理软件服务号”将持续为各位读者提供服务，您可以微信扫描下方的二维码，关注公众号，不仅可以查阅下载书中提到的所有原文件，而且可以咨询工作中遇到的所有与工会财务相关的问题，作者会在第一时间解答您所提出的问题。